KB212622

어울누리를 꿈꾸며

어느 작은 농촌 중학교 목사가 길어 올린 글샘

한승진 지음

박문사

이 책을 사랑하는 아들 겨레와 가람이와 벼리의 생부모님께 드립니다. 저희 아들들과 저희 가족은 생부모님들을 위해 기도하고 있으며 언제일지는 모르나 꼭 만나게 될 날을 소망하고 있습니다.

생부모님의 성함도 모르고, 뵌 적도 없습니다. 그럼에도 이 책을 드리는 것은 제 소중한 아들들을 저희에게 보내주셔서 고운 사랑으로 예쁘게 살게 해주신 은혜에 보응하는 의미이고, 언젠가는 아들들을 만나셔서 함께 소중한 사귐을 나눌 수 있는 사이가 되기를 소망하기 때문입니다.

　이번에 또 책을 낼 때마다 자주 접하는 지인들의 덕담이 이어졌습니다.

　"아니 도대체 언제 이렇게 글을 쓰시는지요? 이번이 몇 권째인지요?"

　이렇다 하게 명함에 새길 직책이나 권력도 없고 또 그런 것을 달가워하지도 않으면서, 이름도 없고 빛도 없는 그저 그런 작은 농촌의 서생書生으로 살아가는 제가 책을 낸 것이 십여 권이 넘다보니 나오는 반응들입니다. 절친들은 더러 핀잔을 주기도 합니다.

　"이렇게 책 낼 시간과 열정으로 집안일에 신경쓰고 아직 아버지의 사랑에 목말라하고 사랑을 듬뿍 받을 때인 아이들을 더 돌봐주세요. 이제 책 쓰는 일은 그만 하시거나 아주 가끔 하시고요."

　이런 말들에 그저 유구무언有口無言인 것은 사실 맞는 말이기 때문입니다. 이 글을 쓰는 지금도 아이들과의 고운 사귐은 유보되고 말았습니다. 해도 해도 끝이 없고 티도 안 나는 가사노동은 아내에게 떠넘기고 말았습니다. 물론 제 딴에는 이런 일들과 학교와 교회 일도 그만큼 등한시하면 안 된다는 생각에 나름 병행하기는 하지만 그래도 이렇게까지 책을 낸다는 것이 무슨 의미가 있을까 싶기는 합니다. 아무튼 저는 오늘도 글을 쓰고 책을 엮어내는 작업을 멈추지 않고 있습니다. 아니 오히려 가속화하는 모습이기도 합니다. 글을 쓰고 책을 엮어낸다는 것은 제게 큰 기쁨입니다. 제 나름으로는 이것이 제가 살아가는 존재방식이고, 세상과 소통하며 저의 빛깔과 향기를 드러내는 채널입니다.

어느 우화집에 보면 이런 이야기가 있습니다. 울릉도에 사는 문어가 제주도에 사는 멸치와 선을 보러갔다가 그 부모로부터 이런 말을 들었습니다.

"우리는 조상 대대로 뼈가 있는 집안인데 너는 온몸에 뼈다귀 하나도 없으니 안 되겠다."

부산 앞바다를 지나오다가 새우를 만나 선을 보려고 했으나 그 부모로부터 이런 말을 들었습니다.

"우리는 이래 봐도 수염이 있는 가문인데 너는 덩치만 컸지 온몸에 털이 하나도 없으니 내 딸을 못주겠다."

이렇게 퇴짜를 놓으니 그냥 되돌아갔다는 이야기입니다. 멸치는 몸에 적어도 뼈대가 있고 새우는 등이 굽었어도 수염이 있는데 문어는 내세울만한 특징이 하나도 없다는 것을 빗대어 말한 이야기입니다.

위의 이야기에 나오는 문어와 같이 이렇다 하게 내세울 것이 없는 그저 그런 시골 서생인 제가 이름 석 자를 세상에 내미는 것이 책을 출판하는 일입니다. 직장에 교회에 가정에 학업에 지쳐가면서 이 작업을 계속 하는 일이 쉽지 않지만 제게는 즐거움입니다. 여러 해가 지나면서 작업의 결과물이 어느덧 십여 권이 넘습니다. 여기저기 글을 쓰다 보니 제 이름 석 자가 가볍게 드러나기도 합니다. 스스로에게 느끼는 뿌듯함······. 저는 이게 좋습니다. 저는 글을 쓰는 것이 좋습니다. 마치 취미생활이나 동호회 활동을 하는 사람들이 가정생활과 직장생활 외에 드는 돈과 시간을 아까워하지 않듯이 책을 만들어내는 작업이 곧 저의 취미이자 특기, 적성입니다.

서툴고 어눌하여 부족하지만 그래도 꾸준히 쓰고 또 쓰다 보니 어느새 단행본 분량이 나와 또 한 권의 책을 엮어냅니다. 늘 부끄럽고 겸연쩍지만 누군가에게는 작은 공감의 울림으로 다가갈 것을 기대하며 이 책을 내놓습니다. 좋은 독자가 좋은 작가를 만든다고 합니다. 혹, 제 글을 보고 "그런 대로 괜찮네." 하는 반응이면 행복할 것 같습니다. 이런 말 한 마디, 이메일 한 통에 기분 좋게 또 글샘을 길어 올리고 책을 낼 것입니다.

어떤 글은 읽어보면 아주 좋습니다. 그런데 그런 글을 쓴 사람이 글의 내용대로 살지 않는다면 글을 쓰는 사람은 글쟁이에 불과하겠지요. 어떤 말을 들어보면 아주 좋습니다. 그런데 말하는 사람이 말하는 것과는 전혀 다른 삶을 산다면 말쟁이에 불과하겠지요. 화려하고 아름다운 말과 글이 주목받기 쉽지만 정작 가슴을 울리는 말과 글은 따로 있습니다. 소박할지라도 가슴으로 몇 번을 곱씹고 눈물로 정화해 내놓는 말과 글이 그러합니다. 더욱이 그 말과 글이 다른 누구에게가 아니라 먼저 자신을 향한 권면勸勉일 때 한결 묵직할 것입니다. 이것이 이 글을 쓰면서 생각한 마음의 과제입니다. 늘 생각대로 책에 담아내지는 못하면서요.

제 글을 읽고 생각과 입장이 달라 마음이 불편하신 분들도 있을 수 있습니다. 그것도 책값을 지불한 입장에서는 더더욱……. 혹시 그럴지라도 너그럽게 봐주시기 바랍니다. 그저 시골 서생의 생각의 한 단면片鱗들로……. '이런 생각도 하고 이렇게도 사는구나' 하는 넓은 마음으로요. 제 글은 사실 남에게 설교하는 것보단 저 자신에게 던지는 메시지입니다. 제가 먼저 자성하고 깨어야 한다는 채찍질의 의미입니다. 제 전공이 기독교윤리, 윤리교육이기도 하니까요.

이 책은 2014년 상반기(1~7·8월호) 월간 〈기독교교육〉에 연재한 글을 수정·보완한 것을 기본 글감으로 하여, 이렇게 저렇게 써본 글샘을 한데 모은 것입니다. 그러다 보니 글이 하나의 주제로 모아지지 않는 잡문집雜文集입니다.

글에는 그 사람의 삶이 투영되기 마련입니다. 사람들이 제게 어느 학교 출신인지, 전공이 무엇인지 물으면 우물쭈물하기도 하는 게 제가 방끈이나 전공이 잡다하여 한 마디로 대답하기 어려운 측면이 있습니다. 나름 공부를 하다 보니 출신학교와 전공도 다양합니다. 제가 하는 일도 잡다합니다. 목사인지, 선생인지, 작가인지, 학자인지도 뒤섞여 있습니다. 잡다함이라는 말이 가볍고 하찮은 느낌을 주기에 저는 좋습니다. 그러니 부담이 없고 편안합니다. 이는 제 삶의 모습이기도 합니다.

이 책은 글의 갈래로 볼 때, 수필집隨筆集입니다. 수필이라는 말이 '붓 가는 대로 글을 쓰는 것'이라는 말처럼 글을 편하게 써 내려간 잡다한 글 모음입니다. 그러니 읽는 분들도 생각나는 대로 편하게 읽어 주시기 바랍니다.

이 책의 제목을 『어울누리를 꿈꾸며』라고 지어 보았습니다. 책을 낼 때마다 책의 제목을 짓느라 고민입니다. 고심 끝에 이렇게 지은 이유는 제가 지향하는 생각과 삶이 '함께 어우러지는 세상'이라는 뜻의 우리말인 어울누리이기 때문입니다. 이 책에서 인용하는 성경구절은 독자들의 이해를 돕고자 알기 쉽고, 읽기 쉬워 이해하기 쉬운 『우리말성경』으로 하였습니다.

이 지면을 빌어 어려운 교육 여건에서도 그 사명을 감당하느라 노고를 아끼지 않으시는 저의 삶의 터전이요, 글의 샘터인 황등중학교 홍석종 교장 선생님 이하 교직원들 그리고 같은 재단 성일고등학교 변정수 교장 선생님과 교직원들에게도 감사의 말씀을 전합니다. 또한 학교법인 황등기독학원 재단이사회 조춘식 이사장님과 이사님들과 황등교회 정동운 담임목사님과 교인들, 황등교회 아동부 강재석

7

부장님과 교사들에게도 감사의 말씀을 전합니다.

책을 내는 작업마다 그랬듯이 이번에도 감사한 분들의 사랑에 힘입어 책을 내게 되었습니다. 글을 연재하도록 해 주신 월간 〈기독교교육〉을 발행하는 대한기독교교육협회 배한숙 총무님과 연재 글을 게재해 주신 이상원 편집부장님에게도 감사한 마음을 전합니다. 바쁘신 중에도 이메일로 소통하는 사귐을 즐겨 해 주시면서 서툰 글 모음에 추천사를 써주신 채수일 한신대학교 총장님에게도 깊이 감사드립니다. 부디 어려운 학교 운영에 몸과 마음의 건강을 잃지 않으시고 뜻하신 바를 잘 이루어가시기를 기도하며 성원합니다. 제 글의 애독자로서 엉성한 글임에도 기쁘게 교정해 주신 오랜 글벗 조소연 출판 편집전문가님과 늘 넉넉한 웃음으로 격려해 주시면서 엉성한 글을 교정해 주신 황등교회 김순자 권사님에게도 감사의 마음을 전합니다. 또한 지루하고 귀찮은 워드 작업으로 고생해준 사랑하는 딸 한사랑과 황등중학교 2학년 나한웅, 최수호, 3학년 류인선에게도 고마움을 전합니다.

책을 낼 수 있도록 노고를 아끼지 않으신 도서출판 박문사 윤석현 대표님과 편집부의 노고에 감사드립니다. 이 책을 만드는 과정에서 노고를 감당해 주신 노동의 일꾼들께도 진심으로 감사드립니다.

끝으로 매달 연재 글을 쓰고, 단행본으로 엮어내는 작업을 하는 동안 남편으로, 아빠로서 정성을 다하지 못함을 이해하고 용납해 주는 아내와 아이들에게 고마운 마음을 담아 사랑을 전합니다. 지나고 나니 모든 게 다 은혜요, 감사임을 깨닫습니다. 모든 게 다 하나님의 은혜입니다. 하나님과 모든 분에게 감사한 마음을 새삼 되새깁니다.

타는 목마름으로 인생살이에서 글감을 찾고
글샘을 길어 올리기에 행복한
한승진

한승진 목사님의 열세 번째 책, 『어울누리를 꿈꾸며』의 출간을 축하합니다. 한 권의 책을 쓰는 것도 어려운 일인데 열세 번째 단행본을 출간한다는 것은 저자의 글쓰기에 대한 남다른 애정과 삶에 대한 깊은 성찰이 얼마나 큰지를 보여줍니다.

추천사를 부탁받고 글을 쓰기 위해 먼저 저자의 글을 읽었습니다. 쉽지만 감동적이고, 여러 인물들의 삶의 이야기와 성서의 말씀이 상응하여 읽는 재미와 감동을 함께 느낄 수 있었습니다.

저자의 사역 현장인 학교와 한국 사회의 현실에서 제기되는 문제를 신앙과 말씀의 따뜻한 눈으로 보면서 날카롭게 비판도 하지만, 우리가 나아갈 길을 생각하게 하는 글들입니다. 그러나 설교나 웅변이 아닙니다. 자기도 그렇게 살지 못하는 삶을 다른 사람에게 강요하는 설교도 아니고, 영웅적 삶을 소리 높여 외치는 웅변은 더더욱 아닙니다. 책의 제목처럼 '어울누리를 꿈꾸며', 그래서 동시대를 살아가는 우리 모두가 함께 생각해야 할 것들이 시냇물 흐르듯 조용히 우리 가슴을 적시는 이야기들입니다.

제가 받은 감동, 모든 독자들도 같이 받으리라는 것을 의심하지 않습니다. 다시 한 번 한 목사님의 『어울누리를 꿈꾸며』의 출간을 마음으로부터 깊이 축하합니다.

한신대학교 총장
채 수 일

9

어울누리를 꿈꾸며

> 일등만을 인정하는 교육, 환경을 죽이고 물질을 숭상하는 교육, 기계와 기술이 인간을 대신하는 교육. 그런 메마른 교육으로는 새로운 세상을 열어갈 수 없습니다. 지금 우리에게 필요한 것은 한 사람의 지도자가 아니라 더불어 살 줄 아는 열 명의 사람입니다.

Chapter 1

오늘을 살아가다

나는
이게 뭐야

수년 전 상영한 영화 가운데 음악가 모차르트를 소재로 한 ‹아마데우스›라는 영화가 있었습니다. 이 영화를 보면 두 명의 인물이 대비되는데, 그것은 천재 음악가인 '모차르트'와 그저 평범한 음악가인 '살리에르'라는 사람입니다. 이 영화에서 살리에르는 모차르트의 음악적인 천재성을 부러워했고, 그로 인한 열등감에 쌓여 있었습니다. 그러면서 그는 모차르트에게만 천재적인 재능을 부여한 하나님을 원망하며, 결국 모차르트를 파멸시키고 죽음까지 이르게 합니다. 이 영화의 결말에서 그는 자신이 평범한 사람들의 대변자라고 말합니다. 그의 말처럼 보통 사람들은 천재들을 부러워하고, 시기하며 열등감에 쌓입니다.

그런데 사실 열등감은 누구나 다 갖고 있습니다. 모든 면에서 완벽한 사람은 아무도 없기 때문에, 정상적인 사람이라면 많고 적음의 차이가 있을 뿐 누구나 다 열등감을 갖고 있습니다. 어느 통계자료를 보니 천재라고 불렸던 인물 가운데 약 83%가 육체적이거나 정신적인 열등감에 쌓여 있었다고 합니다. 그 사람들 중에는 소크라테스, 미켈

란젤로, 모차르트, 뉴턴, 루소, 베토벤, 괴테, 나폴레옹 등 아주 유명한 사람도 있습니다. 이들과 우리가 다른 점은 무엇일까요? 이들이 천재라고 불리는 이유는 자신들이 갖고 있는 열등한 점을 분명하게 인식하고 이를 오히려 발전을 위한 토대로 삼고 잘 극복해냈기 때문입니다. 이처럼 열등감은 사람들을 자극시켜서, 자신의 부족한 점을 보완하고, 장점을 최대한 발전시키는 좋은 원동력이 되기도 합니다.

그러나 반대로 열등감에 휩싸여 그것에서 벗어나지 못하는 사람들은 남을 시기하거나 질투하고, 항상 불안감에 사로잡혀 살아갑니다. 매사에 무기력하고 자신감을 잃고, 심하면 다른 사람들과 만나거나 이야기하는 것을 꺼려하는 대인공포증을 앓기도 합니다. 또 어떤 사람들은 이와는 다른 현상을 보이기도 하는데, 매사에 철두철미한 완벽주의자가 되려고 하고, 주위 사람들로부터 존경받기를 원합니다. 자기와 비교해서 열등하다고 생각하는 사람 즉, 자기보다 못하다고 생각하는 사람들을 보고 대하면서 우월감을 느끼고 그런 사람들을 쉽게 무시하기도 합니다.

그런 사람 가운데 대표적인 인물이 바로 2차 세계대전 중에 유대인을 열등한 민족으로 지정하면서 600만 명의 유대인을 학살한 히틀러입니다. 이처럼 심한 열등감에 쌓여 있는 사람은 자신의 인생에 깊은 상처를 갖고 있을 뿐만 아니라 다른 사람들에게도 상처를 주고, 자칫하면 히틀러처럼 이 사회와 역사에 큰 상처를 남기게 됩니다. 그러므로 우리가 '열등감을 어떻게 극복해야 하는가' 하는 것은 정말 중요한 과제입니다.

중학교에 몸담다 보니 제가 만나는 학생들은 이제 어른이 되어가는 과정에 있는 청소년기를 보내고 있습니다. 청소년기의 가장 큰 특징 가운데 하나는 자신에 대해서 스스로 인식하는 시기입니다. 그리고 주위의 다른 친구들과 자신을 비교하면서 '자신은 어떤 사람'이라는 의식을 갖습니다. 그런데 이 시기에 만약 다른 사람과 자신을 비교하면서 '누구는 공부를 잘하는데, 누구는 집이 부자인데, 누구는 얼굴이 잘 생겼는데, 누구는 인기가 좋은데, 누구는 뭘 잘하는데……. 그런데 나는 이게 뭐야 하는 식으로 열등감에 빠져서 여기서 벗어나지 못한다면, 결국 스스로 자신의 인생을 망치는 사람이 되고 말 것입니다.

저는 개인적으로 성경에 나오는 인물 가운데 세례 요한을 매우 좋아합니다. 그 이유는 그의 고백이 마음에 감동으로 아로새겨져 있기 때문입니다. 요한복음 3장 26~30절입니다.

요한의 제자들이 요한에게 와서 말했습니다. "랍비여, 전에 요단 강 건너편에서 선생님과 함께 계시던 분, 선생님이 증거하셨던 그분이 지금 세례를 주고 있는데 사람들이 다 그분께로 가고 있습니다." 이 말에 요한이 대답했습니다. "하늘에서 주시지 않으면 사람은 아무것도 받을 수 없다. 내가 전에 '나는 그리스도가 아니고 그분보다 앞서 보냄을 받은 사람이다'라고 한 말을 증거할 사람들은 바로 너희다. 신부를 얻는 자는 신랑이다. 그러나 신랑의 친구는 신랑을 기다렸다가 신랑의 음성을 들으면 그 음성으로 인해 매우 기뻐한다. 나는 이런 기쁨으로 충만하다. 그분은 흥해야 하고 나는 쇠해야 한다.

그는 예수님보다 조금 일찍 사역事役을 시작해서, 많은 사람들이 그를 따랐습니다. 그런데 예수님이 나타나자, 그를 따르던 많은 사람들이 이제 예수님을 따르게 되었습니다. 이런 경우 만약 저라면 아마도 무척 화가 나고, 어떻게 하면 사람들을 다시 끌어모을 수 있을까 하고 궁리했을 것입니다. 그런데 그는 이렇게 말했습니다.

"그는 즉, 예수님은 흥하여야 하겠고, 나는 쇠하여야 하리라."

무슨 말입니까? 예수님을 따르는 사람들은 더욱 더 많아지고, 부흥하고 자신은 이제 조용히 사라질 때가 되었다고 말한 것입니다. 그는 이제는 예수님과 비교해서 보잘것없이 되었지만 결코 열등감에 빠지지 않았습니다. 왜냐하면, 그에게 있어서 중요한 것은 자신을 향한 하나님의 뜻, 하나님의 계획이었기 때문입니다. 그는 그것을 알았기에 실망하지 않고, 열등감에 빠지지 않았으며 오히려 크게 기뻐하였습니다.

이처럼 우리는 각자에게 주어진 하나님의 계획과 뜻이 있기 때문에, 결코 다른 사람과 자신을 비교하여 열등감에 빠지거나 반대로 우월감에 빠질 필요가 없습니다. 하나님은 우리 각자에게 다양한 능력과 은사를 주셨습니다. 이는 예수님의 달란트 비유에서도 생각해 볼 수 있습니다. 어떤 사람에게는 5달란트를, 또 어떤 사람에게는 2달란트를, 또 어떤 사람에게는 1달란트를 주셨습니다. 우리의 관점은 '내가 하나님으로부터 다른 사람보다 얼마나 더 많이 받았느냐' 하는 것입니다. 만약 다른 사람보다 많이 받으면 만족하여 하나님께 감사드리겠지만 그렇지 않으면 곧바로 '왜 누구는 5달란트를 주고, 왜 누구는 2달란트를 주고, 왜 나는 1달란트야'라는 마음이 들어 남과 비교해서 화를 내고 불평할 것입니다. '누구는 공부를 잘하는데, 누구네는 집이 부자인데, 누구는 얼굴이 좀 생겼는데, 누구는 인기가 좋은데, 누구는 뭘 잘하는데……. 그런데 나는 이게 뭐야?'라고 열등감에 빠져서 불평하고 원망하는 것처럼요.

그러나 하나님의 관점은 그렇지 않습니다. 하나님은 누가 얼마를 받았는가 하는 것이 중요한 것이 아니라 얼마를 남겼는가 하는 것이 중요합니다. 사람들은 많이 받은 사람, 능력이 많고 재능이 많은 사람을 칭찬하고 부러워하지만, 하나님은 비록 1달란트와 같은 작은 능력이라도, 그것을 사용하여 받은 만큼 더 남긴 사람에게 "잘 하였도다 착하고 충성된 종아"라고 하시며 칭찬하시는 분입니다. 그러므로 우리는 다른 사람에 비해 부족하고 못하는 것도 많지만 자신이 잘 하는 것, 작은 것 하나라도 소중히 생각하고 잘 가꾸어서, 이것을 통해 참된 자신의 모습을 실현하는 멋진 사람들이 되어야 합니다. 그렇습니다. 우리가 크건 작건 각자 나름대로 열등감을 갖고 있습니다. 그렇지만 우리가 정작 관심을 갖고 생각해야 할 것은 '내가 남보다 무엇을 못하는가, 무엇이 부족한가' 하는 것보다, '내가 잘하는 것이 무엇인가, 하나님이 나에게 주신 재능은 어떤 것인가' 하는 것입니다.

키에르케고르는 사람을 "하나님 앞에 선 단독자"라고 정의하였습니다. 사람은 하나님 앞에 어떻게 살아가느냐 하는 것이 중요한 문제지 남들 보기에 화려하게 보이느냐, 처참하게 보이느냐 하는 것은 결코 중요한 문제가 아닙니다. 하나님 앞에서 우리의 삶은 결코 우월하다거나 열등한 것이 없습니다. 자신에게 주어진 각각의 능력과 재능대로 성실하게 살아간다면, 그것으로서 우리는 하나님 앞에서나 다른 사람들 앞에서 최고의 사람입니다.

내가
누구게?

KBS 2TV 〈개그콘서트〉는 오랫동안 온 국민의 사랑받아 온 장수 프로그램입니다. 이 프로그램에 등장했던 유행어 중 지금도 기억나는 게 있습니다. '이정수'라는 개그맨이 코너를 시작할 때 했던 멘트, "내가 누구게?"라는 말입니다. 개그의 한 소재로 등장한 이 말은 우리가 다시 한번 생각해 볼 만한 귀한 삶의 지혜를 담고 있습니다. 우리는 누구일까요? 아마도 살면서 한 번쯤은 떠올려 본 질문일 겁니다.

"내가 누구게?"

우리가 살아가면서 묻게 되는 질문은 크게 세 가지라고 말할 수 있습니다. 첫째는 '내가 누구인가' 하는 정체성의 문제입니다. 둘째는 그 정체성에 따라 '어떻게 살 것인가' 하는 삶의 태도에 대한 질문입니다. 셋째는 '무엇을 위해 살 것인가' 하는 목적에 관한 질문입니다.

이 세 가지는 끊임없이 우리의 일상에 다가오는 피할 수 없는 질문입니다. '내가 누구'인지 확고한 자리매김이 없다면 정체를 모르는 물건처럼 인생은 낭비이고 의미 없는 고통만 가득한 무가치한 것이 될 것입니다. 또한 정체성이 확고하더라도 그에 합당한 삶의 태도와 기준을 바르게 지니고 있지 않으면, 사용법을 모르는 물건처럼 답답할 것입니다. 이리저리 쓸려 다니다가, 여기저기서 얻어터지고 실패한 인생으로 끝날지도 모릅니다.

삶의 목적이 잘못되면, 마치 아군에게 떨어진 포탄처럼 삶의 태도가 희생적이고 진지할수록 종말이 비참할지도 모릅니다. 이 세 가지 도전 중에 중요하지 않은 것이 없습니다. 그래서 누구나 가치 있는 삶을 살고자 한다면, 살아가면서 반드시 이 질문에 대한 명확한 대답들을 가지고 있어야만 합니다. 예수님도 하나님의 아들로 공식적인 생애를 시작하시는 시점에서 만사를 제쳐 두시고 광야로 걸어 들어가셔서 이 세 가지 질문에 대한 명확한 입장을 정리하셨습니다. 성경 마태복음 4장 1~4절입니다.

> 그 후 예수께서 성령에 이끌려 광야로 가셔서 마귀에게 시험을 받으셨습니다. 40일 밤낮을 금식하신 후에 예수께서 배가 고프셨습니다. 시험하는 자가 예수께 다가와 말했습니다. "당신이 하나님의 아들이라면 이 돌들에게 빵이 되라고 해 보시오." 예수께서 대답하셨습니다. "성경에 기록됐다.[1] '사람이 빵으로만 사는 것이 아니라 하나님의 입에서 나오는 모든 말씀으로 산다.'"

하나님은 오늘 우리의 마음속에 최우선적인 질문인 '내가 누구인가'라는 물음을 던지실지 모릅니다. 예수님은 첫째 시험을 통해서 여러분에게 말씀하십니다. 이 질문은 가장 기본적인 것이면서도 나머지 두 가지를 결정하는 기준선이 되기도 합니다. 그러나 이 해답은

---

1 그분이 너희를 낮추고 배고프게 하셔서 너희나 너희 조상들이 전혀 알지 못했던 만나로 먹이신 것은 너희로 겸손하게 해 사람이 빵으로만 사는 것이 아니라 여호와의 입에서 나오는 모든 말씀으로 사는 것임을 가르쳐 주시려는 것이었다.(신명기 8장 3절)

결코 쉽게 다가오지 않습니다. 독일 나치에 저항하다가 총살형을 당할 예정이었던 디트리히 본회퍼Dietrich Bonhoeffer 목사가 1944년 7월 16일에 교도소에서 쓴 '나는 누구인가?'라는 시가 있습니다.

나는 도대체 어떤 사람인가?
태연하게 명랑하게 확고하게
영주가 자기의 성에서 나오는 것처럼
감방에서 내가 나온다고 사람들은 내게 자주 말하지만

나는 도대체 어떤 사람인가?
자유롭게 다정하게 맑게
명령하는 것이 나인 것처럼
교도관들과 내가 대화한다고 사람들은 내게 자주 말한다.

나는 도대체 어떤 사람인가?
침착하게, 미소 지으며, 자랑스럽게,
승리에 익숙한 사람과 같이
불행한 나날을 내가 참고 있다고 사람들은 내게 말하기도 한다.

나는 정말 사람들이 말하는 것과 같은 사람인가?
그렇지 않으면 다만 나 자신이 알고 있는 사람에 지나지 않을까?
새장 속의 새와 같이 불안하게, 그리워하다 병들었고,
목을 졸렸을 때와 같이 숨을 쉬려고 몸부림치고
색채와 꽃과 새소리를 갈망하고,
부드러운 말과 인간적인 친근함을 그리워하고,
불의와 사소한 모욕으로 분노에 몸이 떨리고,
대사면의 기대에 사로잡히고,

저 멀리 있는 친구를 그리워하다 낙심하고,
기도하고 생각하고 창작하는데 지쳐서 허탈에 빠지고
의기소침하여 모든 것에 이별을 고하려고 한다.

나는 도대체 어떤 사람일까? 앞의 사람일까 뒤의 사람일까?
오늘은 이런 인간이고 내일은 다른 인간일까?
두 사람이 동시에 나일까?
사람들 앞에서는 위선자이고
자기 자신 앞에서는 경멸할 수밖에 없는 불쌍한 약자일까?
혹은 내 속에 있는 것은
이미 승패가 난 싸움에서
흩어져 퇴각하는 패잔의 군대와 같은 것일까?

나는 도대체 어떤 사람일까? 이 고독한 물음이 나를 비웃는다.
내가 어떠한 사람이건
아 하나님이시여, 당신은 나를 아십니다.
나는 당신의 것입니다.

본회퍼 목사처럼 자신의 사명에 확고한 하나님의 사람마저 내가
누구인지 고민합니다. 하물며 우리 같은 평범한 사람들은 어떻겠습
니까? 우리는 사람들의 평가와 스스로 느끼는 자신이 일치하지 않을
때, '나는 도대체 누구인가' 하는 고독한 물음에 혼란을 겪게 됩니다.
　사람의 궁극적 질문을 탐구하는 학문인 철학도 이 질문에서 시작
합니다. 고대의 소크라테스도 델피의 신전 제단에 기록된 '네 자신을
알라'는 명제에 집중하여 그것을 화두話頭[2]로 삼아 철학을 전개했습니

---

2 직역하면 '말머리', 즉 이야기의 첫머리나 주제를 뜻하는 말입니다. 혹은 어떤 주제가

다. 최근 현대적 감각으로 쉽게 쓴 철학 책이라는 평을 듣고 있는, 요슈타인 가아더의 소설로 읽는 철학책『소피의 세계』에서도 '너는 누구냐'라고 적혀 있는 한 장의 편지가 한 소녀에게 전달됨으로 시작됩니다. 과거나 현재를 막론하고 '나는 누구인가'라는 정체성의 문제로 철학의 세계가 펼쳐지고 있습니다.

『구약성경』의「창세기」에서 아담에게 하나님께서 던진 질문도 정체성에 대한 것입니다. "아담아, 네가 어디 있느냐?" 범죄한 인간에게 처음 던진 하나님의 질문입니다. 자기의 자리를 잃고, 자아를 잃어버린 인간은 마땅히 스스로에게 던져야 하는 질문마저 할 수 없었습니다. 그래서 하나님께서 친히 대신 질문을 던지신 것입니다. 요즘처럼 정신없이 변하는 시대에 '나는 누구인가?'라는 질문에 자신 있게 대답할 사람이 얼마나 되겠습니까? 그러나 확고한 대답이 없으면, 분실된 폭탄을 주워들고 무엇인지 몰라 신기해하며 여기저기 두드려보고 노는 아이들의 무모함만큼 위험합니다. 인생은 방향 없이 떠나는 항해처럼 심각한 위기를 만나며 상처만 받게 될 것입니다. 인생의 의미를 찾지 못하고, 날마다 혼동만 가득하게 될 것입니다. 하나님의 부르심 앞에서 깔끔하게 자신을 드릴 수도 없습니다.

다음으로, 정체성을 어디서 찾을 수 있을까요? 왜 이렇게 인간은 '나는 누구인가'라는 질문 앞에서 갈팡질팡하게 되는 걸까요? 그 이유를 우리는 마태복음 4장에서 찾을 수 있습니다. 인간은 오랫동안 사

화제가 되고 있을 때 '~가 화두가 되다'라는 표현을 쓰기도 하는 말입니다. 원래는 불교 선종(禪宗) 중에서 임제종 등 간화선 쪽에서 중시하는 수행법으로, 깊은 의심을 통해 정신을 극도로 집중시켜 깨달음을 얻는 수행법입니다. 다른 말로 공안이라고도 부르며, 영어권에서는 이를 일본식으로 읽은 코우안(Kouan)이라는 이름으로 널리 알려져 있습니다. 화두는 동아시아(특히 일본, 중국, 한국 등 동북아시아에서 가장 널리 알려진 불교 수행법 가운데 하나로, 우리나라 조계종에서는 거의 대부분의 스님들이 화두로 수행합니다. 일본에서도 화두가 꽤 보편화된 수행법이라고 합니다.

탄이 제시한 방법에 길들여져 속고 있습니다. 사탄은 이렇게 그 방법을 제안하고 있습니다. 마태복음 4장 3절입니다.

> 시험하는 자가 예수께 다가와 말했습니다. "당신이 하나님의 아들이라면 이 돌들에게 빵이 되라고 해 보시오."

이 질문의 구조를 보면, 앞부분에 시험의 무게가 실려 있습니다. 정체성에 대한 심각한 도전이 나옵니다. "네가 만일 하나님의 아들이라면…" 이것이 사탄이 진짜 흔들고 싶어 하는 초점입니다. 그런데 이 질문은 조건문으로 되어 있습니다. "네가 만일 ……이라면" 다시 말해, 어떤 조건 아래에서만 예수님이 가지고 계신 정체성이 성립된다는 말입니다. 그 조건이 무엇입니까? 이어서 나오는 "이 돌들로 빵이 되게 하라"입니다. 돌들이 빵이 되게 하면 하나님의 아들이고, 그렇지 않으면 하나님의 아들이 아니라는 말입니다. 즉, 사탄이 계속 예수께 의문을 제기하는 것은 하나님의 아들이 아니라는 말입니다. 정체성을 흔드는 말입니다.

이것을 일반화하면 오랫동안 인류를 무력하게 했던, 사탄이 제시한 정체성의 파악 방법이 노출됩니다. 그것은 다음과 같습니다. 한 사람의 능력이 그 사람의 정체성을 결정한다는 것입니다. 개인적인 능력이나 경제적 소유의 정도에 따라 그의 정체성을 평가한다는 논리입니다. 그러나 이것이 정당한 방식일까요? 사탄이 이렇게 정체성 파악의 방법을 제시한 이후에, 인간들은 모두 이것이 진리인 양 점검 없이 그 방식대로 자신을 평가하고 있습니다. 저울이 잘못됐는데 비만이라고 걱정하는 것이나 마찬가지입니다. 휘어진 잣대로 길이를 재는 것처럼 어리석은 논리입니다. 이런 사탄의 논리 방식으로 자신의 정체성을 잘못 파악해서 하나님께 꾸중을 들은 성경의 위인들이 있습니다. 그중 한 명이 바로 모세입니다.

『출애굽기』에서 모세가 이집트의 왕 바로의 왕자로서 권세가 있었을 때는 이집트인을 죽일 만큼 자신만만해 있었습니다. 그러나 이집트에서 쫓겨나 광야에서 남의 양이나 치면서 허송세월할 때의 그의 정체성은 형편없었습니다. 그때 처음 하나님의 부름을 받고, 하나님께 던진 질문이 이것입니다. 출애굽기 3장 11절입니다.

> 그러자 모세는 하나님께 "제가 도대체 누구라고 바로에게 간다는 말씀이십니까? 제가 이스라엘 백성들을 이집트에서 이끌어 낸다는 말씀이십니까?" 하고 말했습니다.

자신의 소유와 능력에 따라, 자신의 과거의 성패에 따라, 자신이 누구인지를 결정하고 있습니다. "제가 무엇이라고"라며 자신을 형편 없이 깎아내리며 인간 취급도 안 합니다. 그래서 하나님께 계속 책망을 받습니다. '무능하다' 생각하여 정체성에 자신이 없을 때, 하나님의 부름에도 응답할 수 없는 것이 우리의 모습입니다. 사탄의 이런 논리에 당했던 또 한 사람이 있습니다.

하나님께 크게 쓰임 받은 후에도 자신의 정체성이 한 순간에 흔들리는 인간의 초라한 모습이 나옵니다. 그가 엘리야입니다. 열왕기상 18장 45~46절입니다.

> 한편 하늘은 구름과 바람으로 시커멓게 되고 바람이 일어나 큰비가 내리기 시작했습니다. 아합은 전차를 타고 이스르엘로 갔습니다. 여호와의 능력이 엘리야에게 내려왔습니다. 그는 허리띠를 동여매고 아합보다 먼저 이스르엘로 달려갔습니다.

840여 명의 바알 선지자들과 아세라 선지자들에게, 하늘에서 불이 내려오게 함으로 승리했을 때가 있었습니다. 그때는 큰비가 내리는 악천우惡天雨에도 누가 시키지도 않았는데 아합의 마차 앞에서 월드컵의 영웅들처럼 뽐내고, 말보다 빨리 달려가며 자신에 찬 환호성을 질렀습니다. 그런데 19장 1~4절에서는 그의 모습이 이렇게 변합니다.

> 아합은 이세벨에게 엘리야가 한 모든 일과 엘리야가 모든 예언자들을 칼로 죽였다는 이야기를 해 주었습니다. 그러자 이세벨은 엘리야에게 사람을 보내 말했습니다. "만약 내일 이맘때까지 내가 네 목숨을 죽은 예언자들 가운데 하나의 목숨처럼 되게 하지 못하면 내가 우리 신들에게서 천벌을 받아 마땅하다." 엘리야는 이 상황을 보고 목숨을 지키려고 일어나 도망쳤습니다. 그는 유다의 브엘세바에 이르자 자기 종을 거기에 남겨두고 혼자서 하룻길을 가서 광야에 다다랐습니다. 그는 로뎀 나무 아래 앉아서 죽기를 기도했습니다. "여호와여, 이제 이것으로 충분하니 제 목숨을 가져가 주십시오. 저는 저의 조상들보다 나은 것이 없습니다."

그렇게 자신감에 차있던 그가, 바로 다음 장면에서 왕비 이세벨이 자기를 죽이기로 결심한 줄 알았을 때, 광야로 슬금슬금 도망하여 로뎀 나무 아래서 죽여 달라고 하나님께 반항합니다. 그는 자신의 정체성을 자신의 상황과 능력에 따라 결정했던 것입니다. 그러니 하루는 거칠 것이 없는 준마처럼 달리다가, 하루아침에 죽은 개처럼 초라한 몰골을 하고 있었던 것입니다.

이 모습이 낯설지 않음은 우리 또한 그렇기 때문입니다. 다른 사람의 능력이나 소유와 비교해서 나의 나됨을 평가내리지 않는지요? 나의 과거 행적과 오늘의 사회적 위치와 영향력의 정도로, 어떨 때는 한없이 교만해지다가 어떨 때는 형편없이 초라해지는 변화무쌍한 자신의 모습에 당황해 하지는 않습니까? 탁월한 능력의 소유자 앞에서는 한없이 초라한 마음에 짓눌리고, 무능한 사람들 앞에서는 잘난 체하며 허풍을 떨지는 않는지요? 저희 학교 학생들도 보면, 성적이 오르면 자신만만하다가 떨어지면 크게 실망합니다. 성적에 따라 자신을 평가합니다. 우리의 자기 평가 방식이 이와 같지는 않는지요?

예수님은 사탄의 이런 잣대 자체를 거부하십니다. 그것이 4절에 나와 있습니다. 예수께서 대답하셨습니다.

> 예수께서 대답하셨습니다. "성경에 기록됐다. '사람이 빵으로만 사는 것이 아니라 하나님의 입에서 나오는 모든 말씀으로 산다.'"

먼저 예수님은 "성경에 기록하기를"이라고 말씀하셨습니다. 이것은 정체성의 근거를 자신의 형편이나 능력에 둔 것이 아니라, 하나님의 말씀에 두고 있다는 것을 말합니다. 세례 요한도 사람들이 "네가 누구냐" 물을 때, "선지자 이사야의 말과 같이"라는 성경에서 자신의 정체성을 찾았습니다.

예수께서 대답한 이 구절은 신명기 8장 3절[3]의 말씀을 이어 받으신 것입니다. 광야에서 이스라엘 백성이 굶주리고 갈증이 날 때 자기들이 하나님의 능력으로 구원받은 하나님의 백성이라는 생각을 잊어버리고, 하나님을 원망하고 모세를 죽이려 하며 다시 애굽의 노예 생활로 돌아가려고 합니다. 이것은 자기가 자유인이며 하나님의 백성으로 부르심을 받았다는 것을 망각하고, 순간적인 배고픔과 갈증을 이

---

3 그분이 너희를 낮추시고 배고프게 하셔서 너희나 너희 조상들이 전혀 알지 못했던 만나로 먹이신 것은 너희로 겸손하게 해 사람이 빵으로만 사는 것이 아니라 여호와의 입에서 나오는 모든 말씀으로 사는 것임을 가르쳐 주시려는 것이었다.(신명기 8장 3절)

기지 못하고, 먹을 것만 해결된다면 얼마든지 다시 노예의 자리로 전락하기를 바라는 이스라엘 백성들을 향한 말씀입니다.

하나님은 이스라엘 백성에게 대단히 실망하셨습니다. 이스라엘 백성은 소유와 능력의 문제로 자신들의 정체성을 결정합니다. 그래서 굶주렸을 때 하나님을 의심하고 자신의 존엄성을 스스로 포기하고, 하나님의 백성으로서의 신분을 쉽게 포기합니다. "너는 내 백성이 되고 나는 너희의 하나님이 되리라"는 약속의 말씀을 현실의 형편 때문에 저버립니다. "내가 거룩하니 너희도 거룩할지니라" 하셨는데, 스스로 노예의 신분으로 자처하고 애굽의 가마솥을 그리워합니다. '먹을 것을 위해서' 말입니다. 팥죽 한 그릇을 먹기 위해 장자의 정체성을 팔았던 야곱의 쌍둥이 형의 어리석음을 그대로 반복하고 있습니다. 선악과 하나에 영원한 영생을 포기한 하와처럼 말입니다.

예수님의 대답 속에는 사탄의 잘못된 접근 자체를 허용하지 않는 뜻이 있습니다. 사탄은 "할 수 있느냐 없느냐"라는 능력의 문제로 정체성을 결정하겠다고 물었지만, 예수님은 그 질문 자체의 논리를 용납치 않으셨습니다. '빵'이 아니라 '말씀'으로 산다는 선언은 '돌이 빵이 되도록 하는 인간의 능력의 문제'도 아니고, '빵이라는 경제적 소유의 문제'도 아님을 분명히 선언한 것입니다. 결정적인 정체성의 측량 도구는 인간의 형편이나 처지에 있는 것이 아니라, 하나님의 말씀 즉 '하나님께서 나를 어떻게 보고 계시는가'입니다. 예수님은 하나님의 말씀에서 자신의 정체성을 확고히 하신 것입니다.

예수께서 자신의 정체성으로 확고히 붙들고 있는 그 하나님의 말씀이 무엇입니까? 바로 앞, 3장 16~17절에 나오는 세례 받는 장면입니다.

예수께서 세례를 받으시고, 곧 물에서 올라오셨다. 그때에 그에게 하늘이 열렸다. 그는 하나님의 영이 비둘기 같이 내려와 자기 위에 오시는 것을 보셨다. 그리고 하늘로부터 '이는 내 사랑하는 아들이다. 내가 그를 좋아한다' 하시는 소리가 들려왔다.

하나님께 헌신했고, 성령을 체험했으며, 무엇보다 하나님의 말씀을 들으셨습니다. 예수께 중요한 것은 "이는 내 사랑하는 아들이다. 내가 그를 좋아한다"는 하나님의 말씀이었습니다. 예수님은 정체성의 기준을 새롭게 제시하셨습니다. 사탄이 오랫동안 써먹었던 정체성 평가의 패러다임을 확 바꾸어 놓으셨습니다. 이는 능력이 아니라 말씀이라는 것입니다. 예수께서 제시한 것은 사탄이 사용한 틀form에 대한 강력한 반대의 틀form입니다. 우리의 정체성의 기준은 어느 쪽인지요?

예수님은 우리가 범하는 정체성 인식의 잘못된 고리를 끊어 버리셨습니다. 소유의 수준이나 능력의 있고 없음으로 하나님의 아들이라는 정체성이 결정되는 것이 아닙니다. "하나님의 입으로 나오는 말씀"에 나의 나됨이 있습니다. 예수님은 세례 받으실 때, 들었던 하나님의 말씀에 정체성의 뿌리를 견고히 내리셨습니다. 우리가 지닐 정체성의 근거도 이와 같아야 합니다.

사탄은 항상 우리의 치명적인 약점을 통해서 우리의 정체성을 흔들려고 합니다. 예수께서 사탄에게 시험을 받으실 때의 상황입니다. 40일을 금식하신 후 "주리신지라"고 성경에는 기록되어 있습니다. 우리의 굶주린 상황, 결핍의 상황, 간절히 원하지만 현실이 따르지 않는 궁핍은 무엇일까요? 그것이 가정적인 문제일 수도 있고, 돈의 문제 혹은 친구나 직장 동료와의 관계 문제일 수도 있습니다. 그 결핍의 상황이 우리의 정체성을 뒤흔들도록 내버려두어서는 안 됩니다. 이 모든 것에도 하나님의 말씀에서 자신의 정체성의 뿌리를 견고히 해 나가야 합니다. 요한복음 1장 12절 말씀입니다.

그러나 그분을 영접한 사람들, 곧 그분의 이름을 믿는 사람들에게 는 하나님의 자녀가 될 권세를 주셨습니다.

하나님의 자녀됨의 확신을 가져야 합니다. 예수님을 믿으면, 곧 예수님을 마음에 모시고 입으로 인정하면, 하나님의 자녀가 되는 법적인 효력이 발생합니다. 이 구절은 조건문입니다. 예수님을 맞아들인 사람, 그 이름을 믿는 사람에게는 하나님의 자녀가 되는 특권을 주신다는 것입니다. 하늘의 왕자와 공주된 자기 정체성을 갖기가 참 쉽습니다. 이를 이룬 사람은 쉽게 유혹에 넘어가지 않으며 추하고 헛되게 세월을 낭비하지 않습니다. 왕자병, 공주병에 걸리려면 이 정도는 되어야 하지 않을까요? 하나님의 아들과 딸이라는 확고한 믿음이 있으면 떳떳하고 강하게 자신을 지켜 나갈 수 있습니다.

나이 17세에 외국인 노예 처지에서 억울하게 종신형으로 교도소에 들어간 요셉, 히틀러를 암살하려다가 발각되어 죽은 본회퍼 목사처럼 감당하기 어려운 일이 있어도 하나님의 택한 백성이요, 아들과 딸이라는 정체성을 갖는다면 그 어떤 어려움 속에서도 자신을 지킬 수 있습니다.

예수님은 하나님의 아들이라는 인식이 투철했기에 세속적인 지배자인 왕이 되는 것을 거부하셨습니다. 사람의 칭찬에도 마음을 두지 않으셨습니다. 그리고 하나님의 아들의 길을 묵묵히 걸어가셨습니다. 아무도 자신를 이해하지 못하고 제자들마저 말리는 십자가의 길을 걸어갈 수 있었습니다. 자신에 대한 인식, 해야 할 사명이 분명했기에 인류를 구원할 수 있었습니다. 예수님은 평생을 집이 없는 방랑자로 살았지만 기죽지 않으셨습니다. 헤롯왕의 궁전을 부러워하지도 않으셨습니다. 학교교육을 제대로 받지 못하셨지만 모든 사람을 가르치셨고, 당시의 유명한 성경학자들과 유대인의 선생인 랍비들의 잘못을 논리정연하게 지적하기도 하셨습니다. 늘 걸어서 다니셨습니다. 하나님의 아들이라는 정체성을 가지고 당당하게 자신의 길을 걸어가셨습니다.

사람의 생명이 그 소유의 넉넉한 데 있지 않습니다. 삶의 가치는 그의 소유로 평가되는 것이 아닙니다. 하나님의 말씀에 얼마나 붙들려 있는 사람이냐가 중요합니다. 믿는 사람은 하나님의 자녀가 되는 권세를 주셨다는 말씀이 있습니다. 온 우주의 주인이시고 통치자이신 지존하신 하나님의 아들과 딸이 될 수 있습니다. 그러니 어깨를 쭉 펴고 하늘을 향해 두 팔 벌려 함박웃음 지어 보시기 바랍니다.

예수님을 믿기만 하면 하나님의 자녀가 될 수 있습니다. 누가 뭐래도 하나님의 아들과 딸들입니다. 공부를 많이 못했어도 가난해도 그 신분은 변함이 없습니다. 우리의 가장 큰 약점이 사탄이 우리를 걸고 넘어지게 하는 공격 지점입니다. 자기 정체성을 상실하고 자신에게 실망하고 열등감에 빠져 있을 수 없습니다.

요셉은 보디발 장군 집안의 노예였습니다. 노예가 그의 현실이자 피할 수 없는 사회적 신분이었습니다. 그러나 그는 자신의 현실을 받아들이고 순응하였습니다. 그가 자신의 정체성을 '이집트의 노예'로 결정지은 것은 아닙니다. 그것은 위기의 순간에 분명히 드러났습니다. 주인의 아내가 유혹하며 죄의 노예적 쾌락을 요구할 때, 그는 자신의 정체성을 드러냈습니다. 그 여자의 노예가 아니고, 하나님 앞에

선 거룩한 사람임을 선언하였습니다. 그는 사회적 평가 속에서 분명히 노예의 신분이었습니다. 그러나 그것이 그의 정체성을 결정하거나 흔들지 못했습니다. 그는 하나님의 백성이라는 보이지 않고 누가 알아주지도 않는, 하나님께서 주신 정체성을 무엇보다 소중하게 여겼습니다. 그것을 지키고자 억울한 누명을 감수하고, 천신만고 끝에 어렵게 도달한 안락한 부잣집 집사장의 자리도 버렸습니다. 왜냐하면 정체성이 그만큼 소중했고 확고했기 때문이었습니다. 이처럼 요셉에게 있어서 중요한 정체성의 근거는 "하나님께서 나를 어떻게 보시느냐"였지, 사람들이 나를 어떻게 인정하느냐, 내 처지가 어떠한가에 달려 있지 않았습니다.

하박국은 매우 가난한 자신의 현실과 나라의 재난이라는 비극 아래 자신의 무능함을 괴로워하는 예언자로서, 정체성의 혼란을 경험하며 한때는 하나님께 원망하는 말까지 했습니다. 그러나 마지막에는 즐거운 승리의 노래를 불렀습니다. 이 구절은 기독교 노래로 작곡되어 널리 알려져 있습니다. 하박국 3장 17~19절입니다.

　　무화과나무가 싹이 트지 않고 포도나무에 열매가 없다고 해도, 올리브 나무에서 수확할 것이 없고 밭은 먹을 것을 생산하지 못해도, 우리 안에 양 떼가 없고 외양간에 소가 없다 해도 내가 여호와를 기뻐할 것이고 내 구원이 되시는 하나님을 즐거워할 것입니다. 주 여호와께서는 내 힘이십니다. 그분은 내 발을 사슴의 발처럼 만드시고 그분은 평원에서 나로 하여금 뛰어다니게 하십니다. 이것은 지휘자에 의해 현악기에 맞춰 노래한 것입니다.

하박국은 자기의 존재를 사슴처럼 높이시는 하나님이 자신의 힘이라고 고백하면서, 자기 속에서 몰아치는 "네가 하나님의 사람, 의인이냐"는 사탄의 논리를 한방에 날려 버렸습니다. 사도 바울은 율법주의 자들의 공격과 실패한 과거의 상처 속에서 동료들의 배신을 당하면서도 이렇게 외쳤습니다. 갈라디아서 6장 17절입니다.

이제부터는 누구든지 나를 괴롭게 하지 마십시오. 나는 내 몸에 예수의 흔적을 가졌습니다.

나의 나됨을 예수님 안에서, 하나님의 말씀 안에서 찾았던 위대한 믿음의 사람들, 그들의 확고한 고백을 하나님께서는 오늘 우리에게서도 듣고 싶어 하십니다. "나는 도대체 어떤 사람일까? 이 고독한 물음이 나를 비웃는다."는 이런 절박한 현실 앞에서도 본회퍼 목사가 외쳤던 마지막 말을 상기해 봅니다. "내가 어떠한 사람이건, 아 하나님이시여, 당신은 나를 아십니다. 나는 당신의 것입니다."

자청해서
일하는
즐거움

제가 재직하는 학교에 대한 미안한 마음을 갖곤 합니다. 이 마음이야 이전부터 있었지만 요즘은 새삼 곡절로 느끼곤 합니다. 제가 학교에 미안함, 아쉬움을 느끼는 이유는 제가 학교 교사(학교목사; 교목)로서 자리를 차지하고 있음에 대한 자괴감 때문입니다. 이게 무슨 소리인가 하면…… 사임辭任을 하려고 하는 것은 아닙니다. 그럴 수도 없고요. 학교 목사이고 선생이기 이전에 여섯 식구의 가장으로서 사임할 처지는 못 됩니다. 딱히 제 사역지를 떠나서 어디를 가고 싶은 것도 아니고, 사실 갈 곳도 없습니다. 올해로 지금의 학교에서 교목과 교사로 봉직한지 13년째입니다. 십년이면 강산도 변하는 세월이고 서당개 3년이면 풍월을 읊는다는데 한 곳에서 같은 일을 13년째 하면서 딱히 전문성이 신장되었다거나 하는 일에 익숙한 것이 없으니 저도 참 부족한 사람인가 봅니다. 설교도 수업도 업무도 어느 것 하나 똑부러지게 잘하는 게 없습니다. 거기다가 이제는 타성에 젖은 듯 게으르고 나태하게 시간을 보내기도 합니다. 늘 처음처럼 초심을 잃지 않고 살아야 하는데 제 사람됨의 그릇이 이 모양이니 가르치는 이로서 참 부끄럽습니다.

중년의 나이가 되면서 이 생각, 저 생각에 젖어들며 스스로를 반성해 보는 중입니다. 부족한 저를 여기까지 이끌어주신 긍휼의 하나님, 에벤에셀의 하나님께 감사드립니다. 그나마 하나님의 도우심과 가족의 사랑, 동료들의 협력과 아이들의 함께함이 있었기에 덜 부끄러울 수 있었습니다. 개인적으로는 꾸준히 글을 쓰고 책을 내며 뜻한 바 있어 특수교육대학원도 다니는 중입니다. 이 모든 것은 제가 이룬 것이 아니라 다 하나님의 은혜임을 자백합니다. 하나님께 감사의 기도를 올리면서 문득 '더 잘할 수 있었는데, 더 잘 될 수도 있었는데' 하는 생각이 들어 가슴 한편이 저려오기도 합니다. 이 고민 중 하나가 바로 저의 부족한 역량에 대한 것입니다.

제가 재직하는 학교는 대한예수교장로회 통합측 소속 황등 교회가 설립한 학교입니다. 그런데 저는 한국기독교장로회에서 안수 받은 목사입니다. 그리고 학교는 전북 익산시 황등면이라는 작은 농촌에 소재하는데 저는 서울서 나고 자라고 공부하였기에 지역적 연고가 없습니다. 학부는 성공회대학교에서 신학을 전공하고 교육전도사는 구세군에서 5년을 하였습니다. 저는 이 두 곳이 늘 마음의 고향처럼 참 좋습니다. 그러나 이 두 곳이 기독교계에서는 작은 곳들이고 지금 학교가 소속한 교단과 제가 소속한 교단이 다른 곳들이다 보니 학교에 도움을 주기는 어렵습니다. 그러니 저로서는 학교 목사로서 학교에 이바지하기에 유익하지 못한 것만 같아 항상 미안한 마음이 듭니다.

우리 사회는, 사회를 구성하는 제도나 조직도 중요하지만 이것보다 일정 부분 통용되는 사람 관계를 더 중요하게 여깁니다. 이는 서구 사회와 다른 우리 사회의 특징입니다. 서구 사회가 비교적 합리적인 시스템이나 체계적인 조직으로 질서정연함, 공정한 틀이나 규칙rule이 장점인 동시에 차가울 정도의 틀이나 규칙이 답답해 보이기도 하는 것에 반해, 우리 사회는 어찌 보면 허술할 정도로 비합리적이고 무질서할 정도로 사람 관계의 친근함과 소원함에 따라 일이 진행되기도 합니다. 그로 인해 공정과 공평이 명확하지 않고, 불평등하고 부정과 부패가 가능한 사회구조입니다. 그러니 서구 사회의 시각에서 보면 시급히 개선해야 할 사회 문제입니다. 그러나 이것이 보기에 따라서는 차가운 서구 사회의 경직된 사회 구조와는 달리 유연성과 정겨움이 어우러지는 사람 냄새나는 사회인 듯하여 좋은 측면도 있습니다.

제가 이 자리에서 동서양의 문화를 비교 분석하려는 건 아니고 그저 흔히 쓰는 말인 과유불급過猶不及이라는 말처럼 지나치면 모자람만 못하니 우리의 장점은 살려나가되 단점은 보완하는 것이 지혜롭다는 생각이 듭니다. 자칫 우리 것을 지적하고 비판하기에 급급한 나머지 우리의 장점을 버리고 남의 것을 무비판적으로 수용하여 그것의 단점마저 받아들이는 오류를 범하면 안 된다는 생각입니다. 물론 이게 이상적이지만 어디까지가 장점이고 어디까지가 단점인지 명확한 경계는 말할 수 없습니다. 우리 사회의 용어대로 눈치껏, 시기와 상황에 맞게, 시의적절하게 해나가야 할 것입니다. 아무튼 우리 사회의 모습은 좋든 싫든 그것이 현실입니다. 지금 이를 논리적으로 가치 판단한다고 단기간에 개선되는 것도 아닙니다. 지금 당장 최선의 길은 이를 잘 활용하는 것입니다. 바로 여기에 저의 고민과 고뇌가 있습니다.

학교가 작은 농촌에 있다 보니 도시권의 규모가 큰 학교에 비해 학생 복지 뿐만 아니라 재정적, 시설적, 인력적 측면에서 선교적 역량을 발휘하는 데 한계가 있습니다. 더욱이 최근에는 더더욱 그렇습니다. 그러다 보니 기독교학교로서 학교 선교 역량을 펼치기도 어려운 실정입니다. 이처럼 안에서 부족하면 눈을 돌려 밖에서 지원을 받는 게 좋습니다. 최근 우리 기독교계에서는 자라나는 세대의 교회 출석률과 복음화 비율이 낮아, 이에 대한 시급한 대책과 실천 방안들이 논의되고 있습니다. 이에 따라 다음 세대의 희망, 신앙의 대 잇기, 기독교학교 활성화 등이 여기저기에서 이야기되니 반가운 일입니다. 이를 잘 활용하면 제가 섬기는 학교에도 유용한 자원을 끌어들이는 것이 가능할지도 모른다는 생각이 듭니다. 그런데 가만히 생각해보니 이를 수행할 제 처지가 딱하다 싶었습니다.

앞서 말씀드린 바대로 저는 학교가 속한 교단의 목사가 아니니 이 교단 목사님들에게 학교를 위한 재정적, 인력적 지원을 요청 드리기가 어렵습니다. 그리고 제가 속한 교단은 상대적으로 크지 않은 교단이고 학교가 교단과 다르니 적극적으로 학교를 위해 후원할 적극성을 보이지 않을 수 있습니다. 거기에 제가 속한 교단은 아무래도 교단 산하 학부에서 신학을 하고 목회를 하는 것을 중시하는 풍토이다 보니 교단 산하 신학대에서 신학을 하지 않고 신학대학원을 졸업한 저로서는 목사님들과 긴밀한 선후배 관계를 맺기 어렵습니다. 거기에 제가 교단이 아닌 학교 설립교회의 아동부 교육 파트 목사로 섬기다보니 교단 소속교회에 출석하거나 봉사하지도 못하고, 학교에서 이런 저런 일에 분주하다 보니 노회에도 제대로 못가는 처지라 그야말로 '엎친 데 덮친 격'입니다.

더욱이 제가 재직하는 학교가 소재한 지역이 학연, 지연, 혈연이 깊게 뒤엉켜 있어 비집고 들어가기가 어려운 처지입니다. 본적은 경남이고, 서울서 나고 자라 학연, 지연, 혈연이 모두 기대하기 어렵습니다. 그러니 저는 그저 하나님만 바라보고 기도할 뿐 딱히 인간적인 관계를 통해 학교에 유익을 주는 대외협력을 하지 못하는 처지입니다. 저 자신의 개인적인 신분보장에는 문제가 없으나 이것이 학교를 위한 역량 수행에 문제가 되는 듯 싶다는 생각이 들곤 하여 마음이 무겁습니다.

　이런 고민과 고뇌로 기도하다가 눈을 뜨고는 결심하였습니다. '우는 아이 젖 준다'는 속담처럼, 궁리하다 보면 길이 생기고 다리품을 팔다 보면 길이 열리리라. 그리고 교단이 다르고 연줄이 달라도 같은 하나님을 믿고 최근 중요해진 학교 선교와 자라나는 세대에 대한 시급한 사명감과 교회의 사회적 역할을 제시하다 보면 혹시 결실을 맺을 수 있을까 하는 생각이 들었습니다. 이런 저의 결심이 이루어지기를 기도하며 공개해 봅니다. 그 첫 시작으로 저희 지역에서 가장 규모가 큰 교회의 담임목사님께 면담을 요청 드렸습니다. 이를 위해 글을 써보았습니다. 물론 이 분과 저는 교단도 다르고 연배도 다르고 학연, 지연, 혈연으로 맺어진 게 전혀 없습니다.

　이 분은 최근 500억을 들여 교회당을 건축한 재적교인 1만여 명의 교회의 담임목사님이다 보니 제 이름조차 모르실뿐더러 전교생 107명인 작은 농촌학교의 교목인 저와는 사회적, 종교적 위상으로 볼 때 현격한 차이가 납니다. 하여 면담 요청도 직접 못하고 비서실이라고 해야 되는지 하는 곳을 통해 정중히 하였습니다. 이처럼 옹색하고 미약하기 짝이 없으며 결실도 기대하기 어려운 시작을 알리는 이유는 이를 자청해서 이리 저리 열심히 해보려는 저의 다짐을 확실히 하려 함입니다. 그리고 이것으로 저와 같은 교목들에게 지역 교회에서 관심을 갖고 학교와 교회가 상생하고 협력하여 학교 선교의 효과를 극대화할 수 있기를 바라기 때문입니다. 보낸 글의 요약은 다음과 같습니다.

잘 아시는 바와 같이 2012년 대한예수교장로회 통합측 총회 주제 중 하나가 '다음 세대의 희망'입니다. 이렇게 총회 주제 중 하나가 다음 세대에 주목한 이유는 그만큼 다음 세대를 품는 일은 시급하고 중요하기 때문일 것입니다. 이 일을 보다 적절하게, 깊이 있게, 효과적으로 해 나가기 위한 방안은 교회로 다음 세대가 오도록 하는 방안보다는 이미 다음 세대가 모여 있는 학교를 활용하는 것입니다. 이에 최근 총회 차원에서도 학교 선교의 중요성이 제기되고 있습니다.

그러나 가슴 아프게도 최근 학교 선교는 점점 어려워지고 있는 것이 현실입니다. 실정법상 '기독교학교'라고 해도 교육과정상 종교(성경) 교과목을 개설하거나 가르치기 어렵고 정규 교과 시간에 예배를 비롯한 종교 행사의 진행도 어렵게 되어 있습니다. 더욱이 인권조례에서 문제가 되는 조항처럼 이제는 학생의 종교에 대한 자유권 보장이라는 틀로 더 어려워졌습니다. 이는 서울, 광주 등 다른 지역도 마찬가지입니다.

고등학교도 어려움이 크지만 중학교는 거주하는 곳에서 진학해야 하는 의무교육 시스템이기에 더 어렵습니다. 그로 인해 저희 지역에 거주하는 아이들은 강제로 본교에 재학해야만 합니다. 그러다 보니 현재 대략 학교에 재학 중인 학생 중에서 기독교 신앙인은 15~20%인데 그 나머지는 비신앙인이고 타종교나 이단이라 구분되는 신앙인들도 많습니다. 또한 본교는 농촌학교로서 부모의 이혼 등으로 농촌 조부모에게 맡겨진 조손 가정이나 한부모 가정이 많고 특수교육(장애) 아이들도 많고 다문화가정 아이들도 많습니다. 이들 다문화 중에서는 통일교 국제결혼에 따른 어머니가 독실한 통일교 신자인 통일교 배경들이 많습니다. 그리고 최근엔 여호와의 증인, 안상홍 하나님의 교회, 구원파 등의 이단 신자 아이들도 많아졌습니다.

그런데 학교 신앙교육을 담당하는 저는 교육체제상 종교가 어렵다 보니 종교교사자격증도 있으나 국어교사 자격으로 채용되어 진행하는 실정입니다. 저는 국어교사로 봉급 받고 일하다보니 교목으로 전념하기도 어렵습니다. 일반 국어교사와 똑같이 아이들 수행평가와 중간고사와 기말고사 채점도 해야 하고 업무도 수행해야 합니다. 학교 홈페이지나 학교 안내 책자에 제가 목사이며 종교교육을 하고 있음을 강조하기 어려운 실정입니다. 이를 고민하며 기도하던 끝에 알아보고 삼가 학교 선교사 파송에 대한 건의를 드려 봅니다.

서울 새문안교회는 학교 선교에 대한 열정으로 수년 전부터 총 4명을 석좌교목으로 학교에 파송하여 운영해오고 있습니다. 이들은 교회에서 1인당 2억 상당의 재정적인 부담을 감수하여 이 분들의 사례와 차량, 사택, 선교비를 제공하여 학교 선교에 전념하게 합니다. 그리고 주일엔 새문안교회 교육 파트를 담당하게 하는 형태입니다. 이처럼 교회가 학교에 학교 선교사를 파송하는 일은 우리 지역에도 있습니다. 전주 중부교회는 신흥중·고, 기전여중·고에 각 1명씩 석좌교목 4명을 파송합니다. 이들의 사례는 교회에서 연봉 2,200~2,500 정도로 한다고 합니다. 여기도 주일엔 교회 교육 파트가 역을 감당하는 형태라고 합니다.

부디 바라옵기는 귀 교회의 선교사역의 한 파트로 해외선교, 복지선교, 미자립교회 돕기 등에 학교 선교를 하나의 국내선교 파트로 보셔서, 같은 교단 산하의 학교 선교의 역량 발휘가 제대로 실현되기 어려운 여건의 중학교에 학교 선교사를 파송해 주시기 바랍니다. 이를 위한 구체적인 방안으로서 주중은 본교에 석좌교목으로 오셔서 신앙교육, 신앙상담 등에 전념하시고 주일은 귀 교회 사역을 하시는 방향으로 하는 것이 좋을 듯합니다. 그리고 이 분을 통해 귀 교회 여러 선교기관과 본교를 연관해서 상담 자원봉사나 다문화팀 사역 등의 영역에서 교회와 학교가 상호 협력하는 형식이 좋을 것 같습니다. 파송 교목은 석좌교목이라는 틀로, 학교장 명의로 위촉장을 드리고 저와 같이 교목실에서 신앙교육을 활성화해 나가도록 하면 좋을 것 같습니다.

이러한 발상의 뜻은 동의하실 수 있으나 실제적인 문제는 재정적인 어려움일 것입니다. 만약 전임교목이 어렵다면 시작은 교육 파트 교목으로 귀 교회의 기독교 교육전공의 교육전도사나 귀 교회 출신 교역자도 좋을 듯합니다. 신학생이라면 신학대나 신학대학원 수업 이외의 시간에 본교에 와서 선교협력을 해 나가는 형태도 좋을 듯합니다. 이렇게 하면 대략 교육전도사 한 명을 두는 형태로 월 100만 원 정도의 사례로 한다면 연봉으로 1,200만 원 정도 될 듯합니다. 혹여, 귀 교회에서 마땅한 파송 사역자가 없다면 삼가 본교에서 본교에 적합한 교역자를 청빙하여 귀 교회에 보고하는 방식도 좋을 것 같습니다. 이렇게 하여 연 1회 정도 귀 교회 선교기관에 선교보고예배나 선교간담회를 갖도록 하여 학교 선교를 점검하고 보다 활성화시켜 나가는 형태를 모색해 볼 수 있습니다. (중략)

혹자는 이 글을 보내고 나서 구체적인 성과가 있었는지를 궁금해합니다. 만약 그렇다면 제 글솜씨의 위력이 입증된 것이요, 저는 학교에 크게 이바지하는 공로자가 될 것이라고 생각하나 봅니다. 그렇겠지요. 그러나 저는 애초에 큰 기대는 하지 않고 그저 마음에 떠오른 것을 글로 담아 정중히 의향을 타진해 본 것뿐이었습니다. 결론부터 말씀드리면 제 글을 보시고 분명한 반응과 지원을 해 주시지는 않으셨습니다. 그래도 비서 분의 이야기는 담임목사님께서 글을 잘 보셨다고 하시는데 제가 글을 보낸 시점이 그 교회의 정책당회가 이미 종료되어 교회 일의 계획이 결정된 후라는 것이었습니다. 저는 실망하지 않았습니다. 그 목사님의 입장과 교회 여건과 상황을 전혀 고려하지 않고 보낸 글이었을 뿐이고 비서 분의 말씀을 들으니 위로와 격려도 되었습니다. 첫 술에 배부를 수는 없습니다. 이 글이 그저 학교 선교의 중요성과 지원의 필요성을 알리는 작은 씨앗의 역할을 한 것이니 대만족입니다. 앞으로 이런 글을, 이런 말들을 또 할 것 같습니다. 때로 궁색한 마음이 들어 꼭 이렇게까지 해야 되나 싶을 수도 있겠지만 그게 제 일이고 그래서 학교와 아이들에게 도움이 된다면 그 일을 마다하지 않을 것입니다. 궁색함, 어색함도 좋습니다. 왜냐하면 이는 누가 시켜서가 아니라 제 스스로 선택한 길이기 때문입니다.

저는 '에벤에셀'이라는 말을 참 좋아합니다. '에벤에셀Ebenezer'은 에벤(반석)과 에셀(돕다)의 합성어입니다. '도움의 돌'이라는 뜻으로 구약 성경 구절에서 비롯됐습니다. 사무엘상 7장 12절입니다.

> "그때 사무엘이 돌을 들어 미스바와 센 사이에 두고 '여호와께서 여기까지 우리를 도우셨다'라고 말하며 그곳을 에벤에셀이라고 불렀습니다."

블레셋 사람들에게 쫓기던 이스라엘 민족이 선지자 사무엘을 따라 미스바에 모여 기도하던 중 하나님의 도움으로 블레셋 군대를 물리치고 자유와 영토를 되찾은 걸 기려 세웠다는 이야기입니다. 그러므로 에벤에셀은 '지금까지 우리(나)를 도우신 하나님, 앞으로도 도우소서'라는 간곡한 기도의 의미를 지닙니다.

세상일은 늘 뜻대로 되지 않고 희망은 실망을 낳곤 합니다. 남다른 각오와 노력에도 이뤄지지 않는 일들이 생깁니다. 환해지는 듯했던 길 또한 다시 어두워지고 갑작스레 넘어져 다칠 수도 있습니다. 힘없음은 야속하고 좀처럼 따라주지 않는 운 앞에 가슴을 치게 될지도 모릅니다. 다 됐다고 믿었던 일이 뜻밖의 문제로 어긋난 적이 얼마나 많았는지요? '이것만' 하던 일이 이뤄져도 행복은 잠시, 새로운 '이것만'에 매달리게 되는 일도 다반사입니다. 그러나 가진 것보다 갖지 못한 것, 이룬 것보다 이루지 못한 것에 대한 아쉬움과 미련에 전전긍 긍하다 보면 지옥이 따로 없습니다. 그러면 사는 게 지옥 그 자체인 생지옥이 되고 맙니다. 돌아보면 지금까지 혼자 해냈다고 여겼던 일 가운데 보이지 않는 누군가의 도움 없이 가능했던 일은 거의 없었습 니다. 아무리 긴 터널도 끝이 있게 마련이고 간절한 기도는 응답받습 니다. 물론 응답의 시기와 방법은 우리의 뜻이 아니라 하나님의 절대 주권의 영역입니다. 지금까지 받은 것, 주어지는 모든 것에 감사하며 기도하는 마음으로 늘 새로운 마음으로 새롭게 시작하면 됩니다.

다행히 전라북도교육청 지원 사업으로 다문화지원 사업인 '다꿈사 랑방학교' 공모에 나름대로 계획안을 작성하고 담당 장학사님에게 간 곡한 전화도 드려 선정되었습니다. 그리고 학교의 상황을 고려하여 통일안보 업무를 자청한 김에 국가보훈처 사업으로 '나라사랑실천학 교'도 응모하여 선정되었습니다.

이 두 사업을 의미 있게 펼치는 일환으로 지역의 결혼이주여성분 들과 지역주민 초청으로 '소중한 이웃, 다문화가정과 함께하는 어울 누리, 아시아문화축제'를, 지역의 새터민들과 지역 주민과 함께하는 '새터민 초청, 나라사랑 열린 음악회'를 진행하였습니다. '양복 입은 거지'격으로 여러 기관과 단체에 재능기부 형식으로 출연해줄 것을 요청하고 행사의 후원을 요청하였습니다. 어찌나 낯간지럽고 쑥스러 운지 고역이었습니다. '이렇게 까지 해야 하나' 하는 생각이 들기도 하였습니다. 그러나 제 이익이 아니라 학교와 도움이 꼭 필요한 이웃 들을 위한 일이라고 생각하고는 마음을 굳게 먹고 직접 찾아가거나 전화하고 공문을 보내서 성사시켰습니다. 이런 일에 제가 목사라는 것이 아주 유용하였습니다. 아무래도 기독교 실업인이나 단체장들은 단위 학교 교사보다는 목사라고 하니 호의적으로 봐주었습니다. 국어 선생으로서 공문이나 홍보의 글을 쓰는 일도 유용하였습니다.

결과적으로 이 두 사업에 학교 돈은 단 돈 1원도 들이지 않고, 지원 받은 사업비와 지역 기업인들과 지역의 기관과 교회들에게 후원으로 성대한 행사들을 할 수 있었습니다. 사업비를 따내고 후원을 요청하는 게 평소 내향적인 제 성격에 맞지 않다 보니 주저하게 되고 진행하는 데도 어려움이 많았습니다. 그러다 보니 힘들 때도 있었지만 마음은 즐거웠습니다. 스스로 자원하는 마음이었기 때문입니다. 앞으로도 이 마음, 이 자세로 제 역할을 감당해 나가고자 합니다. 요즘은 제게 주어진 공문이 아니라도 사업비 따올 거리, 글짓기 행사로 학생들에게 도움이 될 것들을 눈에 불을 켜고 주의 깊게 지켜보면서 살고 있습니다. 두 행사에 대한 보도 자료들을 요약, 정리하면 다음과 같습니다.

함께 어우러지다!⋯⋯어울누리, 아시아 문화축제

전교생이 106명인 농촌 면 단위 작은 학교이지만 지역의 다문화 이웃들과 함께하고 지역축제문화를 정착시켜 나가고자 다문화학생과 비다문화학생의 화합, 농촌 결혼이민여성들과 지역 주민의 화합을 통한 어울림으로 하나 되는 세상을 위한 '어울누리, 아시아문화축제'가 12일 저녁 황등중학교(교장: 홍석종) 주관으로 황등교회당에서 개최되었습니다. 이 행사에는 대부분 재능기부로 출연하고 필리핀 여성들의 전통노래와 베트남 여성들의 전통부채춤, 황등중학교와 세인고등학교와 한일장신대 등의 학생들이 아시아권 노래를 익혀 그 나라 말로 선보인 공연이 눈길을 끌었습니다. 이 축제는 기존의 다문화이주자들이 한국문화를 배우는 동화를 목적으로 하는 것에서 벗어나, 결혼이주여성들과 그 자녀들이 우리의 소중한 이웃으로 이들의 전통과 이들의 문화를 이해하는 데 초점을 두었습니다.

식전행사로 다문화이해 체험과 다문화음식체험으로 즐거움을 더하였고 황등어린이집, 황등남초등학교, 황등중학교는 다문화와 비다문화 아이들이 함께하는 노래와 춤으로 축제의 의미를 잘 드러냈습니다. 출연팀들은 아시아권 노래를 선보여 감동을 더하였다. 베트남 이주여성들이 펼친 부채춤과 익산시립무용단의 장구춤은 다른 듯하면서도 비슷해 보이는 춤사위가 우리가 같은 아시아문화임을 생각해보게 하였습니다. 아시아권 전통의상을 황등중학교 학생들이 입고 펼친 패션쇼를 통해 아사아국가들의 다양한 문화를 이해하는 데 도움이 되었습니다.

이번 행사를 통해 황등 지역 결혼이주여성들과 다문화자녀들이 한데 모이게 되었고, 지역민들은 소중한 이웃으로 이들의 문화를 이해하는 계기가 되었습니다. 국경을 넘어 이들이 스스럼없이 어우러지는 현장이었습니다. 늠름하게 무대 위에서 오카리나 연주를 마친 최수호 군, 이어 화려한 드럼 솜씨를 선보이며 밴드 공연을 이어갔습니다. 최수호 군은 일본인 엄마와 한국인 아빠 사이에서 태어난 다문화가정 학생입니다. 최수호 군은 이번 축제를 위해 선배들과 공연을 준비하면서 스스럼없이 어우러질 수 있었던 점이 가장 좋았다고 합니다.

"준비하면서 많이 친해진 것 같아요. 모르는 형들도 많이 친해지고 친구들도 많이 생기고……. 아무래도 다른 사람들이 우리 다문화 학생들에 대한 인식이 달라졌으면 좋겠습니다."

이러한 학생들을 바라보는 부모님의 마음이 한결 놓입니다. 우려했던 편견의 시선보다 함께 어울리면서 학생들이 자신감을 찾아가고 있기 때문입니다.

오오사와 료코(익산시 황등면)는 "아이들한테도 자신감이나 자존감을 느낄 수 있는 좋은 기회라고 생각하고요. 그 모습을 보면서 저도 기뻤어요."라고 말했습니다.

황등중학교 학생들과 교직원, 결혼이주여성, 지역주민 등 400여 명이 모여 축제를 즐겼습니다. 축제에는 다문화 학생들과 비다문화 학생들이 함께 준비한 공연들이 이어졌으며, 필리핀 노래과 베트남의 전통 부채춤 등 아시아 문화를 살펴볼 수 있는 공연도 마련됐습니다.

쩐티미오안(익산시 황등면)은 "이렇게 사람들이 많이 모여서 얘기도 하고 공연도 하고 해서 너무 좋았어요. 앞으로 이런 기회가 더 많았으면 좋겠어요."라고 말했습니다.

이번 행사를 주최한 황등중학교는 지역에 다문화가정이 증가하고 있는 만큼 함께 소통할 수 있는 자리를 자주 마련할 계획이라고 밝혔습니다. 홍석종 황등중학교 교장은 "다문화가정과 비다문화가정이 함께 어우러지는 모습을 통해 우리 사회가 화합하고 통합되는 모습을 보여주고 싶었고 이러한 행사를 통해서 우리 사회가 더불어 살아가는 따뜻한 세상이 되었으면 좋겠습니다."라고 말했습니다. 이처럼 이 행사는 국경을 초월한 만남, 함께 어우러지는 과정 속에 모두가 하나 될 수 있었던 자리였습니다.

이 행사를 기획한 황등중학교 교목 한승진 목사는 남다른 사연으로 이 행사를 기획하였다고 밝혔습니다. 한 목사는 2004년 6월 2일 920그램의 초극저체중조산아로 딸이 출생하자마자 대학병원 산생아중환자실 인큐베이터에 입원하게 되면서 무려 98일간을 생사를 오가는 고통의 시간을 보냈습니다. 그때 매일같이 딸을 위해 기도하면서 생명의 소중함을 가슴 깊이 깨닫게 되면서 신학대학 재학시절 다짐했던 입양을 상기하게 되어, 지난 2009년 2월에 아들 겨레를 입양하면서 연이어 가람이와 벼리를 입양하였습니다. 세 아들이 모두 혈액형이 다르고 출생의 사연이 다릅니다. 이 다름이 이상하거나 불편하지 않다고 합니다. 딸이나 아들들에 대해 낳은 딸, 입양한 아들들이라는 의식이 안 든다고 합니다. 그냥 한 가족일 뿐이라고……

이렇듯 혈연에 얽매이지 않는 마음이 다문화에 대한 생각으로도 이어져 수년간에 걸쳐 다문화 업무를 자청해오고 있다고 하였습니다. 그 결과 지난 2013년에는 다문화 우수교사로 전라북도교육감상을 수상하기도 하였습니다. 한 목사는 다문화가정, 결혼이민여성들에 대한 편견인 '돈으로 사 온 사람', '가난한 나라 출신', '한국어도 잘 못하는 사람'이라는 부정적인 인식에서 저출산, 3D업종 기피의 노동력 부족, 농촌 총각 결혼의 어려움 등의 한국 사회 문제를 해결해 주는 소중한 이웃이라는 의식으로 전환해야 한다고 말했습니다. 앞으로도 이런 지역 축제가 이어져서 결혼이민여성들 간의 만남의 장이 되고, 다문화 학생들의 자신감을 심어주고, 다문화를 이해하는 지역축제가 되도록 더 잘 준비해서 좋은 지역축제가 되도록 하겠다고 말했습니다. 앞으로도 아시아문화축제가 계속 되어 지역의 결혼이민여성들과 그 가정 그리고 지역 주민이 하나가 되는 어울누리, 지역 축제로 자리매김되기를 기대해 봅니다.

새터민 초청, 나라사랑 열린 음악회에 통일의 염원 담다

6월이면 브라질 월드컵보다 우리가 꼭 잊지 말아야 할 하나의 역사적 사건이 있습니다. 6 · 25 한국전쟁입니다. 올해는 6 · 25 한국전쟁이 발발한 지 64주년 되는 해입니다. 6 · 25 한국전쟁 이후 남과 북으로 나뉘어져 있는 현실에서 매년 수많은 새터민 즉 북한이탈주민이 북한을 탈출하여 한국 땅을 밟고 있습니다. 그런데 북한의 실정이나 이들의 고통을 잘 모릅니다. 새터민이란 북한에 주소 · 직계가족 · 배우자 · 직장 등을 두고 있으면서 북한을 벗어난 후 외국의 국적을 취득하지 않은 사람을 말하며 새로운 터전에서 삶의 희망을 갖고 사는 사람들이라는 말입니다.

새터민의 국내 입국 규모는 1998년 이후 매년 꾸준히 증가하는 추세를 보이다 2007년 2월 입국자수가 1만 명을 넘어섰고, 2010년 12월 말까지 총 20,399명의 국내에 입국하였습니다. 2013년 12월(잠정) 누적 새터민 입국자수는 총 26,124명입니다. 전북 익산지역에도 대략 110명이나 됩니다.

목숨을 걸 만큼 힘든 과정을 거쳐 국내에 입국, 거주하게 된 새터민은 우리와 같지만 한편 다르다는 이유로 사회에서 소외되는 경우가 많아 이들의 안정적인 정착과 자립이 쉽지 않는 경우가 많습니다. 이제 우리의 시선과 생각을 바꾸고, 우리 주변의 새터민을 낯선 사람을 바라보듯 하지 말고 같은 동포로서 먼저 손을 내밀 수 있어야 하겠습니다.

국가보훈처에서 지정한 익산의 유일한 나라사랑실천학교인 황등중학교(교장: 홍석종) 주관으로 6월 호국보훈의 달을 맞아 나라사랑 정신을 되새겨 보고 북한에 대한 관심, 통일의 의미를 다시 환기해 보자는 취지에서 익산시 거주 새터민 30여명을 초청하여 지역주민과 함께하는 '나라사랑 열린 음악회'가 26일 저녁 황등교회당에서 펼쳐졌습니다.

이 초청행사는 익산 지역에 거주하는 새터민들을 위로하는 자리이며, 나아가 황등면 주민들과 학생들에게 나라사랑 정신과 북한에 대한 관심과 통일의 의미를 되새기고 이해하는 데 중점을 두었습니다.

학교법인 황등기독학원 이사장 조춘식의 '통일을 이루자'는 취지의 격려사를 시작으로, 새터민 출신 지나정 씨의 북한 노래와 연주, 축하 공연으로 아름다운 무용단의 부채춤, 플롯과 피아노의 협연, 익산시립 합창단의 칼라 콘서트 등으로 다채로운 공연을 선보였습니다.

다양한 축하공연으로 가족과 친척을 등지고 북한을 탈출하여 낯선 익산에 거주하는 새터민들에게는 고향의 향수를 느끼게 하고, 황등 주민들과 학생들에게는 동포애를 다시 한 번 되새기는 뜻 깊은 시간을 제공하였습니다.

식전행사로 이날 초청한 새터민 중 6월 생일자들을 위하여 황등중학교에서 축하 노래와 생일 케이크를 준비해 감동을 더하였습니다.

이에 김진숙(35세 10년차) 새터민은 "북한 노래과 연주 등 다양한 공연을 함께 보고, 웃고 즐기니 잠시나마 고향에 온 느낌"이라며 "황등

주민들도 가족처럼 가깝게 느껴진다"며 이런 행사가 많이 개최되기를 희망한다고 했습니다.

또한 행사에 참석한 새터민 정착협의회 사무총장 박장실 씨는 새터민에게 관심을 갖고 함께해 주는 황등 주민과 학생들에게 감사하다고 전하며 "이런 행사가 우리 지역에 많이 확산되어 서로를 이해하는 계기가 되기를 바란다"고 말했습니다.

황등중 홍석종 교장은 "새터민들이 훈훈한 이웃의 정을 느끼며 굳건하게 살아갈 수 있도록 앞으로도 학교 차원에서 지속적으로 관심을 갖도록 하겠다"고 말했습니다.

행사를 기획한 한승진 목사는 기독교정신에 따라 설립되고 운영하는 학교로서 학생의 본분인 학력신장에 최선을 다해야 하지만 그보다도 먼저 참된 사람교육, 사랑의 교육을 해 나가고자 함을 밝혔습니다.

면 단위의 작은 학교로 전교생이 107명의 소규모이지만 이렇게 뜻 깊고 멋진 일을 하였습니다. 앞으로 이와 같은 일들이 기독교 학교와 교회에서도 이어지길 기대해 봅니다.

마음의
빛으로
오시는 예수님

얼마 전 출판계에서 오래 일해 온 이종육촌 누나가 한 말입니다. "요즘 출판시장이 엄청나게 불황이야. 그럼에도 팔리는 책이 있어. 너도 이런 분야를 생각해 봐. 그건 힐링과 관련된 에세이들이야."

그러고 보니 누나의 말대로 요즘 베스트셀러 중에는 이런 류의 책들이 많습니다. 서울대학교 김난도 교수의 『아프니까 청춘이다』와 미국 햄프셔대학교 교수이자 뉴욕 불광사 총무인 혜민 스님의 『멈추면 비로소 보이는 것들』이 대표적인 것 같습니다.

수년 전엔 우리 기독교 주요 교단들의 총회 주제도 위로, 희망과 같은 주제들이 많았습니다. 이처럼 현대인들은 이전 시대에 비해 과학기술의 발달에 의한 결과로, 생활이 편리해지고 평균 수명도 늘었습니다. 그에 따라 정신적인 성숙이나 건강도 덩달아 좋아지면 좋으련만 어찌된 일인지 이런 측면은 나아진 것 같지 않습니다. 아니 오히려 더 나빠진 것 같기도 합니다. 이를 단적으로 보여주는 예가 이전 시대에 비해 자살률이 높아진 것과 공황장애, 불안증상과 같은 단어들이 일상어가 될 정도로 많아진 것입니다.

힐링, 마음, 치유만큼 요즘 신문이나 방송을 통해 심심찮게 접하게 되는 단어가 바로 '우울증depression, 憂鬱症'입니다. 우울증……. 생각만 해도 마음이 무거워집니다. 이전에는 이 단어가 그저 극소수의 정신적인 아픔을 지닌 사람들에게나 사용되는 특수어로 느껴졌는데 요즘은 그렇지 않습니다. 저도 이 용어는 저와는 전혀 관련이 없는 것으로 여겼습니다. 그러나 지금은 인터넷이나 책자에서 이와 관련된 이야기가 나오면 주의 깊게 보곤 합니다. 그 이유는 제 주위에 이렇게 볼 사람들이 많아졌고 저 또한 우울증은 아니나 그렇게 볼 가능성이 있기 때문입니다.

늘 밝고 유쾌하게만 보였던 미국의 영화배우 로빈 윌리엄스가 2014년 8월 11일 자가에서 스스로 목숨을 끊었습니다. 향년 63세. 스크린 속의 '로빈 윌리엄스표' 코미디에 매료되어 있었던 사람들은 그가 보기와는 달리 오랜 기간 우울증으로 고통 받고 있었다는 사실에 적지 않은 충격을 받았습니다. 실제 지금까지 그가 대중들에게 보였던 모습은 늘 밝고 긍정적이었습니다. 그는 학생들의 미래에 불을 밝혀준 자상한 '키팅 선생'이자 방황하는 천재의 내면을 이끌어낸 '숀 교수'였으며, 많은 어린이들에게 꿈을 선사한 '지니'이기도 했습니다. 그뿐이 아니었습니다. 실수투성이의 사랑스런 '가정부 할머니'였는가 하면, 전쟁터에 웃음을 전파한 에너지 넘치는 '디제이DJ'이기도 했습니다. 하지만 무대에서 내려온 후의 그의 삶은 스크린 속 모습과 달랐습니다. 그는 줄곧 술과 약물, 그리고 고독, 외로움과 싸워왔으며 두 번의 이혼으로 파산 직전에 몰린 나머지 생계를 위해 영화 배역을 따내야 하는 절박한 지경에 놓여 있었습니다.

<굿 윌 헌팅>에서 함께 호흡을 맞췄던 벤 애플렉은 "그는 맷 데이먼과 나의 꿈을 실현시켜 주신 분이었습니다. 그런 사람에게는 인생

전부를 빚진 것과 다름없습니다."라고 추모의 뜻을 전했습니다. 버락 오바마 대통령도 애도의 뜻을 전했습니다. 그는 "로빈 윌리엄스는 이 등병이자 의사, 지니, 유모, 대통령, 교수, 피터팬 등 우리들 가운데 평범한 사람이었습니다. 하지만 그는 특별한 사람이었습니다."라면서 "그는 우리를 웃게 했고, 또 울게 했습니다. 우리에게 가늠할 수 없을 정도로 훌륭한 재능을 무상으로 나눠 주었습니다."며 애도를 표했습니다.

그의 죽음이 사람들에게 더욱 충격적으로 다가오는 이유는 그가 지금까지 일반 대중들에게 보여줬던 모습 때문이었습니다. 스크린 속에서, 그리고 브라운관 속에서 그는 늘 밝고 유쾌했으며 항상 유머 감각 넘치는 재담꾼이었습니다. 이렇게 아무 걱정 없이 행복해 보였던 그가 사실은 심각한 내면의 적과 싸우고 있었다는 사실에 많은 사람들은 뒤통수를 맞은 듯 놀라워하고 있습니다.

그는 무대에서 내려오고, 카메라의 불이 꺼진 후에는 줄기차게 내면의 '악마'와 싸워왔습니다. 그는 〈가디언〉과의 인터뷰에서 "매사에 불안합니다. 그 이유는 외로움과 두려움 때문입니다."라고 말했습니다. 무엇이 그렇게 두렵냐는 질문에는 "모든 것이 두렵습니다."라고 말했습니다. 할리우드의 생리가 그렇듯 누군가에게 잊히고 퇴물이 되어간다는 것은 배우에게는 견딜 수 없는 치욕이자 아픔입니다. 그도 그랬습니다. 그는 할리우드에서 자신의 위치가 예전 같지 않고 대중들에게 서서히 잊히자 술 대신 몰두할 수 있는 다른 것을 찾기도 했었습니다. 한때 그가 비디오 게임에 중독되었던 것도 이런 이유에서였습니다. 우울증을 떨치기 위해서 그는 하루 종일 비디오 게임에 빠져 지냈으며, 캐릭터를 꾸미거나 레벨을 올리면서 현실 대신 가상 세계 속에서 위로를 찾았습니다. 그의 딸인 '젤다'의 이름도 〈젤다의 전설〉 게임 시리즈에 등장하는 '젤다 공주'에서 따왔을 정도였습니다.

1980~90년대 〈굿모닝 베트남〉, 〈죽은 시인의 사회〉, 〈미세스 다웃 파이어〉, 〈알라딘〉, 〈굿 윌 헌팅〉 등 히트작을 내놓으면서 빛을 발했던 그의 명성은 2000년대 들어 급격히 쇠락했습니다. 더 이상 그를 찾는 영화사들도 없었고, 대중들은 그의 유머에 열광하지 않았습니다. 〈박물관이 살아있다〉로 가까스로 재기에 성공하는 듯했지만 여전히 그를 불러주는 영화사는 많지 않았습니다. 할리우드에서 그의 이름을 흥행 보증수표라고 생각하는 사람은 더 이상 없었습니다. 이제는 2급 배역만 들어오자 그의 우울증은 더욱 심각해졌습니다.

급기야 TV 브라운관으로 시선을 돌렸지만 이마저도 쓴맛을 봐야 했습니다. 2013년 가을 CBS 방송의 코미디 쇼프로그램인 〈크레이지 원스〉에 캐스팅되어 재기를 위해 몸부림쳤습니다. 30년 만의 브라운관 복귀였습니다. 하지만 결과는 참담했습니다. 회를 거듭할수록 시청률은 곤두박질쳤으며, 결국 CBS 측은 시즌2 제작을 포기했습니다.

이에 한 측근은 "윌리엄스는 몹시 부끄러워했으며, 좌절했습니다. 그는 60대 노인이었고, 돈을 벌기 위해서 TV 드라마 배역을 따내야 하는 처지였습니다. 이런 자신의 모습은 그가 생각했던 노년의 모습이 아니었습니다."라고 말했습니다.

그를 벼랑으로 몰고 갔던 또 하나의 문제는 바로 파산 직전에 이를 정도로 심각했던 재정 상태였습니다. 이렇다 할 배역 제의가 들어오지 않으면서 경제적으로 궁핍해졌던 그는 〈퍼레이드〉와의 인터뷰에서 "일정한 직업을 갖는 게 좋은 것 같습니다. 나 같은 경우에는 돈을 벌려면 TV 드라마 출연을 제외했을 경우 두 가지 선택권이 있습니다. 하나는 길거리로 나가서 스탠드업 코미디를 하거나 적은 돈을 받고 저예산 독립영화에 출연하는 것입니다."라고 말했습니다.

또한 그는 "사실 영화를 하는 게 가장 좋습니다. 하지만 많은 영화들이 아예 배급사조차 찾지 못하는 경우가 부지기수입니다. 현재 내재정 상태는 나빠졌습니다. 더 이상 감당할 수가 없어서 나파 밸리에 있는 집을 내놓은 상태입니다."라고 말했습니다. 얼마 전 그가 〈미세스 다웃파이어 2〉에 출연하기로 결심했던 것 역시 경제적인 문제를 해결하기 위해서였던 것으로 알려졌습니다. 사실 그는 이 역할을 맡는 것을 썩 달가워하지 않았습니다.

무엇보다도 그를 가장 힘들게 했던 것은 어쩌면 대중에게 알려진 모습과 진짜 모습 사이의 괴리 때문이었을지도 모릅니다. 대중들이 요구하는 이미지가 실제 자신의 모습과는 다를 때마다 그는 고통스러워했습니다. '래프 팩토리'의 창업자이자 그의 친구였던 제이미 마사다는 이렇게 말했습니다.

"윌리엄스는 늘 캐릭터 안에서 살고 있었습니다. 진짜 윌리엄스의 모습을 아는 사람은 아무도 없었습니다. 저 역시 그랬습니다. 그를 35년 동안 알고 지냈지만 저는 아직도 그가 누구인지 모릅니다."

언젠가 본 신문 기사 내용입니다. 어느 작은 규모의 중소기업에서 근무했던 김 씨는 13년 동안 회사를 다니며 일곱 살과 아홉 살 아들 둘을 두고 행복하게 살았습니다. 김 씨는 입가에 항상 미소가 넘쳤고 성격도 활달해 선후배 동료 모두 그를 좋아했습니다. 그런 그가 돌연 음독자살을 하고 말았습니다. 그 이유를 알고 보니 그가 회사에서 야심차게 추진해 온 프로젝트가 계속해서 삐걱거린 게 화근이었습니다. 김 씨를 알던 사람들은 충격을 받았습니다. 김 씨는 밖에서는 명랑하고 쾌활한 척 행동했지만 홀로 술을 마시거나 방에 틀어박혀 혼자 오랫동안 시간을 보냈던 것입니다. 그는 오랫동안 우울증을 앓았지만 가까운 가족이나 친구나 동료들에게 속내를 털어놓지 않았습니다. 이 같은 상태가 반년 넘게 지속됐고 결국 생을 마감하고야 말았습니다.

우울증이 21세기 인류를 가장 괴롭힐 질병이 될 것이라는 세계보건기구WHO의 경고가 현실로 다가오고 있습니다. WHO는 2020년에 우울증이 심장병 다음으로 많이 않는 2위 질병이 되고 2030년에는 고소득 국가에서 부담 1위 질병이 될 것이라고 전망했습니다. WHO는 2012년 5월 "전 세계적으로 최소 3억 5,000만 명이 우울증을 앓고 매년 100만 명이 우울증으로 자살하고 있다"며 "우울증을 비롯한 정신질환이 각국 질병 부담 중 13%를 차지하고 있는 만큼 각국 정부는 정신건강 관리에 적극 나서야 한다."고 촉구한 바 있습니다.

지금까지는 흔히 '마음의 감기'로 표현하며 가볍게 여겼던 우울증이 오늘날 인류의 삶을 위협하는 최대 질병으로 주목받는 이유는 무엇일까요? 우울증은 감기처럼 광범위하게 걸리지만 그 심각성은 암이나 치매와 비교해도 덜하지 않기 때문입니다. 2012년 국민건강보험공단 진료환자 기준으로 우울증 환자는 58만 6,706명입니다. 이는 치매 환자 29만 5,370명보다 많지만 암환자 98만 4,166명보다는 적다고 합니다. 수치상으로는 우울증이 덜해 보이는 것이 사실입니다. 그러나 우울증은 '숨은 환자'가 훨씬 더 많습니다.

우울증으로 병원 진료를 받는 환자는 전 국민 중 1% 남짓하지만 2011년 보건복지부가 6,022명을 심층 설문조사한 결과, 전 국민 중 6.7%로 늘었고 어느 신문에서 조사한 자료를 보면 1,000명을 대상으로 설문조사한 결과에서는 44%가 우울증을 경험했다고 대답했습니다.

우울증에 따른 사회 경제적 비용은 2011년 건강보험정책연구원의 자료에 의하면, 10조 3,826억 원으로 2007년의 7조 3,367억 원보다 41.5%나 증가하였습니다. 이 수치는 건강보험 진료환자 58만 명을 기준으로 추산한 것이며 숨은 환자를 포함하면 더 많아질 전망입니다.

또 우울증은 전 연령층에서 발병합니다. 10년간 증가율을 볼 때 10대 98%, 20대 59%로 젊은 층 환자가 급증하고, 한창 일할 때인 30~40대 환자 비중이 2012년 기준 27%를 차지하고 있습니다. 환자 중 87%가 70세 이상인 치매와 확실히 차이가 나고 암에 비해서도 젊은 환자의 비중이 훨씬 높습니다.

우울증은 왜 이렇게 증가하는 것일까요? 여러 이유가 있겠지만 정신질환자라는 '낙인'이 찍히는 데 대한 두려움으로 치료를 기피하게 되는 점과 동네 의원 등 1차 의료기관에서 우울증을 진단해내기 어려운 점을 들 수 있을 것입니다. 또 우울증의 원인을 연약한 정신력 때문으로 폄하해 방치하는 사례도 많기 때문일 것입니다. 이렇게 가볍게 여기는 우울증을 방치할 경우 자살이라는 극단적인 선택으로 이어지기도 하니 매우 위험합니다.

자살 시도자 중 절반가량은 우울증을 앓고 있었던 것으로 분석되고 있습니다. 분명한 것은 우울증은 그 자체로 심각한 질병이라는 사실입니다. 환자 본인의 노력만으로 치유가 어렵고 재발률이 80~90%에 달하는 것으로 추정되고 있습니다. 우울증 환자는 통상 3~4개 질병을 함께 앓지만 무기력증에 빠진 우울증 환자는 이를 제대로 치료하지 않아 악화시키는 사례가 많습니다. 우울증은 재발률이 높고 최악의 경우에는 자해, 자살 시도로 이어져 생명을 위협하기 때문에 정확한 진단과 적절한 대처가 중요합니다.

그러나 우울증이 일으키는 심각한 사회적 문제와 막대한 경제적 손실에 비해 제대로 된 검진 시스템 확충과 국가적인 관리는 아직 이뤄지지 않고 있습니다. 최근 암은 건강보험 본인부담금을 5%로 특례를 줬고 정부의 적극적인 노력으로 5년 생존율이 66.3%로 높아졌습니다. 치매 역시 원인에 따라 예방이 가능하거나 진행 지연이 가능한 극복할 수 있는 질병이 되어 가고 있습니다. 그러나 우울증은 특별한 대책 없이 방치되고 있습니다.

우울증의 '판데믹(대유행)'이 염려될 정도로 우울이 유행하는 데는 1인 가구, 독거노인 등 혼자 지내는 사람이 늘면서 가장 효과적인 우울증 치료제인 가족과의 대화 단절이 중요한 원인으로 작용하고 있습니다.

부모를 잃는 것과 같은 어린 시절의 상처나 고난은 나이가 든 후에 우울증에 걸릴 확률을 높일 수 있습니다. 일상생활의 여러 가지 스트레스가 우울증을 유발시키는 강력한 원인이기는 하지만, 사회심리학적인 원인과 생화학적 원인 또한 중요한 원인으로 작용할 수 있습니다.

증상이 나타나는 형태는 사람에 따라 다양한데 일시적이거나 항구적인 경우, 가볍거나 심한 경우, 급성적이거나 만성적인 경우 등이 있습니다. 우울증은 남성보다 여성에게서 더욱 흔한데, 발생빈도는 남성의 경우 나이가 들면서 점차 늘어나며, 여성의 경우 35~45세 사이가 가장 높습니다.

우울증에 빠진 사람은 슬픔 · 절망 · 비관 · 자기비하 · 자기비난 · 식욕감퇴 · 수면장애 · 불면증과 일상생활의 보람 · 흥미가 감소 또는 상실되고, 열정 · 활력이 감소되며 사고 · 행동이 느려지는 등의 증상을 경험합니다. 흔히들 우울증을 소중한 사람이나 물건을 잃었을 때 나타나는 슬픔이나 비통함과 같은 것으로 여깁니다. 또 스트레스가 많은 현대인에게 이러한 증상은 대부분 조금씩 나타나기에 가볍게 생각하는 경향이 있습니다. 하지만 전문가들은 한결같이 우울증은 무심히 넘겨서는 안 되는 위험한 질병이라고 경고하고 있습니다. 어떤 사람에게 불행을 초래한 사건이 있을 경우, 우울한 기분이 그 사건에 걸맞지 않게 심하거나 오래 계속된다면 우울증으로 생각해 볼 수 있습니다. 그리고 기분이 들뜨는 조증mania과 기분이 가라앉는 우울증이 번갈아 나타나는 경우는 '조울증躁鬱症'입니다.

우울증을 예방하기 위해서는 스트레스 관리가 가장 중요합니다. 자신에게 닥친 스트레스의 원인이 무엇인지, 피할 수 있는지, 어떻게 대처해야 하는지, 해소법은 무엇이 있는지 등을 파악해야 합니다. 흔히 우울증 환자들은 무슨 일 때문에, 또는 누구 때문에 자신이 이렇게 됐다고 생각하는 경향이 있습니다. 이런 생각보다는 때로는 남을 용서하거나 자신 스스로 변하는 것이 정신건강에 좋다는 점을 잊어서는 안 됩니다. 해소법으로는 규칙적인 생활, 충분한 수면, 적절한 운동, 긍정적인 사고를 하는 것이 좋습니다.

우울증의 치료법에는 심리치료psychotherapy와 약물요법drug therapy이 있습니다. 심리치료는 환자가 마음을 편안하게 가질 수 있도록 도와주면서 우울증의 유발요인으로 보이는 내면적인 충동들을 풀어서 순화시키는 것입니다. 반면에 약물치료는 환자 대뇌 속의 화학성분의 불균형상태에 직접적으로 영향을 주는 항우울제 약물을 사용함으로써 증상의 개선을 꾀하는 것입니다. 삼환계 항우울제Tricyclic Antidepressant는 체내 신경전달물질인 모노아민의 분해를 억제함으로써 효과를 나타낸다고 믿어집니다. 분해억제작용의 결과 이들 신경전달물질들이 대뇌에서 많이 생성되거나 축적되어 신경세포에 오래 작용하도록 함으로써 우울증을 개선할 수 있습니다. 반면에, 모노아민 산화효소 저해제monoamine oxidase inhibitor들은 노르에피네프린과 세로토닌의 분해를 촉진하는 데 관여하는 산화효소를 저해하여 효과를 냅니다.

이러한 우울증을 현대에 와서 생긴 현대병으로 아는 사람들이 많은데 이것은 잘못된 생각입니다. 우울증은 가장 흔한 정신질환으로,

의학의 아버지로 불리는 고대 그리스의 히포크라테스가 울증melancholia
이라는 이름으로 증상을 기술해 놓았을 정도로 오래전부터 알려져
있습니다.

히포크라테스는 이 병이 흔히 외부의 자극에 의한 불쾌감이나 좌
절감에서 비롯되지만, 내부의 자극인 자기 존중 결핍이 큰 원인이 된
다고 말했습니다. 그렇습니다. 자기 자신을 존귀하게 여기지 못할 때,
세상과 자기를 포기하게 됩니다. 잠언 17장 22절 말씀입니다.

즐거운 마음은 병을 낫게 하지만 근심하는 마음은 뼈를 말린다.

"근심하는 마음은 뼈를 말린다."는 구절이 인상적입니다. 어쩌면 이
렇게 한 구절로 우울한 마음을 정확하게 표현했을까 싶습니다. 마음
에 들어온 병균은 마음만을 좀먹는 것이 아닙니다. 몸과 생각과 감정
과 영혼마저 병들게 합니다. 상상에서 얻은 고민은 실제에서 얻은 고
민보다 훨씬 큽니다. 비관적 시각과 두려움, 자포자기가 병든 마음의
자리를 차지하여 자꾸만 더 깊은 수렁으로 밀어 넣습니다. 그래서 삶
전체를 송두리째 흔들어 버립니다. 성경은 '마음이 상한 자'를 '심령이
깨어진 자'로 설명합니다. 그는 삶의 균형을 잃어버리고 고통 가운데
거하는 사람입니다. 더 자세히 말하면, 고독하고 불만이 가득하며
피곤과 긴장이 쌓여 우울함 속에서 마음의 평안을 잃어버린 사람입
니다.

살다 보면 왠지 모를 불안감이나 근심과 걱정이 우리의 마음을 무
겁게 하고 잠 못 들게 합니다. 이런 불편한 마음이 우울증의 초기 증
상이요, 우울증으로 치닫게 하는 위험 요인입니다. 이럴 때 재빨리 주
변의 상담소를 찾아가거나 정신과 치료를 받는 게 중요합니다. 상담

소나 정신과 출입은 부끄러운 일이 아닙니다. 몸이 아프면 약국에 가고 병원에 가듯이 마음이 아프면 얼마든지 상담소나 정신과에 갈 수 있습니다. 우리가 지닌 상담이나 정신과에 대한 사회적인 시각으로 인해 많은 연예인들이 우울한 마음을 초기에 치료받지 못하여 돌이킬 수 없는 결정을 하기도 합니다. 그런데 이런 의식은 연예인만이 아닙니다. 사실 저도 한때 일종의 사회공포불안이랄까, 공황장애 비슷한 증상으로 우울하였습니다. 수시로 찾아오는 우울증을 도저히 못 견디겠기에 1년 반 정도 정신과에서 약물치료를 받았습니다. 그 기간 동안 사실 저도 모르게 정신과 출입을 할 때 주변을 두리번거렸습니다. 혹시라도 저를 아는 사람이 볼까봐 조심스러웠습니다. 언젠가는 아는 교인 분이 "목사님, 어디 가세요?" 하는데 정신과에 치료받으러 간다는 말을 차마 못하여 얼버무린 적도 있었습니다. 지금 생각해보면 제가 참 바보 같았습니다. 아마 이런 경험이 제게만 있지는 않을 겁니다. 저처럼 목사나 교사들도 우울증에 걸릴 수 있습니다. 누구나 남모를 마음의 병으로 고통받을 수 있습니다. 자칫 마음의 병이 더 심각해지기 전에 용기를 내야 합니다. 상담소나 정신과를 찾는 것은 부끄러운 일이 아니라 자신을 지키는 중요한 결단입니다.

제 딸 사랑이가 학교에서 친구들과의 관계에서 위축되어 힘들어한 적이 있었습니다. 이 일은 사랑이와 저희 부부를 우울하게 하였습니다. 이를 해결하기 위해 담임선생님에게 도움도 청해 보고, 사랑이와 많은 대화를 나누었습니다. 그럼에도 뚜렷하게 해결되는 것 같지 않았습니다. 이 일로 기도하고 고민하다 문득 다른 방향으로 생각이 미쳤습니다. "약은 약사에게, 진료는 의사에게"라는 말처럼 전문가를 찾는 것이 정확하고 효과도 빠르겠다 싶었습니다. 저와 아내, 담임선생님 모두 사랑이를 사랑하지만 이것은 사랑의 양이나 깊이로 해결될 문제가 아니었습니다. 이러한 판단으로 아내와 상의한 후 사랑이의 의견을 물어 곧바로 교육청 산하 상담소인 Wee센터에 의뢰하고 상담을 받기로 했습니다. 이렇게 하여 일주일에 1회로 15회 정도 진행하고 나니 사랑이가 몰라보게 좋아졌습니다.

전문상담사의 진행에 따라 차근차근 자신을 알아가고 친구 사귐의 지혜도 알아가니 자신감도 생기면서 이전보다 훨씬 긍정적이고 적극적으로 변했습니다. 주변에 사랑이가 상담받았던 이야기를 하면 대개 사랑이에게 정신적인 문제가 있느냐고 물어보거나 상담소 출입이 꺼려지지 않느냐고 물어보는 경우가 많았습니다. 이런 이유로 자신의 자녀를 상담소에 보내지 않는다는 말도 많았습니다. 이게 우리의 현실입니다. 이제는 우리 모두 이런 의식에서 벗어나야 합니다. 우리의 의식이 지금보다 건강해지면 지금보다 쉽게 상담소나 정신과를 찾게 될 것입니다. 이런 곳을 찾는 것에 대해 아무렇지도 않게 봐주는 것만으로도 큰 사랑일 수 있습니다.

이렇게 사랑이는 상담을 통해 치유되었습니다. 제가 볼 때, 사랑이는 그저 마음의 힘이 모자랐기에 그것을 북돋아 주는 것만으로도 쉽게 문제를 해결할 수 있었던 것 같습니다. 그리고 사랑이는 특유의 긍정 에너지를 지닌 아이이고 저희 부부의 깊은 사랑이 함께하였기에 더욱 효과적이었던 것 같습니다. 상담사 선생님도 사랑이의 치료 결과에 매우 흡족해하셨습니다.

그런데 사실 저는 1년 반의 정신과 치료로 해결되지 않았습니다. 제가 지닌 우울과 불안 증상은 병원에 가기 수년 전부터 계속되었습니다. 정신과 치료 이전에 여러 곳의 무료 상담소를 기웃거리기도 했습니다. 그렇게 수년간 상담을 받으면서 저 스스로 대학원에서 상담 과정을 공부하고, 전문상담교사 1급 과정을 이수하였습니다. 그럼에도 나아지지 않아 결국 고민 끝에 정신과에 찾아간 것이었습니다. 무려 1년 반 동안 행여나 누가 볼세라 조심스럽게 상담과 약물치료를 받았지만 별다른 소용이 없었습니다. 하지만 더 나빠지지 않는 것이 다행이라 여긴 것을 잘한 일이라고 생각합니다. 다만 지금도 이러한 마음의 병은 지속되고 있습니다. 그럼에도 저는 그 어떤 상담이나 정신과 치료나 약물치료를 받지 않고 있습니다만 이전보다 증상이 심각해지거나 어찌할 바를 모를 정도로 처참한 마음의 고통을 겪고 있지는 않습니다.

저는 지금 절실히 기도하고 있으며, 고요히 하나님을 만날 거리로 제 마음의 병을 활용하고 있습니다. 어느 날엔가 늦게까지 학교 일과 글 쓰는 일을 하다가 집으로 돌아가는 길이었습니다. 어둑어둑한 밤이다 보니 순간 무서운 생각이 들었습니다. 인적 하나 없는 밤길이 저를 두려움으로 휘몰아 갔습니다. 그 순간 저도 모르게 하늘을 보았는데 저 멀리 작고 가냘프게 반짝이는 별빛이 저를 보고 웃는 것만 같았습니다. 저기 저 먼 곳에서 빛나는 빛이 얼마나 반갑고 고맙던지요? 그 순간 빛이 얼마나 소중한 것이고, 고마운 것인지 생각해 보았습니다. 빛이 없는 곳에서 산다면 어떨까요? 두렵고 불편하고 답답한 것이 한둘이 아닐 것입니다. 어둠은 모든 것을 덮어 버립니다. 캄캄한 어둠은 두려움이요, 공포입니다. 하지만 어두움이 덮지 못하고 맥을 못 추는 대상이 하나 있습니다. 바로 빛입니다. 빛이 나타나는 그 순간, 어둠은 사라집니다. 동시에 어둠이 가져오는 두려움, 불편, 불안, 공포도 사라집니다. 빛은 곧 생명이기도 합니다. 예수님은 빛으로 이 세상에 오셨고, 우리에게 세상의 빛이 되라고 말씀하셨습니다. 단테가 말한 것처럼 인간은 하나님의 뜻 안에서만 진정한 행복, 평화, 기쁨을 찾을 수 있고 유지할 수 있습니다.

저는 오늘도 고요히 하던 일을 멈추고 하나님을 만납니다. 제 사는 꼬락서니에 대해 투정부리고 불안한 마음을 수다떨듯이 있는 그대로 털어내곤 합니다. 마음 깊숙한 욕심과 이기심, 남을 시기하고 미워하는 마음도 드러냅니다. 그리고 가끔은 정말 하나님은 계시는 걸까 하는 의심도 솔직하게 드러냅니다. 그러면서 제 몸과 만나고 제 마음과 만나면서 저를 용서하고 저를 위로하고 저를 격려하기도 합니다.

이런 시간을 갖다 보니 문득 제 마음의 우울과 병에도 의미가 있다는 생각이 들었습니다. 그러면서 마음의 병이 고마운 것이라는 생각도 들었습니다. 오랜 친구처럼 저와 함께해 온 마음의 병을 통해 하나님께 기도하게 하고, 하나님을 만나게 하고, 저 자신을 만나게 하는 통로입니다. 저는 이제야 제 마음의 문을 열고 예수님을 받아들인 듯합니다.

우리 앞에 빛이 있습니다. 마음의 문만 열면 그 빛은 우리 마음에 들어와 함께할 것입니다. 우리 마음을 영원히 지켜주실 것입니다. 요한계시록 3장 20절 말씀입니다.

"보라. 내가 문 앞에 서서 두드리니 누구든지 내 음성을 듣고 문을 열면 내가 들어가서 그와 함께 먹고 그는 나와 함께 먹을 것이다."

수업을 마치고 복도를 지나다가 현수(가명)를 만났습니다. 고개를 푹 숙이고 들릴 듯 말듯 인사하는 현수의 뒷모습이 너무도 무겁고 어두워 보였습니다. 현수는 최근 마음의 고통으로 힘들어 하고 있는 아이입니다. 가정 형편이 어려워지면서 부모님의 불화가 지속되어 현수의 집은 사랑과 평화가 깃든 소중한 보금자리가 아니라 불안으로 두려움의 기운이 감도는 곳이 되고 말았습니다. 그러다 보니 하루 이

틀 현수의 마음은 우울해졌고 이것이 공황장애 증상으로 이어졌습니다. 급기야 정신과 치료를 받게 되었습니다. 다행히 부모님의 불화는 극단적인 상황으로 치닫지 않고 긍정적으로 개선되어 갔습니다. 그런데 한 번 생긴 현수의 병은 쉽게 낫지 않았습니다. 선생님들은 잘 모르시는 속사정을 현수의 친구를 통해 전해 듣고 마음이 무거웠던 차에 현수를 만난 것이었습니다.

　교무실로 데리고 가서 따뜻한 차 한 잔을 건네면서 마주 앉아 이야기를 나누려고 했습니다. 그런데 마주 앉고 보니 무슨 말을 어떻게 시작해야 할지 난감했습니다. 마지못해 권하는 자리에 앉은 현수는 차를 마시지도 않고 컵만 만지작거릴 뿐 고개를 들지 않았습니다. 아마도 그저 빨리 저와의 면담이 끝나기만을 바랄 뿐, 그 어떤 기대도 하지 않는 것 같았습니다. 저는 무슨 말을 해 줄까 하다가 솔직하게 제 마음의 병에 대해 이야기를 시작했습니다. 오랜 세월 우울한 제 마음의 모습을 말해 주고 여기저기 상담소를 찾아갔던 일과 정신과 치료를 받았던 이야기도 해 주었습니다. 이렇게 시작한 제 이야기에 현수가 고개를 들기 시작했고, 자신이 정신과 치료를 받으며 약을 복용 중이라는 사실을 친구들에게 들킬까봐 비밀로 하고 있는 상황에 대한 이야기를 꺼냈습니다.

　저는 제가 정신과 치료를 받는 것을 부끄러워한 경험, 제 딸이 상담소에 가는 것에 대해 사람들이 이상하게 생각했던 이야기를 들려주며 그것이 얼마나 비합리적인 생각인지 일깨워 주었습니다. 그리고 이야기해 주었습니다. 마음의 병이 더 심해지기 전에 상담이나 정신과 치료를 받고 약을 복용하는 것이 좋은 방법이라고……. 네 마음이 아직은 불편하다면 주변에 알릴 필요는 없지만 그것을 숨기려고 주죽 들지는 말라고……. 그리고 우울증을 해소할 수 있는 방법도 몇 가지 알려 주었습니다.

"햇볕을 많이 쫴야 한다. 그러면 우울증 원인인 엘라토닌 분비가 줄어든다."

"실내조명을 밝게 해라. 어둡게 하면 멜라토닌의 분비가 늘어난다."

"달거나 카페인이 들어간 음식은 피해라. 섭취하면 일시적 흥분상태가 되어 좋지 않다."

"산책과 운동을 해라. 야외에서 운동과 산책을 하면 햇빛을 받는 동시에 스트레스 해소가 된다."

"가장 중요한 것은 자신이 우울증임을 인정해라."

그리고 마음의 고통을 덜어주고 평소의 소심한 태도를 극복할 수 있도록 말하기를 독려하는 10계명을 작성하여 건네주었습니다. 그 내용은 다음과 같습니다.

1. 싫을 때 '싫어!'
2. 잘못했을 때, 즉시 '미안합니다.'
3. 모를 때, '모릅니다.'
4. 칭찬의 말, '너는 이런 면이 좋아'
5. 고마웠을 때, '고맙습니다.'
6. 실수했을 때, '제가 실수했습니다.'
7. 부탁할 때, '도와주십시오.'
8. 사랑합니다.
9. 용서할 때, '괜찮습니다.'
10. '너는 내게 정말 소중한 사람이야.'

그리고 저는 분명하게 말해 주었습니다. "너를 위해 기도해 줄게.

마음의 감기와 같은 우울증 친구가 다가오면 내게로 와서 차 한잔하면서 수다 떨다 가렴." 언제든지 오라고 하니 표정이 밝아져서 돌아갔습니다. 현수는 교회에 다니는 학생이 아닙니다. 그럼에도 저의 기도에 고마움을 표하고 기대하는 것은 그만큼 현수의 마음 아픔이 기도를 갈망함일 것입니다. 제가 참 좋아하는 "누군가 널 위해 기도 하네"라는 곡입니다.

마음이 지쳐서 기도할 수 없고
눈물이 빗물처럼 흘러내릴 때
주님은 우리 연약함을 아시고
사랑으로 인도하시네

누군가 널 위하여 누군가 기도하네
네가 홀로 외로워서 마음이 무너질 때
누군가 널 위해 기도하네

마음이 지쳐서 기도할 수 없고
눈물이 빗물처럼 흘러내릴 때
주님은 우리 연약함을 아시고
사랑으로 인도하시네

누군가 널 위하여 누군가 기도하네
네가 홀로 외로워서 마음이 무너질 때
누군가 널 위해 기도하네
누군가 널 위하여 누군가 기도하네
네가 홀로 외로워서 마음이 무너질 때
누군가 널 위해 기도하네

문득 제 마음의 병이 현수와 같은 가녀린 마음의 학생들을 만나게 하는 중요한 통로는 아닌가 하는 생각을 해보았습니다. 오늘 제가 현수의 마음을 열게 한 것은 제가 상담을 잘하거나 상담기법을 잘 활용해서가 아닙니다. 목사이자 교사인 제가 현수와 같은 마음의 병을 지니고 있어 정신과 치료를 받아본 경험이 있고 지금도 현수 못지않은 고통의 나날을 보내고 있다는 솔직한 고백이 현수의 마음을 열게 한 것 같습니다. 그러고 보니 하나님은 마음의 병고에 시달리는 연약한 저를 이렇게 쓰시는 것 같다는 깨달음에 하늘을 쳐다보며 두 손을 모았습니다. 맑고 푸른 하늘빛에 마음이 훈훈해져 기도가 쉽게 될 것 같은 하루였습니다.

때로 가족이나 주변 사람들이 마음이 약하거나 우울한 사람에게 "네가 무기력하게 있으니 그렇지", "가만히 있지 말고 나가서 뭐든 해라"라는 식으로 몰아붙이는 경우가 있습니다. 의욕이 상실된 상태에서 이러한 압력은 '역시 해도 안 돼', '나는 왜 이 모양일까' 하는 자기 비하에 빠져들게 하므로 피해야 합니다. 같이 산책하자고 권하거나 쇼핑이나 식사를 하는 등 평소 좋아하던 것부터 같이 어울릴 수 있게 하는 것이 좋습니다.

자신의 상태를 점검하거나 주변 사람의 우울을 간단하게나마 알아볼 수 있는 체크리스트를 소개합니다. 아론 벡의 우울척도BDI: Beck Depression Inventory입니다. 일상생활에서 경험할 수 있는 내용들로 구성되어 있습니다. 각 내용은 모두 4개의 문장으로 되어 있는데, 이 네 개의 문장들을 잘 읽어보시고, 그중 요즈음(오늘을 포함하여 지난 일주일 동안)의 자신을 가장 잘 나타낸다고 생각되는 하나의 문장을 선택하여 그 번호를 ( )안에 기입하여 보세요.

( ) 1.
❶ 나는 슬프지 않다.
❷ 나는 슬프다.
❸ 나는 항상 슬프고 기운을 낼 수 없다.
❹ 나는 너무나 슬프고 불행해서 도저히 견딜 수 없다.

( ) 2.
❶ 나는 앞날에 대해서 별로 낙심하지 않는다.
❷ 나는 앞날에 대해서 용기가 나지 않는다.
❸ 나는 앞날에 대해 기대할 것이 아무 것도 없다고 느낀다.
❹ 나의 앞날은 아주 절망적이고 나아질 가망이 없다고 느낀다.

( ) 3.
❶ 나는 실패자라고 느끼지 않는다.
❷ 나는 보통 사람들보다 더 많이 실패한 것 같다.
❸ 내가 살아온 과거를 뒤돌아보면, 실패투성이인 것 같다.
❹ 나는 인간으로서 완전한 실패자인 것 같다.

( ) 4.
❶ 나는 전과 같이 일상생활에 만족하고 있다.
❷ 나의 일상생활은 예전처럼 즐겁지 않다.
❸ 나는 요즘에는 어떤 것에서도 별로 만족을 얻지 못한다.
❹ 나는 모든 것이 다 불만스럽고 싫증난다.

( ) 5.
⓪ 나는 특별히 죄책감을 느끼지 않는다.
❶ 나는 죄책감을 느낄 때가 많다.
❷ 나는 죄책감을 느낄 때가 아주 많다.
❸ 나는 항상 죄책감에 시달리고 있다.

( ) 6.
⓪ 나는 벌을 받고 있다고 느끼지 않는다.
❶ 나는 어쩌면 벌을 받을지도 모른다는 느낌이 든다.
❷ 나는 벌을 받을 것 같다.
❸ 나는 지금 벌을 받고 있다고 느낀다.

( ) 7.
⓪ 나는 나 자신에게 실망하지 않는다.
❶ 나는 나 자신에게 실망하고 있다.
❷ 나는 나 자신에게 화가 난다.
❸ 나는 나 자신을 증오한다.

( ) 8.
⓪ 내가 다른 사람보다 못한 것 같지는 않다.
❶ 나는 나의 약점이나 실수에 대해서 나 자신을 탓하는 편이다.
❷ 내가 한 일이 잘못되었을 때는 언제나 나를 탓한다.
❸ 일어나는 모든 나쁜 일들은 다 내 탓이다.

( ) 9.

❶ 나는 자살 같은 것은 생각하지 않는다.

❷ 나는 자살할 생각은 가끔 하지만, 실제로 하지는 않을 것이다.

❸ 나는 자살하고 싶은 생각이 자주 든다.

❹ 나는 기회만 있으면 자살할 것이다.

( ) 10.

❶ 나는 평소보다 더 울지는 않는다.

❷ 나는 전보다 더 많이 운다.

❸ 나는 요즈음 항상 운다.

❹ 나는 전에는 울고 싶을 때 울 수 있었지만, 요즈음은 울래야 울 기
력조차 없다.

( ) 11.

❶ 나는 요즈음 평소보다 더 짜증을 내는 편은 아니다.

❷ 나는 전보다 더 쉽게 짜증이 나고 귀찮아진다.

❸ 나는 요즈음 항상 짜증스럽다.

❹ 전에는 짜증스럽던 일에 요즘은 너무 지쳐서 짜증조차 나지 않는다.

( ) 12.

❶ 나는 다른 사람들에 대한 관심을 잃지 않고 있다.

❷ 나는 전보다 다른 사람들에 대한 관심이 줄었다.

❸ 나는 다른 사람들에게 대한 관심이 거의 없어졌다.

❹ 나는 다른 사람들에 관심이 완전히 없어졌다.

( ) 13.

❶ 나는 평소처럼 결정을 잘 내린다.

❶ 나는 결정을 미루는 때가 전보다 더 많다.

❷ 나는 전에 비해 결정 내리는 데에 더 큰 어려움을 느낀다.

❸ 나는 더 이상 아무 결정도 내릴 수가 없다.

( ) 14.

❶ 나는 전보다 내 모습이 더 나빠졌다고 느끼지 않는다.

❶ 나는 나이 들어 보이거나 매력 없이 보일까봐 걱정한다.

❷ 나는 내 모습이 매력 없게 변해버린 것 같은 느낌이 든다.

❸ 나는 내가 추하게 보인다고 믿는다.

( ) 15.

❶ 나는 전처럼 일을 할 수 있다.

❶ 어떤 일을 시작하는 데에 전보다 더 많은 노력이 든다.

❷ 무슨 일이든 하려면 나 자신을 매우 심하게 채찍질해야만 한다.

❸ 나는 전혀 아무 일도 할 수가 없다.

( ) 16.

❶ 나는 평소처럼 잠을 잘 수 있다.

❶ 나는 전만큼 잠을 자지는 못한다.

❷ 나는 전보다 한 두 시간 일찍 깨고 다시 잠들기 어렵다.

❸ 나는 평소보다 몇 시간이나 일찍 깨고, 한번 깨면 다시 잠들 수 없다.

( ) 17.

❶ 나는 평소보다 더 피곤하지는 않다.

❶ 나는 전보다 더 쉽게 피곤해진다.

❷ 나는 무엇을 해도 피곤해 진다.

❸ 나는 너무나 피곤해서 아무 일도 할 수 없다.

( ) 18.

❶ 내 식욕은 평소와 다름없다.

❶ 나는 요즈음 전보다 식욕이 좋지 않다.

❷ 나는 요즈음 식욕이 많이 떨어졌다.

❸ 요즈음에는 전혀 식욕이 없다.

( ) 19.

❶ 요즈음 체중이 별로 줄지 않는다.

❶ 전보다 몸무게가 2Kg 가량 줄었다.

❷ 전보다 몸무게가 5Kg 가량 줄었다.

❸ 전보다 몸무게가 7Kg 가량 줄었다.

▶ 나는 현재 음식 조절로 체중을 줄이고 있는 중이다. (예, 아니오)

( ) 20.

❶ 나는 건강에 대해 전보다 더 염려하고 있지는 않다.

❶ 나는 여러 가지 통증, 소화불량, 변비 등과 같은 신체적인 문제로
  걱정하고 있다.

❷ 나는 건강이 매우 염려되어 다른 일은 생각하기 힘들다.

❸ 나는 건강이 너무 염려되어 다른 일은 아무 것도 생각할 수 없다.

( ) 21.

0 나는 요즈음 성(Sex)에 대한 관심에 별다른 변화가 있는 것 같지는 않다.

1 나는 전보다 성(Sex)에 대한 관심이 줄었.

2 나는 전보다 성(Sex)에 대한 관심이 상당히 줄었다.

3 나는 성(Sex)에 대한 관심을 완전히 잃었다.

채점 기준

• 9점 이하: 우울하지 않는 것

• 10~15점: 경우울증

• 16~23점: 우울증

• 24~63점: 중우울증

⇒ 16점 이상이라면 전문 상담가와의 상담이 필요합니다.

사람을
살리는
말의 힘

KBS 1TV 〈TV동화 행복한 세상〉 시리즈 중 '칭찬의 힘'에 나오는 이야기입니다. 새로운 장사를 시작한 사장은 장사는 잘 되었지만 일이 힘들어 종업원들의 이직률이 높은 문제가 있었습니다.

여름 성수기 동안만 일하기로 하고 새로운 여직원이 들어왔습니다. 그녀는 출근 첫날 초보가 할 수 있는 실수는 모두 저지르고 말았습니다. 선임이 사장에게 그녀의 실수를 보고했습니다. 그렇지 않아도 사장실에서 다 지켜보고 있었던 사장은 한참을 고민하다 마침내 그녀에게 다가갔습니다. 이제 모든 사람들은 그 여직원이 해고될 것이라고 생각했습니다. 그런데 사장은 전혀 뜻밖의 말을 했습니다. 사장은 웃으면서 어깨를 두드려주며 이렇게 말했습니다.

"난 자네를 쭉 지켜보았네. 자네는 참 대단해. 자네는 참 친절해. 까다롭게 이것저것 물어오는 손님에게 끝까지 친절을 잃지 않으면서 잘 설명해 주었어. 아마 그 손님은 우리 가게에 오면 자네를 찾을 걸세. 자네의 그 친절한 자세가 바로 우리 가게가 필요로 하는 거야. 우리 가게는 자네 같은 사람이 꼭 필요해."

이 말을 들은 여직원은 당연히 해고될 것으로 생각했는데 오히려 칭찬과 격려를 받고 감동과 감사의 눈물을 흘렸습니다. 이 모습을 바라보던 다른 직원들도 사장의 인격에 감동하였습니다. 여름 성수기 동안만 일하겠던 여직원은 16년을 이어가면서 사장에게 평생 변함없는 친구가 되어 주었습니다.

우리는 하루에도 수많은 말을 하면서 살고 있습니다. 때로는 무심코 던진 말 한마디가 남에게 상처를 주고 고통을 주기도 합니다. 우리가 무심코 내뱉는 말 한마디가 독이 되어 사람을 죽게 만들기도 합니다. 그런데 우리는 무심코 던진 말 한마디가 얼마나 무서운 독이 되는지 잘 알지 못합니다. 한 번 내뱉은 말은 지우개로 깨끗이 지워버릴 수 있는 것이 아닙니다. 예수님은 남에게 욕설을 하는 것에 대하여 이렇게 말씀하셨습니다. 마태복음 5장 22절입니다.

나는 너희에게 이르노니 형제에게 노하는 자마다 심판을 받게 되고 형제를 대하여 '라가'라 하는 자는 공회에 잡히게 되고 미련한 놈이라 하는 자는 지옥 불에 들어가게 되리라

여기서 '라가'라는 말은 욕설입니다. 그러므로 우리는 무엇보다도 말을 조심해야 합니다. 성급하게 자신의 감정을 표현하는 것은 위험한 결과를 가져올 수 있습니다. 때로는 화가 나고 격한 감정으로 우리 자신의 마음을 조절하지 못할 수 있습니다. 생각보다 먼저 감정과 말이 앞설 때도 있습니다. 우리 속담에 "가루는 칠수록 고와지고 말은 할수록 거칠어진다."는 말이 있습니다. 가루는 체에 칠수록 고와지지만 말은 이 입에서 저 입으로 옮아갈수록 보태어져서 거칠어집니다. 율곡 이이의 『율곡집』을 보면 말을 조심하라는 교훈을 일깨워 주

는 문장이 나옵니다.

"사람의 과실은 흔히 언어에서 나오는 것이니, 말을 반드시 정성스럽고 미덥게 시기에 맞춰 발해야 하고, 승낙은 신중히 해야 한다."

지혜롭고 소망이 되는 말은 남에게 용기를 주고 격려가 될 수 있습니다. 때로는 말 한 마디가 사람을 살리기도 합니다. 친절한 말 한 마디는 진흙 구덩이에 빠진 사람에게 아주 훌륭한 밧줄이 될 수 있습니다. 잠언 15장 1절입니다.

온유한 대답은 진노를 가라앉히지만 과격한 말은 분노를 일으킨다.

잠언 15장 23절입니다.

적절한 대답은 사람을 기쁘게 하니 때맞춰 하는 말이 얼마나 좋은지!

잠언 15장 28절입니다.

의인은 대답할 때 깊이 생각하며 말하지만 악인의 입은 악한 것을 쏟아 낸다.

잠언 16장 23~24절입니다.

지혜로운 자의 마음은 그 입을 슬기롭게 하고 또 그 입술에 지식을 더하느니라, 선한 말은 꿀 송이 같아서 마음에 달고 뼈에 양약이 되느니라

잠언 17장 27절입니다.

지식이 있는 사람은 말을 아끼고 통찰력 있는 사람은 성급해하지
않는다.

말에는 능력이 있습니다. 말 한마디로 하나님은 세상을 창조하셨
습니다. 예수님은 수많은 병자들을 고쳐주셨습니다. 우리의 말 한 마
디에도 능력이 있습니다. 우리가 내뱉는 말은 남에게 영향을 줄 뿐만
아니라 우리 자신의 삶도 거기에 얽매이게 만듭니다. 부정적인 말은
우리 인생을 부정적으로 이끌지만, 긍정적인 말은 우리의 인생을 소
망으로 이끌어 갑니다.

저는 제 딸로 인해 매우 특별한 체험을 했습니다. 이 체험은 바로
'말의 힘'에 대한 것입니다. 지난 2004년 6월 2일 사랑하는 딸 사랑이
가 초극저체중 조산아[4]로, 임신 7개월에 920그램으로 태어나면서 원
광대학교병원 신생아 중환자실에 입원하게 되었습니다. 저는 매일같
이 병원으로 면회를 다니며 기도했습니다.[5] 제가 병원을 찾은 이유는
단 한 가지, 사랑하는 딸 사랑이를 보기 위해서 였습니다. 제가 사랑
이를 볼 수 있도록 허락된 시간은 하루에 3번으로 오전 10시, 오후
4시, 저녁 8시였습니다. 그것도 한 회에 30분만 가능하고, 감염의 위
험 때문에 함부로 만지거나 가까이 가면 안 되었습니다.

저는 학교에 근무하는 관계로 퇴근 후 저녁 8시에서 8시 30분 간만
면회가 가능했습니다. 제 딸을 만나기에는 너무 짧은 면회 시간이었
습니다. 사랑이는 태어난 지 한 달이 지난 후에도 숨 쉬는 것조차 제

---

4 '미숙아(未熟兒)'라는 말은 말 그대로 성숙하지 못하다는 뜻으로 10개월을 채우지 못한
  것을 결핍, 부족, 비정상으로 보는 인상을 주기에 말 그대로 빨리 태어난 아기라는 의
  미로 '조산아(早産兒)'라고 합니다.
5 이 내용을 글로 썼고 이를 책으로 낸 것이 졸저, 『사랑한다 내 딸 사랑아』(다산글방,
  2010)입니다.

대로 못하여 인공호흡기에 의존하고, 스스로의 힘으로는 물을 마시거나 음식물을 삼킬 수조차 없어서 주사 바늘을 손이나 발에 꽂아 수액을 맞고, 코로 식도까지 연결된 호스로 음식물을 섭취했습니다. 하루가 멀다 하고 그 작은 몸에서 피를 뽑기도 했습니다. 조산아의 몸에는 여러 가지 건강상의 문제가 따릅니다. 사랑이는 신생아 중환지실에 있는 조산아 중에서도 가장 불리한 조건이었습니다. 가장 일찍태어나고, 몸무게가 가장 적어 여러 가지 문제가 발생할 수 있는 불리한 조건으로 인생을 시작했습니다.

사랑이는 그동안 여러 번의 위험한 고비가 있었습니다. 그럴 때마다 저는 짧은 면회 시간에 딸에게 이런 말을 하였습니다. 이 말들은 사랑을 담아서 칭찬하고 격려하는 말들이었습니다. 단 한 마디도 부정적인 말이나 슬픔을 담은 말은 없었습니다. 딸을 위해 확신에 찬 기도를 했고, 잘하고 있다고 칭찬해 주고 격려의 말을 해 주었습니다.

"아빠는 사랑이를 믿어! 사랑이는 하나님과 기도하는 목사의 딸이잖아! 사랑이를 위해 기도하는 분들이 많은 거 알지? 우리 사랑이는 이 세상 무엇보다도 소중한 아빠의 자랑이야!"

때로는 사랑이를 위해 거짓말도 했습니다. 주치의 선생님으로부터 여러 번 위험한 상태라는 말을 들었지만 그럴 때마다 사랑이에게 이렇게 말했습니다.

"사랑아, 의사 선생님이 넌 정말 잘 해내고 있다고 칭찬하셨어. 어쩌면 이렇게 문제가 없는지 신기하다고 하셨어!"

그렇게 말한 지 한 달이 지날 즈음, 사랑이는 신생아 중환자실에서 가장 건강한 아기가 되어 있었습니다. 의사 선생님들도 놀랐습니다. 이런 경험은 계속되었습니다. 사랑이는 기적을 이루어갔습니다. 이러한 기적적인 결과는 칭찬하는 말의 힘으로 이루어진 것이었습니다.

성경 『잠언』에서 지혜로운 사람의 마음은 그 입을 슬기롭게 하고, 또 그 입술에 지식을 더한다고 했습니다. 또한 선한 말은 꿀 송이 같아서 마음에 달고 뼈에 좋은 약이 된다고 했습니다. 말이 씨앗이 됩니다. 자신에게, 그리고 남에게 칭찬하는 말을 심어 보시기 바랍니다. 이 칭찬하는 말의 씨앗이 자라 아름다운 열매를 맺습니다. 제가 집이나 학교에서 자주 들려주는 말의 힘에 대한 이야기가 있습니다.

서희徐熙는 고려 초기의 장군이자 외교관으로 거란족의 소손녕이 993년(성종12년) 고려를 침공해 왔을 때, 불리한 전투인데도 굴복하지 않고 적장과 담판을 벌여 나라를 위기에서 구했습니다. 즉 그는 말을 잘한 덕분에 한 뼘도 안 되는 혀로 10만 대군을 막아낸 셈입니다. 이와 같은 그의 능력을 기념하기 위해 외교연구대회에는 그의 이름을 기리는 의미로 '서희외교연구'와 같은 이름으로 열리곤 합니다. 이처럼 그는 외교 역사에 길이길이 기억되는 모범 사례입니다.

거란군 대장 소손녕이 고려의 철의 방어 진지 안융진을 칠 때였습니다. 그는 고려 진영에 사람을 보내 항복할 의사만 보이면 본국으로 돌아가겠노라고 했습니다. 그때 그가 나서서 이들을 설득시켜 보겠다고 했습니다. 그는 혼자 적 진영으로 들어가 소손녕을 만났습니다. 소손녕은 처음부터 그의 코를 납작하게 만들어 버릴 양으로 짐짓 거세게 나왔습니다.

"이 몸은 큰 나라에서 온 귀한 손님이오. 마땅히 뜰에서 절을 하시오."

그러나 그는 조금도 당황하지 않고 태연하게 이야기했습니다.

"신하가 임금에게 뜰아래에서 절하는 것은 당연하나, 두 나라의 대신이 만났는데 어찌 나더러 뜰아래에서 절을 하라는 것이요. 그렇다면 장군은 거란의 임금 행세를 하겠다는 거요? 그렇다면 백 번이라도 하고 말고요."

소손녕은 뜨끔하여 얼굴을 붉히며 말했습니다.

"아니올시다. 농담으로 한 말을 너무 귀담아 듣지 마시오."

하며 그와 마주앉아 맞절을 했습니다.

영토 이야기가 나오자 소손녕은 또 목청을 돋우었습니다.

"우리 요나라는 옛 고구려 땅에서 일어났으니, 고구려 땅은 우리 것이오. 지금 고려가 차지하고 있는 자비령 북쪽을 다 내놓으시오."

그가 고개를 저으며 말을 받았습니다.

"고려는 고구려 후손들의 나라입니다. 나라 이름이 우선 그렇고 또 평양에 도읍을 정한 것을 봐도 알 수 있는 일 아닙니까? 압록강 일대역시 옛 우리 땅입니다. 그런데 그 곳을 여진족이 훔쳐 살며, 우리가 거란과 터놓고 지내는 것을 방해하고 있소. 만약 여진을 쫓아내고 우리 옛 땅을 돌려준다면 거란과 친교를 맺겠소."

소손녕은 그의 말에 조리가 있고 이치에 어긋남이 없으므로 화친할 것을 허락하고 본국에 가부可否를 물어보기로 했습니다. 요나라에서 회답이 오자면 칠 일을 기다려야 했습니다. 그동안 소손녕은 매일같이 잔치를 베풀어 그를 대접했습니다. 이윽고 군사를 거두어 돌아오라는 요 임금의 회답이 왔습니다. 소손녕은 그가 고려 진영으로 돌아갈 때 낙타 10마리, 말 1백 필, 양 1천 마리, 비단 5백 필을 주며 융숭히 배웅했습니다. 그만큼 둘 사이는 가까워졌으며 소손녕은 그의 인품에 푹 빠지고 만 것입니다.

이렇게 말 몇 마디로 거란의 10만 대군을 물리치게 된 고려는 그이듬해 그에게 명하여 군사를 이끌고 나가 압록강 일대의 여진족을 무찌르고 여섯 개의 성을 쌓게 하였습니다. 그가 세상을 떠나기 전, 병으로 누워 있을 때 성종은 몸소 궁중의원을 데리고 병문안을 갔다고 합니다.

또 이런 이야기도 있습니다.

일찍이 친어머니를 여읜 민손이라는 사람은 새어머니 밑에서 자라게 되었습니다. 그런데 계모가 자기의 친아들에게는 두툼한 솜옷을 입히면서 그에게는 갈대 옷을 입히는 것이었습니다. 그러던 어느 날 그의 아버지가 관청으로 가는 길에 그에게 수레를 끌어 달라고 말했습니다. 추위에 떨고 있던 그의 손이 아버지의 수레를 잡자 손수레가 저절로 떨렸습니다. 그때 아버지가 그에게 물었습니다.

"손아, 어디 아픈 데라도 있느냐? 아니면 추워서 그러느냐?"

그러자 그가 손을 내저으며 말했습니다.

"아닙니다. 괜찮습니다."

아버지가 이상하게 생각하며 아들의 옷을 만져보니 솜으로 지은 옷이 아니라 갈대로 지은 옷이었습니다. 아버지는 깜짝 놀랐습니다. 계모가 그런 인품을 지닌 사람이었던 것을 전혀 눈치채지 못했던 아버지는 집으로 들어가 계모를 쫓아내려 했습니다.

"이런 몹쓸 사람이 있나, 이 추위에 갈대 옷을 입히다니!"

이를 본 그가 아버지를 말리면서 말했습니다.

"아버지 진정하세요. 어머니가 계시면 한 아들만 춥지만 어머니가 나가시면 세 사람이 다 추울 것이 아니겠습니까?"

이 말에 감동한 계모는 마음을 바로 잡아 가정이 화평케 되었다고 합니다.

그의 용서하고 이해하는 따뜻한 말 한 마디가 사람의 마음을 움직이고 화평을 이루게 하였습니다.

오늘 하루를
멋지게
사는 법

프로 권투가 한창 인기를 누릴 때 세계적인 주목을 끈 타이틀매치가 있었습니다. 이 경기에 수많은 사람들이 주목했습니다만 막상 경기는 1회전인 2분 만에 싱겁게 끝나고 말았습니다. 챔피언은 수십 번의 펀치를 날리고 강한 한 방으로 상대를 KO시켜 승리를 얻었습니다. 다음날 한 신문에 이런 제목의 기사가 실렸습니다.

"펀치 한 번에 1억 원."

실제로 챔피언은 단 2분 만에 수백만 불을 받았습니다. 이 2분 동안 날린 펀치의 숫자를 세어보니 펀치 한 번에 1억 원 남짓이었던 것입니다. 이런 표현은 챔피언의 가치와 인상적이었던 이 날의 경기를 잘 보여주는 표현이었습니다.

권투만이 아니라 각종 인기 스포츠 스타의 수익에 대해 이야기 할 때 자주 이와 같은 표현을 씁니다. 이들이 벌어들이는 돈은 우리의 상상을 초월하는 경우가 많습니다. 그러나 실제로 이 표현이 타당하고 적합한지에 대해서는 생각해 볼 여지가 있습니다. 왜냐하면 챔피언이 받은 돈은 이 경기에서 단 2분 만에 얻어낸 대가가 아니기 때문입니다. 챔피언이 된 경기 이전에 그가 오랜 세월 인내하며 노력한 결과이기 때문입니다. 만일 이 선수가 지난 세월 동안 남들이 먹는 것을 다 먹고 남들이 노는 만큼 다 놀았다면 어떻게 이날 2분 만에 승리를 거둘 수 있었을까요? 이 선수는 치열한 자기와의 싸움에서 승리한 사람입니다. 지독할 정도로 연습, 훈련을 감내하였기에 승리를 할 수 있었습니다. 그러므로 이 선수가 받은 돈은 한 경기의 대가가 아니라 오랜 세월 동안 실력을 쌓아온 결과에 대한 대가입니다.

이것은 권투나 스포츠 스타만이 아닙니다. 어떤 가수는 노래 한 곡 부르고 수백만 원을 받습니다. 그렇다면 이 돈이 노래 한 곡 부른 것에 대한 대가일까요? 아닙니다. 이 가수가 그렇게 노래를 잘할 수 있을 때까지 수많은 세월을 아끼고 지혜롭게 실력을 쌓아온 대가입니다. 어떤 강사가 1시간 강연하고 수백만 원을 받았다고 하더라도 이 돈은 단지 1시간 강연의 대가가 아닙니다. 강연을 풍성하게 하는 지식과 전달 능력을 얻기까지 엄청난 공부를 한 대가입니다. 그렇습니다. 어느 분야에서든지 성공하려면 오랫동안 남다른 시간을 보내야 합니다. 성공은 결코 우연히 얻을 수 있는 것이 아닙니다. 손쉽게 얻을 수 있는 것도 아닙니다. 혹시나 하는 요행으로 이룰 수 있는 것도 아닙니다.

조선 고종 때의 지리학자 김정호는 한미한 가문에서 태어났으나 학문을 열심히 닦았으며, 정밀한 지도를 만들겠다는 뜻을 품고 30여 년간 전국 각지를 두루 돌아다녀 순조 말년, 마침내 '청구도'를 완성했습니다. 그가 이렇게 지도 제작에 몰두하고 있을 때 아내는 품을 팔아 어렵게 살아가다가 굶어 죽고 말았습니다. 아내가 죽자 그는 한때 지도 제작을 포기할까 했으나 딸이 뒤를 도와 드리겠다고 나서는 바람에 그는 일을 계속할 수 있었습니다. 당시 서울에 소설책을 빌려

주는 일이 성업했습니다. 그는 먹고 살기 위해 소설을 쓰기도 했습니다. 이러한 어려움 속에서 그와 딸은 지도 제작에 박차를 가해 1861년 (철종 12년)에 '대동여지도大東輿地圖' 일부를 완성하고, 다시 32권을 손수 파고 인쇄를 하여 그것을 흥선대원군에게 바쳤습니다. 지도의 정밀함에 놀란 대원군은 그에게 상을 내리기는커녕, 나라의 기밀을 누설시켰다는 죄목으로 일생을 바쳐 제작한 나무 조각을 다 불태워 버렸습니다. 그는 끝내 교도소에서 그 억울한 일생을 마치고 말았습니다. 그러나 그의 '대동여지도'가 조선 시대 지리 자료로서 값진 것은 말할 나위도 없거니와 고난 속에서 그토록 위대한 업적을 남긴 그의 놀라운 정신력과 집념은 길이길이 귀감으로 전해지고 있습니다.

이것이 하나님의 법칙입니다. 시편 126편 5~6절 말씀입니다.

눈물로 씨 뿌리는 사람들은 기뻐하며 거두게 될 것입니다. 귀한 씨를 들고 울며 나가는 사람들은 반드시 기뻐하며 단을 거두어 돌아오게 될 것입니다.

갈라디아서 6장 7절 말씀입니다.

자기를 속이지 마십시오. 하나님은 결코 업신여김을 당하지 않으십니다. 사람이 무엇을 심든지 그대로 거둘 것입니다.

우리가 성공적인 삶을 살기 위해서는 반드시 많은 노력과 땀을 흘리는 고생을 감내해야만 합니다. 제가 아이들에게 자주 물어보곤 하는 질문이 있습니다.

"시간은 흘러가는 것이냐, 다가오는 것이냐?"

그러면 대개 질문이 어려워서 그런지 무슨 의도로 질문하는지를 몰라 선뜻 대답을 하지 못합니다. 사실 이 질문은 저 자신에게도 해보곤 하는 질문입니다. 어느 가수의 노랫말이 생각납니다.

"가는 세월 그 누구가 막을 수가 있나요?"

이 질문에 신계관은 이렇게 말했을 것입니다.

> 아이 제 늙은이 보고 백발을 비웃더니
> 그덧에 아이들이 날 웃을 줄 어이 알리
> 아이야 하 웃지 마라 나도 웃던 아이로다

그러니 시간을 아껴 열심을 품고 살아야 합니다. 조선 시대 학자 주세붕의 말입니다.

> 진정한 마음으로 힘써 나아가며 잠깐 동안이라도 헛되어 때를 보내지 마십시오. 만약 내일이 있다고 말할 것 같으며 마침내는 발전하여 나아갈 수 없을 것입니다. 내일내일하는 동안에 나의 머리는 백발이 더 늘어나기만 할 것이니, 그때는 크게 뉘우친다고 해도 이르지 못할 것입니다.

에베소서 5장 16절입니다.

> 세월을 아끼십시오. 때가 악합니다. 그러므로 지각없는 사람이 되지 말고 주의 뜻이 무엇인지 분별하십시오.

어떻게 하면 세월을 아낄 수 있을까요? 영어 성경 NIVNew International Version에서는 15절을 "모든 기회를 최선으로 만드십시오."라고 번역하였습니다. 세월을 아끼는 길은 지나가는 시간을 붙잡아 매는 것이 아닙니다. 오는 시간을 막는 것도 아닙니다. 이 말씀은 하나님이 우리에게 주신 오늘이라는 기회를 가장 값지게 살아가라는 것입니다.

노인들은 과거에 대한 회상으로 살고, 젊은이들은 미래의 꿈으로 살고, 중년들은 현실에 파묻혀 산다고 합니다. 그러나 나이는 숫자에 불과합니다. 새파란 젊은 나이에 애늙은이가 되어 지난 실수와 원한에 매여 한숨만 푹푹 쉬는 이가 있는가 하면, 나이가 지긋한데도 항상 꿈에 붙잡혀서 미래를 설계하며 열정을 불태우는 이가 있습니다. 중요한 것은 오늘입니다. 지나온 과거를 아름답게 만드는 것도 오늘이요, 밝고 희망찬 미래를 실현하는 것도 바로 오늘입니다. 오늘이 무수하게 쌓여 영원이 되는 것입니다.

흔히 시간은 곧 '인생'이라고 합니다. 왜냐하면 한 사람의 인생은 순간이라는 수많은 점들이 모여 이루어지는 것이기 때문입니다. 그러므로 시간을 아끼고 잘 관리하는 일에서 승리하는 사람은 두말할 나위 없이 인생의 승리자가 될 수 있습니다.

그런데 불행하게도 대부분의 사람들은 이 시간이라는 상대와 맞서다 실패를 경험합니다. 시간을 나누고 사용할 때 가장 중요하게 작용하는 것은 '우선순위priority'의 문제입니다. 우리는 흔히 선한 일과 악한 일 사이의 우선순위는 그런대로 잘 알고 실천합니다. 하지만 엇비슷하게 필요한 일들을 앞에 두고는 혼란스러워하며 곧잘 방황하고 맙니다. 잘못된 선택으로 아무것도 이루지 못한 채 아까운 시간만 보내게 되는 경우도 흔히 생깁니다.

성경에 보면 40여 년간 광야 생활을 했음에도 이스라엘 민족은 노예근성에서 벗어나지 못했습니다. 그들은 끊임없이 하나님을 시험하고 원망하다가 벌을 받곤 하였습니다. 일용할 양식과 복을 내려주어도 감사하기보다는 더 달라고 아우성이었습니다. 그 결과 모세를 따라 출애굽한 사람들 중에서 여호수아와 갈렙 이외에는 약속의 땅 가나안에 들어가지 못하고 이들의 후손들이 가나안 땅을 밟았습니다. 이들의 노예근성에 대한 성경 구절입니다. 민수기 14장 29~33절입니다.

내게 불평을 한 너희들 가운데 20세 이상의 모든 등록된 사람은 하나도 빠짐없이 이 광야에서 시체가 되어 쓰러지게 될 것이다. 여분네의 아들 갈렙과 눈의 아들 여호수아를 빼고는 너희 가운데 그 누구도 내가 너희에게 주어 살게 하겠다고 맹세한 그 땅으로 들어갈 수 없을 것이다. 그러나 사로잡히게 되리라고 너희가 말했던 너희 자식들은 너희가 거부한 그 땅을 누리게 될 것이다. 하지만 너희 시체는 이 광야에 쓰러지게 될 것이다. 너희의 자식들은 여기서 40년 동안 방황해 너희가 다 시체가 될 때까지 너희의 잘못을 감당할 것이다.

제가 재직하는 학교나 출석하는 교회에서 보면 윗사람이 시켜야 겨우 마지못해 일하는 사람이 있는가 하면, 어떤 일이든지 스스로 찾아서 일하는 사람이 있습니다. 앞의 사람은 매사에 시큰둥하게 대하고 대충대충 하는 사람인데, 뒤의 사람은 자신에게 이익이 되지 않더라도 작은 시간이라도 아껴서 무엇이라도 잘해 보려고 노력하는 사람입니다. 이러한 차이는 학력, 경력, 상황에서 오는 것이 아니라 인격의 문제이고 마음의 문제이고 열정과 성실의 문제입니다. 잠언 6장 10~11절입니다.

'조금만 더 자자, 조금만 더 눈 좀 붙이자, 조금만 더 손을 모으고 자자' 하다가 가난이 강도처럼 네게 이르고 빈곤이 무장한 사람처럼 이르게 될 것이다.

잠언 10장 4절입니다.

게으른 사람은 가난하게 되고 부지런한 사람은 부요하게 된다.

잠언 12장 24절입니다.

부지런한 사람의 손은 남을 다스리게 되지만 게으른 사람은 남의 부림을 받게 된다.

잠언 26장 13~16절입니다.

게으름뱅이는 "길에 사자가 있다. 사자가 거리에 어슬렁거리고 있다!"라고 한다. 문짝이 경첩에 붙어 돌아가듯이 게으름뱅이도 자기 침대에서 뒹군다. 게으름뱅이는 손을 그릇에 넣고도 입에 떠 넣는 것조차 귀찮아한다. 게으름뱅이는 신중하게 대답하는 일곱 사람보다 자기가 더 지혜롭다고 생각한다.

사람들은 게으름에 핑계대기를 잘합니다. "핑계 없는 무덤이 없다"는 말처럼 게으를 이유는 왜 그렇게들 많은지요? 자기 합리화를 하는 데 익숙합니다. 성실함은 열정적인 삶으로 다른 사람에게 피해를 주지 않고 도움을 주는 유용한 일꾼이 되게 합니다. 의존적이지 않고 독립적이고 자기주도적인 사람됨의 자세를 길러줍니다. 이런 성실함이 하루하루 이어지다보면 바라보는 눈과 손발이 거기에 맞춰지게 되어 체질이 바뀌게 됩니다. 이것이 스스로에게도 뿌듯함이 되고 자기 긍정감(자아 효능감)으로 이어지게 됩니다. 부족함을 부지런함으로 채워나가면서 부요해집니다. 세월이 변해도 세상이 변해도 아주 몸에 밴 성실함은 쉽게 변질되지 않습니다. 행동이 습관이 되고 인격이 인생이 됩니다.

우리를 미혹하게 하는 영(사탄)은 끊임없이 시간을 낭비하게 유혹합니다. 이 유혹에 현혹되면 그저 그런 일들, 중요하지 않은 일, 사람 관계의 상한 감정에 시간을 씁니다. 그저 주어진 시간에 쫓겨 정작 더 중요한 일, 시급한 일을 하지 못합니다. 시간을 조절하고 지배하는 게 아니라 시간의 노예로 전락합니다.

하나님은 우리가 시간을 다스리며 살기를 원하십니다. 시간은 누구에게나 공평하게 주어져 있습니다. 문제는 이를 얼마나 적절하게 사용하느냐 입니다. 주어진 시간의 흐름에서 우선순위를 정해서 지혜롭게 사용해야 합니다. 로마의 철학자 세네카의 말입니다.

"인간은 항상 시간이 모자란다고 불평을 하면서 마치 시간이 무한정 있는 것처럼 행동한다."

시간은 사용하지 않아도 저절로 사라지고 맙니다. 그리고 한 번 지나간 시간은 절대 다시 오지 않습니다. 그러므로 우리는 매일 매일을 '모든 순간이 꽃봉오리'라고 여기면서 최선을 다해야 합니다. 오늘 지금 이 순간이 삶의 마지막 날, 마지막 시간이라는 각오로 살아야 합니다. 세상에 공짜는 없습니다. 행운을 바라는 사람들 중의 어떤 사람들은 노력하지 않고 쉽게 얻으려고 합니다. 그러나 목적한 것을 쉽게 얻게 되는 경우는 극히 드뭅니다. 몇 번 행운을 얻게 되면 자칫 노력하지 않고 요행을 바라는 삶의 자세로 인해 결국 게으른 사람, 노력하지 않는 사람이 될 수 있기에 바람직하지 않습니다.

저는 감사하게도 살아오면서 딱히 행운이 주어지지 않았습니다.

모임이나 행사에서 행운권 추첨을 해도 되는 경우가 거의 없었습니다. 그러기에 저는 행운을 바라지 않습니다. 아예 행운이란 것에 기대를 안 하니 실망이나 아쉬움도 없습니다. 간혹 되는 경우엔 별 기대나 예상을 하지 않았기에 기쁘기는 하지만 얼떨떨하고 제 몫이 아닌 것처럼 여겨지기도 합니다.

이처럼 행운과는 거리가 멀고 생각조차 안하기에 개인적으로 로또복권이나 행운권 같은 것은 사지 않습니다. 내기나 놀음도 하지 않습니다. 주식투자도 전에 멋모르고 조금 하다가 이제는 관심을 끊다 보니 할 줄도 모릅니다. 그냥 노력한 만큼 얻고자 합니다.

간혹 학교에서 보면, 시험에서 찍어서 맞춘 것을 기뻐하는 학생들이 많습니다. 이들에게 좋은 일에 찬물을 끼얹지 않도록 조심스러운 자세로 진심어린 충고를 해두곤 합니다.

"축하한다. 찍어서라도 맞춘 건 참 다행한 일이지. 그런데 그냥 넘어가지 말고 꼭 확인하여 네 것으로 만들어야 돼! 찍어서 맞춘 것은 네 실력이 아니야! 네 것이 아니지."

그렇습니다. 엄밀히 말하면 찍어서 맞춘 것은 간혹 얻게 되는 행운이지, 자기 실력이 아닙니다. 찍어서 맞춘 것이 많다 보면 노력하기보다 행운을 바라는 마음만 더 생깁니다. 그런데 이 행운을 언제 또 얻게 될지는 장담할 수가 없습니다. 행운을 자랑하고 기뻐하는 데만 집중하는 사람은 노력하지 않을 수 있습니다. 이런 사람을 부러워하는 사람, 자신에게는 왜 행운이 따르지 않느냐고 자책하고 하나님을 원망하는 사람은 참 바보 같은 사람입니다. 오히려 저처럼 행운을 기대하지 않는 사람은 노력할 수밖에 없기에 묵묵히 성실하게 최선을 다할 뿐입니다. 어쩌다 행운이 찾아오면 좋은 것이지 행운에 집착하지는 않습니다.

치열하게 노력하고 애쓰다 보니 노력해서 값진 결과를 얻을 때 그 기쁨은 말로 표현 못합니다. 그저 행운으로 쉽게 얻은 것과는 비교도 할 수 없습니다. 하나하나 차곡차곡 노력해서 얻은 결과가 값지고 의미 있고 소중합니다.

결혼하는 사람들을 보면 두 부류로 나눌 수 있습니다. 한 부류는 부모님이 해준 집, 가구, 전자제품으로 신혼살림이 풍족해 보입니다. 이들은 이를 자랑하면서 다른 사람들의 부러움을 사기도 합니다. 또 한 부류는 이에 반해 가난하게 신혼살림을 시작합니다. 그러나 자랑할 것도 부러움을 살 일도 없이 이런 것에 연연하지 않습니다. 이들은 살아가면서 알뜰살뜰 저축하고 절약하여 월세에서 전세로, 전세에서 집을 장만해나갑니다. 가구와 전자제품도 하나하나 늘려 갑니다. 이 과정이 조금은 더디고 힘들기도 하지만 즐겁고 기쁩니다. 이것은 누가 해준 것이 아니라 자신이 이룬 것이기에 소중합니다. 쉽게 얻은 것, 그저 노력 없이 주어진 것은 큰 기쁨이 못 됩니다. 더디더라도 힘들더라도 내가 노력해서 얻은 것이 진정한 기쁨입니다. 아니 소중한 감격입니다.

공부가 눈물 나도록 힘들고 어렵기에 값지고 소중합니다. 머리가 좀 나쁘고 여건이 좀 어렵다고 포기하지 말고 최선을 다해 노력하다 보면 길이 생기고 방법이 떠오릅니다. 알게 모르게 도와주는 사람들이 생깁니다. 꿈을 갖고 목표를 분명히 하고 오늘 지금 이 순간에 최선을 다하다보면 언젠가는 이루는 날이 옵니다. 이것을 믿는 사람, 이것을 소망하는 사람이야말로 진정한 승리자입니다. 이런 사람은 어제보다는 오늘, 오늘보다는 내일이 기대되는 사람입니다. 이런 사람은 그 어떤 어려운 환경, 여건과 상황이 힘들게 하더라도 쓰러지지 않습니다. 굳건한 자신에 대한 믿음과 신념, 열정과 끈기가 강력한 뿌리가 되기에 흔들리고 부러질지언정 절망하지 않습니다. 이런 사람에게는 나이도 숫자에 불과합니다.

세계적인 첼리스트 파블로 카잘스가 아흔다섯 살이었을 때 기자가 물었습니다.

"선생님께서는 역사상 가장 위대한 첼리스트로 손꼽히시는 분입니다. 그런데도 선생님께서는 아직도 하루에 여섯 시간씩 연습을 하시는 이유가 뭡니까?"

그는 활을 내려놓고 대답했습니다.

"왜냐하면 지금도 제가 조금씩 발전하고 있다고 생각하기 때문입니다."

현대 경영학의 아버지라고 불리는 피터 드러커 또한 그런 사람이었습니다. 그는 고등학교를 졸업한 후 독일 함부르크에 있는 면제품 회사에 견습생으로 입사했습니다. 그는 1주일에 한 번씩 고학생을 위한 무료좌석권을 얻어 오페라를 관람하곤 했습니다. 어느 날 이탈리아의 위대한 작곡가 주세페 베르디의 오페라 '폴스타프'를 본 그는 그 작품에 완전히 매료되었습니다. 집으로 돌아와 자료를 찾아본 그는 깜짝 놀랐습니다. 엄청난 열기를 뿜어내는 오페라를 작곡한 사람이 여든 살의 노인이었던 것입니다. 당시 평균 수명이 쉰 살 정도였기에 여든 살은 흔한 나이가 아니었습니다. 그는 베르디가 쓴 글도 읽었습니다. '19세기 최고의 오페라 작곡가로 인정받고 있으며 이미 유명인이 된 사람이, 엄청나게 벅찬 주제를 가지고 더구나 그 나이에 왜 굳이 힘든 오페라 작곡을 계속하는가?' 하는 질문에 대한 대답이었습니다.

"음악가로서 나는 일생 동안 완벽을 추구해 왔다. 완벽하게 작곡하려고 애썼지만, 작품이 완성될 때마다 늘 아쉬움이 남았다. 그렇기 때문에 내게는 분명 한 번 더 도전해야 할 의무가 있다고 생각한다."

그는 베르디의 이 말을 평생 잊지 않았습니다. 베르디는 열여덟 살에 이미 뛰어난 음악가였지만 그는 장차 무엇이 될지 생각도 제대로 해보지 않은 젊은이였습니다. 성숙하지 못한 풋내기였고 나약했습니다. 그로부터 15년이 지난 30대 초반이 되어서야 그는 자신에게 어떤 소질이 있는지, 자신이 어디에 속해야 하는지를 확실히 알게 되었습니다. 그때 그는 나이를 먹더라도 포기하지 않고 계속 정진하리라고 굳게 마음먹었습니다. 살아가는 동안 완벽은 자신을 피해갈 테지만, 자신은 언제나 완벽을 추구하리라고 다짐했습니다. 그리고 아흔다섯 살을 일기로 생을 마치는 순간까지 왕성하게 집필했습니다.

"저술한 책 중에서 어느 책을 최고로 꼽습니까?"

이런 질문을 받을 때면 그는 웃으며 대답했습니다.

"바로 다음에 나올 책이지요."

이처럼 멋진 대답을 할 수 있었던 것은 베르디가 여든이라는 나이에도 완벽함을 추구하면서 오페라를 작곡했던 심정으로, 그 역시 자신의 삶을 살아왔기 때문입니다. 삶의 마지막 순간까지도 앞으로 나올 책들이 과거에 나왔던 책들보다 더 나을 것이고 더 중요한 책으로 읽힐 것이며, 조금이나마 더 완벽하게 될 것이라고 그는 믿었던 것입니다.

'도전'이라는 단어의 사전적 의미는 '보다 나은 수준에 승부를 걺'이라는 뜻입니다. 한 단계 위를 바라보면서 목표를 향해 나아가는 것이 바로 도전입니다. 우리는 아이들에게 '도전'을 강조하고 가르칩니다.

그러나 도전을 가르치기 이전에 먼저 잊지 말아야 할 것이 있습니다. 그것은 바로 '목표를 끈기 있게 바라보는 법'입니다. 아무리 원대한 꿈이 있고 목표가 있다고 해도 쉽게 포기한다면 어떠한 꿈도 이룰 수 없습니다. 그렇기 때문에 '도전'이라는 말 속에 숨어 있는 의미인

'포기하지 않는 끈기'를 놓치지 않도록 평소에 공감하고 격려하고 지지해 주어야 합니다. 아이들에게 '멀게만 느껴지고', '힘들 것 같은' 목표를 제시하며 동기부여를 하기보다는 많은 대화를 통해 목표를 잊지 않고 자신의 꿈을 향해 갈 수 있는 '도전하는' 아이로 키우는 것이야말로 우리가 수행할 소중한 사명입니다.

중국 북산에 우공愚公이라는 아흔 살 된 노인이 살고 있었습니다. 그런데 이 노인의 집 앞에는 넓이가 칠백 리, 만 길 높이의 태행산과 왕옥산이 가로막고 있어 생활하는 데 무척 불편했습니다. 그러던 어느 날 노인은 가족들에게 이렇게 말했습니다.

"우리 가족이 힘을 합쳐 두 산을 옮기자. 그러면 저 험한 산이 평지가 되어, 예주의 남쪽까지 곧장 길이 생겨 다니기에 편리할 것이다."

가족들은 당연히 반대했습니다. 그러나 노인은 자신의 뜻을 굽히지 않았고, 마침내 다음 날부터 작업을 시작했습니다. 우공과 아들, 손자가 지게에 흙을 지고 발해 바다에 갔다 버리고 돌아오면, 그 시간이 꼬박 1년이 걸렸다고 합니다. 이 모습을 본 이웃 사람이 "이제 멀지 않아 죽을 당신인데 어찌 이런 무모한 짓을 합니까?" 하고 말하자, "내가 죽으면 내 아들, 그가 죽으면 손자가 계속할 것이오. 그동안 산은 깎여 나가면 나갔지 더 높아지지는 않을 테니 언젠가는 길이 날 것 아니겠는가."라고 대답했다고 합니다.

'우공이산愚公移山', 즉 '어리석은 사람愚公이 산을 옮긴다移山'는 고사성어의 내용입니다. 이 이야기에는 세상을 바꾸는 것은 머리 좋은 사람이 아니라 결코 포기하지 않고 끝까지 노력하는 사람이라는 교훈이 담겨 있습니다. 비슷한 말로 '마부작침摩斧作針'도 있습니다. '도끼를 갈아摩斧 바늘을 만든다作針'는 말입니다. 서양 속담에 "산을 옮기는 사람은 작은 돌을 운반하는 것으로 시작한다."는 말도 있습니다. 천리 길도 한걸음부터 시작하니까요. 우리나라에도 오랜 기다림으로 결실을 이루는 이야기가 있습니다.

옛날에 한 젊은이가 고을 원님으로 부임하게 되었습니다. 그는 그동안 보살펴준 재상을 찾아가 인사를 했습니다.

"대감마님, 기대에 어긋나지 않는 관리가 되겠습니다."

"백성을 사랑하고 희망을 주는 원님이 되시게나. 나는 너무 늙어서 그렇게 할 수 없네만……."

"네, 그런데 지금 무엇을 하고 계십니까?"

"과일 나무를 심지."

"언제 따 잡수시려고……."

"내가 못 먹으면 자식이나 이웃들이 먹겠지."

그로부터 십 년이 흘렀습니다. 고을 원님으로 나갔던 젊은이는 승진하여 감사로 나가게 되었습니다. 그래서 신임 감사는 재상께 인사를 드리러 갔습니다. 재상은 그를 반겨 맞았습니다. 그리고 배를 그릇에 가득 담아 내 놓았습니다.

"배 맛이 참 좋습니다. 이렇게 맛있는 배를 어디에서 구하셨습니까?"

"자네도 기억할 게야. 십 년 전에 자네가 우리 집에 찾아왔을 때 내가 심었던 그 배나무에서 딴 것이라네."

"십 년 전에 심으신 그 작은 나무에서 딴 배라고요?"

"일 년을 보고 농사를 짓고, 십 년을 보고 나무를 심고, 백년을 보고 인재를 기른다고 하지 않던가?"

신임 감사는 재상의 말을 듣고 크게 깨달았습니다. 조급해하지 말고 여유 있게 미래를 준비하면 오늘의 조급함이나 어려움을 이겨나갈 수 있습니다. 지금 당장의 번거로움이나 어려움을 생각하지 말고 내일을 바라보는 지혜가 필요합니다.

　나무가 오래 자라면 바위 골짜기에도 우뚝 서고, 물이 오래 흐르면 반드시 바다에 이릅니다. 사람의 배움도 또한 이와 같습니다. 오래 힘쓰고 중도에 포기하지 않으면 성공을 이루게 될 때가 있습니다.

　모든 위대한 일의 이면에는 아주 작은 첫 시작이 있습니다. 성경 마태복음에 보면 귀신들린 아이를 고치지 못한 제자들이 자신들은 왜 고치지 못하였는지 스승에게 묻습니다. 예수께서 "너희 믿음이 없기 때문이다. 너희에게 믿음이 겨자씨 한 알 만큼만 있어도 이 산을 명하여 여기서 저기로 옮겨지라 하면 옮겨질 것이요 또 너희가 못할 것이 없으리라"고 대답하셨습니다.

　겨자씨는 아주 작습니다. '겨자씨 한 알만한 믿음만 있으면 산을 옮긴다.'는 말씀은 살아있는 믿음을 말합니다. 아무리 작아도 그것이 살아있고 온전한 믿음이라면 산을 옮길 만큼 놀라운 큰 권능을 행할 수 있다는 뜻입니다. 제자들이 그렇게 하지 못했던 것은 그들의 믿음에 생명력이 없었기 때문입니다. 믿음은 크기가 아니라 끈기에 있습니다. 우공처럼 미련할 만큼 무모하게, 결코 포기하지 않고 끝까지 이루어 가는 끈기가 있어야 합니다.

　유대인들에게 '산을 옮긴다.'는 의미는 "힘든 일, 어려움, 곤란한 상황 등을 헤쳐 나간다, 장애물을 제거한다."란 뜻으로 사용된다고 합니다. 유대인들이 '위대한 선생'이라 부르는 랍비는 '산을 뽑아 버리는 사람'이란 뜻도 있다고 합니다. 이처럼 어려움을 극복하려는 의지와 열정, 꾸준함이 중요합니다.

　우리 속담에 "개도 부지런해야 더운 똥을 얻어먹는다."라는 말이나 "부지런한 물레방아는 얼 새도 없다."라는 말이나 "드나드는 개가 꿩을 문다"는 말들은 무슨 일이나 부지런히 해야 실수가 없고 성공한다는 뜻입니다.

반면에 "밥 빌어다 죽 쑤어 먹을 놈"이나 "게으른 선비 책장 넘기기"라는 말은 하는 일에 게으르고 집중을 하지 않음을 지적하는 말입니다. 즉 하는 일에는 정신을 쏟지 않고 그 일에서 벗어날 궁리만 한다는 뜻입니다. 조선 숙종 때의 남구만의 시도 이런 게으름을 경계하는 내용입니다.

동창이 밝았느냐 노고지리 우지진다
소 칠 아이는 여태 아니 일었느냐
재 너머 사래 긴 밭을 언제 갈려 하느니

잠언 6장 6절입니다.

너, 게으름뱅이야, 개미에게 가서 그들이 하는 것을 보고 지혜를 얻어라.

잠언 12장 24절입니다.

부지런한 사람의 손은 남을 다스리게 되지만 게으른 사람은 남의 부림을 받게 된다.

잠언 12장 27절입니다.

게으른 사람은 그 사냥해 온 것마저 굽지 않으나 부지런한 사람은 귀한 재물을 얻는다.

잠언 19장 15절입니다.

게으르면 깊은 잠에 빠지고 나태한 사람은 굶주리게 된다.

잠언 21장 5절입니다.

부지런한 사람의 생각은 풍성한 결과에 이르지만 마음만 급한 사람은 궁핍함에 이를 뿐이다.

'시간은 금(돈)이다Time is gold'라는 금언이 있습니다. 시간은 금 같아서 가치가 크고, 삶에 필수적입니다. 시간과 금은 많을수록 좋지만, 사용하는 방법에 따라 가치가 달라지기도 합니다. 이를 잘 사용하면 지혜로운 사람이 될 것입니다. 주의 깊게 생각해보면 시간이 금(돈)과 같지는 않습니다. 다른 점이 있습니다. 인생은 넓은 옥수수 밭 한 가운데에 길을 만들어 놓고 말을 타고 달려가면서 가장 큰 옥수수를 따는 경기와 같습니다. 빨리 달려야 하고, 하나밖에 고를 수 없고, 지나온 길은 다시 돌아갈 수 없다는 의미에서 그렇습니다. 그러니 어느 순간 가장 크다고 생각되면 그 즉시 그 옥수수를 따야만 합니다. 그렇지 않으면 최적의 시기를 놓치고 맙니다.

시간은 누구에게나 공평하게 주어져 있습니다. 시간에는 부자도 가난한 사람도 없습니다. 시간은 저장이 안 됩니다. 되돌릴 수도 없습니다. 그러니 시간을 돈처럼 쓰려고만 해서는 안 됩니다. 시간으로 돈을 얻을 수는 있지만, 돈으로 시간을 얻을 수는 없습니다. 인생이라는 요리의 주재료는 시간입니다. 고층 건물에서 콘크리트를 빼면 그대로 주저앉듯, 우리 인생에서 '시간'을 빼면 죽음의 상태가 되고 맙니다. 영원하신 하나님은 우리에게 인생이라는 유통기한이 있는 선물을 주셨습니다. 그 사용은 우리에게 맡겨졌지만 돈이든 시간이든 닥치는 대로 써서는 안 됩니다. 어떻게 하면 주어진 시간을 하나님께서 원하시는 대로 잘 사용할 것인지 고민해야 합니다. 하루는 사용하는 사람에 따라 10시간도 되고 30시간도 됩니다.

오늘이라는 시간은 우리에게 주어진 최고의 선물입니다. 그래서 우리는 '현재Present'를 '선물Present'이라고도 합니다. 오늘을 선물로 주신 하나님께 감사하며 오늘 하루를 멋지게 사용해 봅시다. 내가 헛되게 보낸 하루가 누군가에게는 간절하게 살고 싶었던 하루일 수 있습니다. 하루를 보낸다는 것은 죽음에 하루만큼 더 가까워지는 것입니다. 오늘 하루, 지금 이 순간은 하나님이 우리에게 주신 가장 값진 기회입니다. 소중한 선물입니다. 귀중함을 깨닫고 오늘 하루도 매 순간 감사하고 기뻐하면서 진지하게 지혜롭게 시간을 지배하는 사람에게는 하나님이 형통한 삶의 길이 열릴 것입니다. 제가 아이들에게 자주하는 말입니다.

뛸 수 있을 때에 걷지 말고
걸을 수 있을 때에 앉지 말고
앉을 수 있을 때에 눕지 말라.

어울누리를 꿈꾸며

" 파도는 출렁이는 바다 표면의 한 부분에 지나지 않을 뿐 파도 혼자 독립적으로 존재할 수는 없다. 이처럼 나도 나 자신만을 위한 삶을 살 수 없고 나의 삶 또한 내 주변에 일어나는 모든 것들과의 경험을 통해 늘 존재할 뿐이다. 다른 모든 생명도 나의 생명과 같으며 신비한 가치를 지녔고 따라서 존중하는 의무를 지닌다.

— 앨버트 슈바이처 "

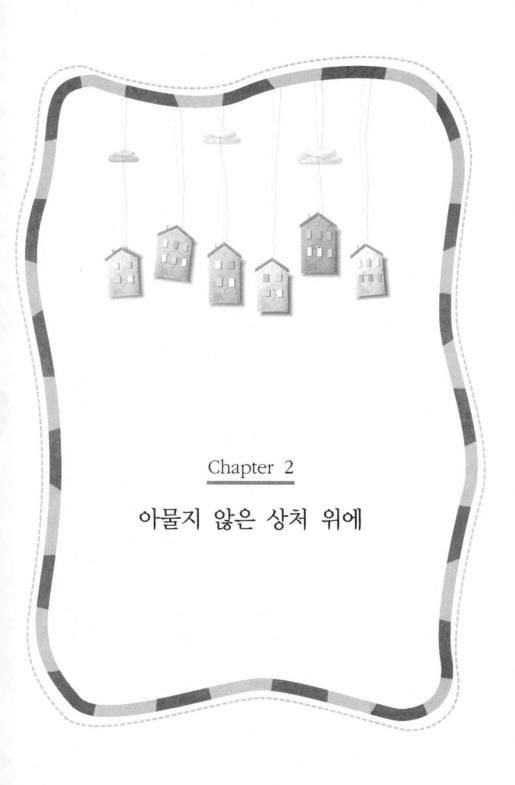

Chapter 2

아물지 않은 상처 위에

세월호 참사로
드러난
우리의 모습

　지난 2014년 4월 16일 오전 8시 48분경 전라남도 진도군 조도면 부근 황해상에서 발생한 여객선 세월호 침몰 사고로 나라 전체가 일종의 공황 상태에 빠졌습니다. 온 국민이 실낱같은 구조에 대한 희망으로 뉴스 속보를 지켜보았습니다. 그때로부터 상당한 시간이 지났지만 세월호 참사는 아직 지난 일이 아닌 현재진행형입니다. 워낙 사건이 크고 충격적이다 보니 사회 전체에서 애도의 뜻을 비추며 재발 방지를 촉구하고 있습니다.

　제가 속한 교육계에서도 수학여행 전면 금지 혹은 무기한 연기, 행사 취소 등이 이어졌습니다. 저도 자식 키우는 부모이자 학교에서 아이들을 가르치는 입장이다 보니 더 마음이 아프고 안타까워 일이 손에 잡히지 않았습니다. 단원고 교감 선생님의 자살 소식은 같은 교육자이기에 그랬는지 더 가슴 아팠습니다. 도대체 어떻게 이런 일이 일어날 수 있었던 건지 사고의 원인이 보도될 때마다 너무도 화가 났습니다.

　지금까지 보도된 것만 보아도 사고의 원인은 결국 못된 어른들의 책임입니다. 그저 돈벌이에 혈안이 된 어른들과 안전 불감증이 빚어낸, 그야말로 불가항력적인 천재지변天災地變이 아닌 얼마든지 예방이 가능했던 인재人災입니다. 이에는 감독을 책임질 정부 관계자는 물론 사회적 책임의식을 갖고 기업을 운영해야 할 기업가와 승객의 안전을 책임질 세월호 관계자 모두에게 해당됩니다. 그런데 보도를 보면 정부 관계자나 기업 등 그 누구도 진심어린 반성이나 책임지는 자세를 보여주지 않았습니다.

뉴스를 볼 때마다 변명만 늘어놓을 뿐, 자신의 책임이라고 말하는 어른들을 찾아볼 수가 없습니다. 배를 지켜야 할 선장과 선원들은 승객들의 안전은 나 몰라라 하고 자신부터 살기 위해 탈출하여 구조되었습니다. 그리고는 자신들은 어쩔 수 없었으니 책임이 없다고 하였습니다. 참사도 기가 막힌데 무책임한 이들의 행태는 더욱 기가 막혀 말이 안 나올 지경이었습니다. 참사 이후 속속들이 드러난 내용들은 가관이었습니다. 믿어지지 않을 정도로 허술하기 짝이 없었습니다. 이것이 우리 대한민국에서 일어난 사실이라는 것이 도저히 납득이 가질 않았습니다.

어른 중 한 사람으로서 아이들에게 너무도 부끄럽고 미안합니다. 세월호 참사는 어쩌면 당연한 결과였는지도 모릅니다. 산업안전 분야에는 불문율처럼 여겨지는 '하인리히 법칙'이 있습니다. 미국 보험회사 관리감독자였던 H. W. 하인리히는 1931년 수천 건의 고객보험 상담을 분석해 "심각한 안전사고 1건이 발생하기 전에 29건의 경미한 사고가 있었고 300건이나 되는 위험요소가 존재했다"는 결론을 내렸습니다. 이것이 이른바 1:29:300 법칙입니다. 안전사고가 발생하면 기업주들은 사업주의 안전조처 의무는 건너뛰고 항상 '근로자들의 불안전한 행동'과 '안전 불감증' 운운하며 근로자들의 잘못으로 몰아갑니다. 그러나 모든 안전사고는 어느 날 우연히 발생하지 않습니다. 반드시 사전 징후가 곳곳에 있습니다. 이를테면, 세월호도 평상시에도 급선회를 하거나 화물을 너무 많이 실었을 때 화물이 바닥으로 떨어져 부서진 경험이 있었다고 합니다.

전국의 모든 선박이 같은 문제를 안고 있습니다. 특히 여름철 성수기가 되면 이런 편법 운항은 더욱 기승을 부리게 됩니다. 그래서 산업안전보건법에는 사업주들의 안전보건조치 의무 사항을 세세하게 명시해놓고 있습니다. 선박안전법에도 이러한 규정들이 세세하게 규정되어 있습니다. 그러나 '규제 철폐'랍시고 법을 허술하게 만들어 여객선을 무리하게 3개 층이나 증축할 수 있었고, 정해진 화물량을 초과하거나 튼튼하게 묶지 않아 낙하 및 편심 발생의 위험성이 있음에도 항만청은 출항 허가를 내줬습니다. 선장 휴식시 1등 항해사가 업무대행 가능(2015년 1월 시행), 자료 제출로 대체한 컨테이너 안전검사(2014년 1월 시행), 선장의 안전관리체계 부적합 사항 보고 면제(2013년 6월 시행), 선박 최초 인증심사 때 내부 심사 면제(2013년 6월 시행). 이러한 주변 환경들이 세월호 선장의 무책임한 행동으로 나타나지 않았을까 하는 생각도 듭니다.

2012년 12월 14일 울산 석정호 콘크리트 운반선 침몰 사고의 경우, 기상악화 속에서 무리하게 공사를 강행해 운반선은 전복됐고 건설노동자 14명이 한꺼번에 목숨을 잃었습니다. 그러나 사법부는 시공회사 대표에게 벌금 2,000만 원, 하청업체 대표에게 벌금 500만 원을 선고했을 뿐입니다. 이것이 우리나라 사법부의 현실입니다. 세월호 사업주가 '선박안전법'을 위반했다 해도 최고 형량은 겨우 1년 이하의 징역과 1,000만 원 이하의 벌금 및 과태료가 전부였습니다.

지금 이 시간에도 반도체 공장에서, 전국 제철소에서, 조선소에서,

건축 공사장에서 수많은 노동자들이 산업재해로 죽어 가고 있습니다. 만일 사고가 발생하더라도 기업주는 벌금 몇백만 원으로 해결하면 됩니다. 세월호 선장의 무책임한 행동은 우리 사회의 정치권과 기업 책임자들의 리더십 부재라는 사회적 고질병이 낳은 결과일지도 모릅니다. 세월호 참사에서 살아남은 사람들은 "침착하게 선실에서 대기하라"는 선장의 지시를 어기고 뛰쳐나온 사람들입니다. 이제 비슷한 상황이 또 발생하면 어떤 국민이 안전조치 지시를 믿고 따를까요? 그렇기에 지도자들의 도덕성과 리더십은 아주 중요합니다.

세월호가 소속된 연안해운업체인 청해진해운이 평소 직원 퇴직금이나 각종 수당의 미지급, 비상식적인 다른 지역 인사 발령, 사소한 회계 처리 오류에 대한 과도한 징계 등으로 직원들과 크고 작은 마찰을 빚어온 것으로 전해졌습니다. 게다가 청해진해운은 회사 쪽의 이러한 일방적 경영 행태를 견제하기 위해 노동조합 설립을 시도한 직원들에게 직간접적 압력을 넣는 등 반노동적 경영으로 일관해왔습니다. 청해진해운 경영진은 회사 쪽의 비상식적이고 일방적인 경영 행태에 반발한 직원들이 노동조합을 만들 움직임을 보이면 집요하게 방해했습니다.

화물 적재와 고박(동여매 움직이지 않도록 고정하는 것), 평형수까지 어느 것 하나 제대로 된 것이 없었고, 정부의 선박 안전관리 시스템도 관재官災에 가까웠습니다. 세월호의 경우 규정에 따라 컨테이너는 사각의 구멍을 선체에 고착된 '콘'과 연결하고 또 다시 'S'자형의 라싱바와 브리지 피팅 등으로 단단히 고정해야 합니다. 그러나 세월호는 라싱바와 브리지 피팅을 설치하지 않고 보통 줄로 컨테이너 구멍 사이를 연결해 묶었던 것으로 드러났습니다. 차량도 바퀴 4곳 모두 버팀목을 끼우고 'S'자형 라싱바로 고정해야 하는데 이를 제대로 설치하지 않았습니다. 선사인 청해진해운에서는 선원 3명이 이 같은 문제점을 지적했음에도 개선되지 않자 퇴사하기까지 하였습니다. 과적 사실도 드러났습니다. 사고 당시 세월호에 권고 적재량보다 3배나 많은 3608t의 화물이 실린 것으로 파악되었습니다. 구속된 1등 항해사 강모(42)씨는 "사고 전날 청해진해운 물류팀장과 이사에게 '배가 가라앉을 수 있으니 화물을 그만 실으라'고 수차례 경고했지만 묵살 당했다."라고 진술했습니다. 배의 균형을 잡아주는 평형수도 덜 채워진 것으로 드러났습니다.

관재官災 의혹도 속속 드러났습니다. 해양수산부는 2012년 7월 한국해양수산개발연구원KMI이 연구보고서를 통해 "내항 여객선의 노후화와 열악한 근무여건 등으로 해상에서 각종 사고를 일어날 가능성이 높은 만큼 개선이 시급하다"라고 지적했음에도, 이후 정책적 반영은 뒷전이었습니다. 이명박 정부 시절이던 지난 2009년, 20년으로 묶여있던 선령 제한을 30년으로 연장하면서 해운법 시행규칙을 뜯어고친 점도 노후 선박의 사고를 부추겼습니다. 특히 선주와 선사, 해경, 해양구조업체가 한통속으로 이른바 '해양마피아'를 형성해 온 점, 선박안전검사를 독점해 온 한국선급이 수십억 원의 비자금을 정·관계에 뿌린 의혹 등 해운업계 복마전도 세월호 침몰의 구조적 요인으로 작용했습니다. 해경의 부실한 초기 대응, 자체 매뉴얼을 무시한 구조 작업 역시 미흡하기 짝이 없었습니다.

사고는 언제 어디서나 발생할 수 있습니다. 비행기가 추락할 수도 있고, 배가 침몰할 수도 있고, 고속도로에서 수십 대의 차량 추돌 사고가 발생하기도 합니다. 이 사건들은 터무니없이 많은 생명들을 앗아갔습니다. 무엇보다 예방이 우선이지만 어쩔 수 없이 사고가 발생했다면 신속하고 정확한 수습으로 피해를 최소화하는 것이 중요합니다. 그런데 세월호 침몰 사고를 보면 '우리나라는 아직도 아니다'라는 생각을 떨쳐버릴 수 없습니다. 그 이전의 참사에서도 그래왔기에 더욱 그렇습니다만 무엇보다 이해할 수 없는 것은 선장과 일부 승무원들이 승객들을 버리고 도망쳤다는 사실입니다. 생존 승객들의 증언을 종합해 볼 때 이준석 선장은 구조 요청 신고가 이뤄진 직후 배에서 탈출하였습니다. 이 씨가 탈출 전 조치한 것은 기관실에 연락해 승무원들의 대피를 지시하고 승객들에게 '객실에서 움직이지 말고 기다려라'라는 내용의 방송을 내보내도록 한 것뿐입니다. 선장이 탈출하는 것을 본 몇몇 승무원들이 서둘러 따라나섰다니 기가 막힐 노릇입니다.

이번 사고는 102년 전, 북대서양에서 침몰한 초대형 호화 여객선 타이태닉호를 연상케 합니다. 영국을 출발, 시속 22노트의 전속력으로 미국으로 향하던 4만 6,328톤짜리 타이태닉호는 1912년 4월 14일 오후 11시 40분께 빙산에 선체 옆구리가 80여 미터가량 찢기면서 2시간 40분 만에 바다 속으로 가라앉았습니다. 위험으로 가득찬 빙산 지역을 이처럼 최고 속도로 달린 데는 국제운송망을 꿈꾸던 모건그룹의 야심이 서려 있었습니다. 세계 해운업계를 제패하기 위해 영국과 미국의 5개 해운사를 통합한 데 이어 더 크고 빠른 초호화 여객선 타이태닉호를 얼굴로 내세웠던 것입니다. 이처럼 돈에 눈이 먼 사례가 빚어낸 참사는 세월호 참사와도 비슷합니다만 참사 이후 상황은 달랐습니다. 배가 가라앉는 극한 상황에서 스미스 선장과 승무원들은 "버큰헤이드를 기억하라"라는 말을 나누며 여자와 어린아이를 먼저 구했다고 전해집니다. 버큰헤이드호는 1852년 2월 26일 아프리카 남단 해역에서 암초에 걸려 침몰한 영국 해군 수송함을 말합니다.

사고 당시 여자와 어린이를 구명보트에 먼저 태웠다고 알려지면서 고귀한 전통이 생겼습니다. 1,513명이 목숨을 잃은 타이태닉호 침몰 사고에서도 695명이 구조됐습니다. "선장은 배와 운명을 같이 한다"라는 뱃사람의 자랑스러운 전통을 져버린 세월호의 이준석 선장! 뉴욕타임스는 그를 강도 높게 비난했습니다. 언론은 일제히 이 소식을 전하며 영웅적 리더십을 보인 '스미스 선장'을 덧붙여 소개했습니다. 1912년 타이태닉호와 함께 바다 속으로 침몰한 에드워드 스미스 선장. 당시 선장과 선원들은 어린이들과 여성을 먼저 탈출시켰습니다. 남성 생존율이 20%에 불과했지만, 여성 생존율은 74%에 달했습니다. 한 명이라도 더 구하기 위해 끝까지 영웅적 면모를 보인 선원들과 함께 스미스 선장도 타이태닉호를 마지막까지 지켰습니다. 당대 최고였던 선장의 마지막 장면은 아름다웠습니다. 이로써 스미스 선장은 또 하나의 아름다운 전통을 남겼습니다.

미국의 초대형 컨테이너선 '앨라배마'호는 지난 2009년 아프리카에 전달할 구호품을 싣고 가다 소말리아 인근 해역에서 해적들에게 피랍되었습니다. 이 배엔 리처드 필립스 선장 외에 19명의 선원들이 타고 있었습니다. 선원 모두가 사살 당할 수도 있는 위기의 순간⋯⋯. 필립스 선장은 해적들에게 말했습니다. "내가 선장이다. 나를 인질로 잡아라." 그는 고비 때마다 용기와 기지를 발휘, 선원들의 안전을 확보했습니다. 그 사이 미군 특수부대가 출동했고, 해적들은 필립스 선장만을 태운 채 배에서 보트로 탈출했습니다. 결국 해적들은 미군에 의해 사살됐고, 필립스 선장도 극적으로 구조됐습니다. 그의 영웅담은 2013년 톰 행크스 주연의 영화 '캡틴 필립스Captain Phillips'로 제작돼 국내에도 소개됐습니다. 절체절명의 상황에도 흔들리지 않는 침착함과 판단력, 무엇보다 선원들의 생명을 위해 인질을 자처한 용기는 선장의 덕목, 나아가 지도자의 자질이 무엇인지를 보여줬다는 평가입니다.

세월호엔 안타깝게도 이와 같은 '캡틴'이 없었습니다. 대부분 어린 학생들이었던 450여 명의 승객들을 남겨둔 채 선장은 몇몇 선원들과 함께 속옷 바람으로 가장 먼저 탈출했습니다. 물론 세월호 침몰이 선장과 선원들만의 잘못만은 아니며, 참사의 원인 역시 훨씬 복합적입니다. 그렇다 해도 이 배에 온전한 '캡틴'이 있었다면, 그래서 "가만히 있으라"라는 엉뚱한 지시를 내리지 않았다면, 혹은 마지막까지 배에 남아 승객들의 탈출을 도왔다면, 분명 귀중한 생명 몇은 더 구할 수 있었을 것입니다.

우리나라 연근해와 원양에선 6,188명의 선장을 비롯해 총 3만 8,783명(2013년 말 기준)의 선원들이 배 위에 몸을 싣고 바다를 누비고 있습니다. 특히 선장은 '마도로스'란 이름처럼 선망의 대상이자, 낭만의 상징이기도 했습니다. 그러나 세월호는 이 역시도 무너뜨렸습니다. 한 연안여객선 선장은 "선장이란 직업에 자부심을 갖고 살아왔고 많은 동경도 받아 왔습니다. 그러나 지금은 어디 가서 선장이라고 얘기도 꺼내지 못하고 있습니다."라고 자괴감을 토로했다고 합니다.

캡틴의 부재. 이건 어쩌면 세월호만의 문제는 아닐 수도 있습니다. 지도자가 없는, 리더십이 사라진, 우리 사회 전체의 자화상일 수도 있습니다. 사고가 나면 선장은 당연히 승무원들을 지휘해 승객들이 안전하게 탈출할 수 있도록 도와야 합니다. 이는 선장과 선원이 마땅히 행해야 할 직업윤리적 전통과 자세로 '선장은 승객이 타기 시작할 때부터 모두 내릴 때까지 선박을 떠나서는 안 된다'는 선원법 조항으로도 명문화되어 있습니다. 배의 내부 사정을 가장 잘 아는 사람이 승객들의 탈출을 적극적으로 도왔다면 피해를 크게 줄일 수 있었을 것입니다.

사고 당시 세월호에는 대피에 필요한 분량의 구명보트와 구명조끼가 있었지만 안내하고 도와줄 승무원이 거의 없었으니 무용지물이었습니다. 선장과 승무원들의 이런 무책임성과 비도덕성은 국제적인 망신감입니다. 이 일을 외국 언론들은 우리나라의 도덕성을 지적하기에 이르렀습니다. 자라나는 우리 아이들에게 어른들이 고개를 들 수 없게 하는 부분입니다.

정부 대응도 낙제점이었습니다. 사고 당일 정부서울청사에 설치된 중앙재난안전대책본부는 한마디로 '무대책'이었습니다. 본부장인 강병규 안전행정부 장관이 진도 현지에 내려가고 이경옥 안행부 제2차관이 본부를 지켰으나 대책은 고사하고 상황조차 제대로 파악하지 못했습니다. 17일 정홍원 국무총리가 총괄 지휘하는 범정부 차원의 대책본부를 구성했으나 총리의 현지 상주 여부를 놓고 혼선을 빚기도 했습니다.

대통령과 총리가 하루 만에 사고 현지까지 내려가는 등 총력을 다해 수습에 나섰지만 국민들에게는 어딘가 어수선하게 느껴졌습니다. 박근혜 대통령의 구조 독려에 따라 여러 부처에서 많은 인력과 장비를 동원했지만 지휘 체계가 불분명해 우왕좌왕하는 모습이었습니다. 그저 이른바 박근혜 대통령을 칭송하기에 급급한 관료집단의 무능함은 '박비어천가'라고 불릴 정도로 대통령의 지시만 따르는 수동적인 자세로 일관하였습니다. 그러다 보니 자기주도적인 자세의 적극적 일처리와 협조 시스템이 갖춰지지 않았습니다. 그저 자신이 주도할 때 자칫 문제를 떠안게 될 것을 우려해서 그런지 서로 떠넘기기에 급급하였습니다. 이러는 사이 사태 수습은 그 방향을 잡지 못하여 유가족과 온 국민의 애간장을 태웠습니다. 결국 대통령이 국민 앞에 사과하기에 이르렀습니다. 그럼에도 유가족과 국민이 믿을 곳은 정부밖에 없습니다.

이번 세월호 참사는 희생자 가족은 물론이고 우리 모두에게 깊은 슬픔과 참담함을 안겨준 안타까운 사고였습니다. 세월호 참사는 사건 자체의 위기와 함께 '대처와 관리로서의 위기관리 부실'이라는 위기가 겹쳤습니다. 선장이 선장으로서의 기본적인 역할과 책임을 다하지 못할 때 이미 일어난 위기 말고도 얼마나 더 큰 위기를 불러올 수 있는지를 보여주었습니다. 또한 우리 정부의 위기관리 능력이 얼마나 부족한지를 전 세계에 보여준 부끄럽고 답답한 상황이 전개되었습니다.

세월호 침몰 참사慘事를 보면서 국민들은 더없는 슬픔과 실의에 빠졌습니다. 실로 어처구니없는 대재앙 앞에서 하나같이 참담한 자기상실감과 정신적 공황恐慌에서 헤어나지를 못하였습니다. 그리고 특히, 이번 참사의 배경과 수습 과정을 통해 드러난 전반적인 국가 기능의 부실과 무능, 무책임, 그리고 뿌리 깊은 사회의 비리와 비도덕적 현상들은 급기야 이제 더 이상 "이대로는 안 된다"는 통렬한 자기반성과 함께 근본적인 국가개조를 요구하는 목소리로 온 나라가 무겁게 들끓었습니다.

이번 세월호의 참사를 보면서, 1807년 나폴레옹과의 전쟁에서 패敗한 조국 독일을 향하여 '독일국민에게 고告함'이라는 제목으로 피를 토하던 철학자 피히테Johann Fichte의 말을 새삼스럽게 떠올려 봅니다.

그는 독일이 패망한 근본원인은 '독일의 군대가 약해서가 아니라, 도덕과 정의가 실종된 독일 사회의 끝없는 이기利己와 모순' 때문이라고 갈파하였습니다. 그리고 특히, '당시 사회지도층의 비도덕적 의식과 사리사욕을 위한 행동이 나라를 망친 주범'이라고 지적하고, 이를 극복하려면 무엇보다도 '새로운 인간개조를 위한 국민교육의 재건과 도덕의 재무장이 급선무'라고 역설하면서 '도덕적 무장과 교육을 통해 새로운 국가혼國家魂을 길러야 한다.'고 호소하였습니다. 그리고 "내일로 미루지 말고 지금 당장 실천하자!"라고 외쳤습니다.

세월호의 참사는 '우리 모두의 침몰'입니다. 그 가공할 현장을 통해 우리에게 많은 각성과 반성을 하게 해 주었습니다. 근거 없는 자만과 허황한 자기 과신으로 불확실하고 불안정한 현실 인식의 늪에 빠져 있었던 우리들 자신의 실체와 실상을 똑바로 돌아보게 해 주었습니다. 그리고 이제부터라도 그러한 우리의 현실을 무작정 경멸하고 스스로에 대한 부정적 관념이나 교훈 따위에만 머물러 있을 수는 없습니다.

이제, 우리는 모두 다시금 새롭게 태어나야 합니다. 무릇 시련이 크면 클수록 더 대단한 민족적 의식과 각성으로 다시 일어섰던 우리입니다. 다시금 정신을 가다듬어 무엇이 오늘의 아픈 현실을 딛고 일어서서 내일을 향해 달려 나갈 수 있는 길인지를 진지하고 진솔하게 바라보아야 합니다.

누가 뭐래도 지금 우리가 가야 할 길은 새로운 정신과 도덕으로 다시 태어나는 것뿐입니다. 지금 우리가 해야 할 일은 똑바로 스스로의 자아를 바라보고 새롭게 태어나 진정한 참인간사회를 만들어 가는 것입니다. 그것 말고는 이 난국을 헤쳐 나갈 길이 보이지 않습니다.

우리는 누구나 자신이 지성인이요 바르고 정직한 양식인良識人이기를 바랍니다. 그리고 모든 일은 원칙에 대한 가치와 소신, 뚜렷한 목표와 신념이 있는 한 반드시 이루어집니다. 이제 우리는 최소한의 도덕적 기준과 원칙에 충실하여야 합니다. 원칙과 진정성이 없는 일시적인 꼼수는 안 됩니다. 이제 우리는 예전과는 확연히 달라져야 합니다. 그리고 각자가 달라진 사회 구조와 의식 세계에 걸맞은 자기 역할을 다해야 합니다. 원칙과 상식이 통하는 건강한 사회를 위해 기본

을 다시 세우고, 평범한 진리와 양식의 바탕을 충실하게 다져 나가야
합니다.

지금 이대로는 안 됩니다. 지금 우리에게는 새로운 이상과 정의를
존중하고 실현하는 열린 개척자의 길만이 있을 뿐입니다. 근거가 빈
약한 자기우월주의나 지나친 자기중심주의적 이기利己는 반지성적 기
회주의자는 될지언정 진정한 자아와 사회정의를 세우고 완성해 나가
는 참 인간형의 길과는 거리가 멉니다. 지금이야말로 새로운 도덕과
국민교육으로 흐려진 사회와 국가의 혼을 새롭게 다시 세우는 의식
개혁의 큰 빛을 더욱 밝게 밝혀야 할 때입니다.

역사는 반복된다는 말이 있습니다. 지나온 역사 속에서 잊어야 할
것과 끝까지 잊어서는 안 될 것이 있습니다. 이번 세월호 참사의 경
우에도 잊어야 할 요소들이 있습니다. 모두의 삶을 좀먹어가는 파괴
적인 절망감과 울분과 상처는 털어버리고 봉합해가야만 할 것입니
다. 그러나 이 사건을 통하여 결코 잊어서는 안 될 요소들이 있습니
다. 그동안 소홀히 여겼던 사회 전 분야에서의 기본적인 안전 시스템
과 여전히 만연해 있는 부정부패 요소들에 대해서는 결코 잊지 않고
계속 점검하고 개혁해가야 합니다.

이런 위기 상황에 일사분란하게 너와 내 일이 따로 없이 대처해 나
가는 능력이 아쉽습니다. 부디 책임지는 공직자들의 모습, 어른다운
모습들을 보여주길 바랍니다. 그래야 우리 아이들에게 우리나라는
살기 좋은 나라라고, 이기심을 버리고 서로 돕고 살아야 한다고 가르
칠 수 있을 것 같습니다.

세월호 참사에 따른 지도자 윤리

종교학자 엘리아데는 종교적 인간으로서의 삶의 모습을 일상과 탈일상으로 분석했습니다. 반복되는 평범한 일상 속에서 종교적 체험과 같은 특별한 의미와 영향력을 가진 이른바 탈일상의 경험들을 통과하고 난 다음에는 이전과는 다른 삶의 방식을 추구하게 된다는 설명입니다. 그런 의미에서 이번 사건은 온 국민들이 다 함께 겪고 있는 탈일상적인 사건입니다.

개인이든 공동체든 의미 있는 변화를 이루기 위해서는 크게 다음과 같은 세 가지 단계를 거쳐야 합니다. 첫째, 이전 것과의 결별 단계 ending stage, 둘째, 변화를 위한 중간 지대 단계neutral zone stage, 셋째, 새로운 출발 단계new start stage입니다. 변화를 위한 이 세 단계의 과정에서 가장 고통스럽고 힘든 단계가 소위 중간 지대의 단계입니다. 이 중간지대는 마치 이스라엘 백성들이 애굽에서 탈출하여 홍해 바다를 건넘으로 시작되는 광야의 단계와 같습니다. 이 단계의 시기는 대개 아픔, 분노, 무의미, 절망감, 고독, 방황 등의 수많은 내면적 시험과 유혹이 따르는 단계입니다. 이런 차원에서 본다면 유가족들을 포함하여 온 국민들이 중간 지대로서의 광야를 통과하고 있는 셈입니다.

개인이나 공동체가 고통의 경험이 많고 역사가 길다고 해서 꼭 성숙해지는 것은 아닙니다. 하늘이 무너지는 듯한 절망과 아픔을 이기고 희망과 성숙을 향하여 전진하는 경우가 있는가 하면 그 무게에 짓눌려 고난과 시간을 낭비하여 굴복하고 마는 경우도 있기 때문입니다.

문화인류학자들의 연구에 의하면, 원시 부족들에게서 행해지는 대부분의 성인식에 포함되는 통과 의례의 주제는 '고통'입니다. 인간은 고통을 통하여 성숙해지고 어른이 된다는 의미가 숨어 있습니다. 바라건대 일어나서는 안 되었을 이번 국가적인 아픔의 사건이 우리나라가 더욱 성숙해지는 밑거름으로 승화될 수 있어야 합니다.

세월호 선장은 선장의 가장 기본적인 책무인 승객 구조는 하지 않고 자신이 승객보다 먼저 구조를 받는 직무유기와 도덕불감증의 모습을 보여주었습니다. 중앙재해대책본부는 세월호에 탑승한 인원조차 제대로 파악하지 못하고, 실종·사망자 수를 수차례 번복했고, 고질적인 부처 간 소통되지 않는 칸막이 행정은 국가 재난 상황에서도 나타났습니다.

이와 같이 위기관리체계의 총체적 부실은 현실적인 재난과 더불어 온 국민의 심리적 재난으로 확산되었습니다. 세월호는 위기관리자들의 초기대응 미숙으로 골든타임을 놓쳐 엄청난 재앙을 가져왔습니다. 더구나 눈앞에서 자녀와 가족이 탄 배가 서서히 가라앉는 모습을 지켜보고 있어야 했던 사람들의 마음은 너무나 참담해서 그 어떤 말로도 다 표현하기 어렵습니다.

위기관리자는 평소에 충분히 훈련되어 있어야 하고, 현장을 실질적으로 장악하고 있어야 합니다. 또한 특별한 사명감과 책임감으로 무장되어 있어야 하고, 모두에게 신뢰받으면서 실제로 상황을 지휘

해야 합니다.

규모의 차이는 있지만 우리도 누구나 지도자가 될 수 있고, 현실적으로 지도자 노릇을 하고 있습니다. 조직에 들어가면 시간이 흐름에 따라 후배가 들어오고 상급자가 되면서 지도자가 됩니다. 세월호 참사는 희생하지 않는 리더, 어리석은 지도자로 인해 피해가 훨씬 더 커졌습니다. 위기 상황을 맞았을 때 지도자의 역할을 제대로 하려면 어떻게 해야 될까요?

첫째, 지도자는 평소에 신뢰받는 사람이어야 영향력을 발휘할 수 있습니다. 위기 시에는 중앙 통제와 집중화가 중요합니다. 평소에 신뢰받지 못하는 사람이라면 위기 시에도 통제를 하기 쉽지 않을 것입니다. 강한 신뢰를 바탕으로 자기의 책임과 상호 책임을 체크해서 빠른 시간 내에 적절한 역할분담을 해야 합니다.

둘째, 지도자는 자기의 역할과 책임을 분명히 숙지하고 그 일을 완수하기 위해 자기희생도 감수해야 합니다. 목숨을 바치라는 것이 아니라 그 상황에서 할 수 있는 한 최선을 다해야 합니다. 지도자가 자기희생을 감수할 자세가 되어 있다면 극단적인 상황은 피할 수 있고 피해도 줄일 수 있을 것입니다.

셋째, 지도자는 언제나 미리 준비되어 있어야 합니다. 응급 상황에 대한 매뉴얼을 항상 숙지하고, 상황 발생 시 자신의 역할과 책임을 수행할 마음의 준비와 그 역할이 저절로 될 때까지 미리 훈련을 해두어야 됩니다. 세월호 참사에서 보듯이 미리 준비되지 않은 지도자가 위기 상황에서 얼마나 더 큰 위기를 만드는지 알 수 있습니다.

세월호 침몰은 위기 상황이고, 온 국민이 마음과 힘을 모아 이 위기를 극복해 나가야 합니다. 그러나 이 위기 상황에 대처하는 중앙재해대책본부의 답답함은 선장을 잃은 세월호처럼 위태로워 보였습니다. 대한민국이라는 배가 위태롭지 않으려면 책임감이 강하고 충분히 준비된 선장을 선택해야 하고, 선거는 그 선택의 가장 확실한 방법입니다. 그러므로 선거에서 고질적인 혈연, 학연, 지연의 구태에서 벗어나야 합니다.

또한 신뢰를 쌓아가는, 책임지는 사회를 만들어 가야 합니다. 절체절명의 위기 상황에서 무책임한 선장은 수많은 생명을 놔둔 채 자신의 목숨을 구하고자 먼저 퇴선했습니다. 반면, 세월호 침몰 당시 승객들의 탈출을 끝까지 돕던 여승무원 박지영 씨와 학생들의 생명을 구하고자 자신의 생명을 바친 선생님들처럼 의로운 희생자들도 있었습니다. 이 모두가 우리 사회의 단면을 보여주고 있습니다.

국가의 절대적 위기 상황에서 국민들은 정치지도자 및 사회지도자들을 얼마나 신뢰할 수 있을까요? 1232년 고려 무신지배기에 대대적인 몽골군의 침입에 당시 국정지배자였던 최우는 백성들과 도읍지인 개경을 버리고 강화도로 도망쳤습니다. 왜군의 침입에 미리 대비하지 않았던 선조 임금은 1592년 임진왜란이 일어나자 속수무책으로 왜국에 당하며 당시의 도읍지 한양과 백성들을 버리고 의주까지 피신하였습니다. 6·25전쟁이 발발하자 서울을 끝까지 사수하겠다던 이승만 대통령과 정치지도자들은 서울 시민을 남겨둔 채 몰래 도망쳐 버렸습니다. 1975년 월남이 패망하자 당시 한국대사는 본국에 교민들이 무사 귀환했다고 거짓 보고를 한 뒤 몰래 가족들과 함께 군함을 타고 철수했습니다. 세월호의 선장은 "움직이지 말고 자리를 지키라"고 안내방송을 한 뒤 책임질 위치에 있던 직원들과 함께 먼저 탈출하여 수많은 승객을 어려움에 빠지게 하였습니다.

자신의 위치가 얼마나 중요한지 모르는 사람은 위기의 순간에 자신만을 챙기게 됩니다. 지도자는 그의 위치가 얼마나 중요한지를 깨닫고 늘 깨어서 책임을 다하며 자신의 목숨까지 다 주겠다는 각오를 매순간 다짐하면서 살아야 합니다. 지도자는 이런 믿음을 주어야 합니다.

책임지는 성실한 지도자, 책임지기 위한 부단한 노력과 실천만이 지도자의 신뢰를 회복하는 길입니다. 위기 상황에서 지도자의 생명을 담보로 한 책임 있는 대처와 관리 능력이 필요한 때입니다. 신뢰받는 지도자가 필요한 때입니다. 지도자는 지식과 열정을 갖추고 있는 것만으로는 안 됩니다. 성품이 온전하지 못하면 많은 문제를 일으키고 맙니다. 지도자가 되기 이전에 먼저 사람이 되어야 합니다. 나보다 남을 높게 여기고 협력하는 바른 인성을 지닌 사람이 되어야 합니다. 이것이야말로 지도자가 갖추어야 할 가장 기본적인 자질이요, 핵심 가치입니다.

지도자는 중요한 사람입니다. 왜냐하면 지도자 한 사람에 의해 미치는 영향이 엄청나게 크기 때문입니다. 이러한 현상은 작게는 한 가정에서부터 크게는 한 국가와 전 세계에도 마찬가지로 나타납니다. "군주는 아첨꾼에 둘러싸여서는 안 된다." 니콜로 마키아벨리가 『군주론』에서 강조한 말입니다. 지도자가 아첨꾼에 둘러싸이는 책임의 80% 정도는 본인에게 있습니다. 군주가 화를 버럭 내는 순간, 모두 '아첨 모드'가 되는 것은 동서고금을 통틀어 불변의 진리입니다. 그래서 지도자는 누구보다 잘 질문하고 잘 경청해야 합니다. 상사의 말을 앵무새처럼 따라하는 사람만 모여서는 아무리 궁리해도 무익합니다.

그러나 대부분의 사람들은 자신에게 보이는 대로만 세상을 보고 판단합니다. 독일철학자 프리드리히 니체가 주장한 '관점주의perspectivism' 가 그렇습니다. 지도자는 자신의 지지자와 반대자를 모두 안고 가야 합니다. 진짜 지도자다운 지도자라면 상대방과의 몰이해, 반목이라는 악순환의 고리부터 끊어야 합니다. 자신의 관점에서만 세상을 재단하는 상대주의적 한계를 뛰어넘어 오랜 천성을 버려야 합니다.

"마음의 문은 안에서만 밖으로 열리게 되어 있다"는 헤겔의 말은 지도자가 먼저 마음의 문을 열어야 한다는 가르침입니다. "아흔 아홉 명의 찬성과 한 명의 반대가 있을 때, 한 명의 목소리를 반드시 들어라"라고 한 영국의 철학자 존 스튜어드 밀은 『자유론』에서 이렇게 밝혔습니다. "만약 한 명의 의견이 진리로 판명나면, 우리는 진리를 들을 기회를 영원히 놓치기 때문이다" 반대로 오류로 판명나면, 우리 의견이 옳다는 것을 재확인하는 좋은 기회가 될 수 있습니다. 회의 결과가 만장일치로 확인되는 순간이 가장 위험하다고 밀은 말했습니다. 다른 식으로 생각할 여지가 완전히 사라지기 때문입니다. 이는 보트 안에서 한편으로 몰려 있는 것과 같은 아찔한 상황이기 때문입니다.

동일한 신념을 가진 것은 팀워크 측면에서는 매우 긴요하지만 의견이 도출되는 과정만큼은 자유롭고 다양해야 합니다.

최근 한국 교회의 많은 문제들 중에 하나도 한국 교회 지도자들의 리더십 문제입니다. 특별히 많은 사람들에게 영향력을 끼칠 수 있는 지도자들의 경우에는 더욱 그 문제의 심각성이 큽니다. 작금에 한국 기독교총연합회나 각 교단과 대형교회 지도자들이 한국 교회의 전도의 문을 가로막고 있는 이유는 한 마디로 지도자들이 존경받지 못하고 있기 때문입니다. 지도력 곧 리더십은 자리가 아닙니다. 진정한 리더십은 영향력입니다. 존 헤가이는 지도자의 의도적인 영향을 강조하기 위해 리더십을 하나의 훈련으로 보고 이렇게 정의 내렸습니다.

"리더십이란 어느 그룹에서 그 그룹의 실제적 필요를 채우기 위한 건전한 목표를 향하여 그 그룹이 나아갈 수 있도록 특별한 영향력을 의도적으로 행사하는 훈련입니다."

많은 사람들이 지도자의 자리를 탐하여 수단과 방법을 가리지 않고 그 자리를 차지합니다. 그러나 자리는 가지고 있어도 존경받지 못하고 선한 영향력을 끼치지 못한다면 그 지도자는 더 이상 지도자로서의 역할을 수행할 수 없게 될 것입니다.

그렇다면 존경받는 지도자는 어떤 사람일까요? 첫째로 존경받는 지도자는 책임질 줄 아는 사람입니다. 자리에 대한 책임을 질 줄 아는 지도자가 존경을 받을 수 있습니다. 자리값, 이름값을 할 수 있는 지도자가 존경을 받습니다. 자리만 차지하고 있는 지도자는 존경을 받기는커녕 비난과 손가락질을 받을 것입니다. 자신이 맡은 자리에서 자신이 해야 할 일을 바르고 선하게 잘 수행할 때 존경을 받을 것입니다. 그리고 지도자는 무엇보다도 자신이 한 말에 책임을 질 줄 알아야 합니다. 스스로 한 말에 대한 책임을 질 줄 알아야 존경을 받을 수 있습니다. 말만 하고 책임을 지지 않는 지도자는 존경받지 못합니다. 더욱이 그 말을 수많은 사람들 앞에서 했을 경우에는 더욱더 책임을 크게 져야 합니다. 왜냐하면 그 말이 수많은 사람들과 한 약속의 성격을 띠기 때문입니다.

둘째로 존경받는 지도자는 섬기는 사람입니다. 겸손하게 섬기기 위해서 지도자가 되어야 합니다. 임의로 어떤 일을 주관하고 권세를 부리기 위해서 지도자가 되어서는 안 됩니다. 설혹 처음에는 섬기기 위해서 지도자로 출마했다 할지라도 실제로 지도자의 자리에 앉고 나서는 날마다 순간마다 자신을 냉철하게 성찰해야 합니다. 말이나 행동이 정말 섬기는 삶을 실천하고 있는 가를 점검해야 합니다. 그렇지 않으면 지도자의 자리에 앉고 나서 군림하는 지도자가 되기 쉽습니다. 만일 지도자들이 섬기는 지도자가 되지 못하고 사람들 위에서 군림하고 권세를 부리다가는 극악한 독재자들과 같이 악한 지도자가 되고 말 것입니다.

섬기는 지도자는 다른 사람들의 말에 겸허하게 귀를 기울입니다. 자기주장만 내세우는 사람이 아니라 아랫사람이나 동료들, 주위의 모든 사람들의 말에 귀를 기울이고 그들의 말을 존중하여 경청하며 소통하는 자세로 지도력을 구사합니다.

이렇게 섬기는 지도자가 되기 위해서는 자신을 희생하는 자세를 가져야 합니다. 다른 사람을 섬기기 위해 자신을 희생하는 지도자는 때로는 자기주장을 철회하기도 하고 다른 사람들의 의견을 따르기도 합니다. 지도자의 자리에 앉아서 사리사욕만 챙기려는 지도자는 더 이상 존경받지 못합니다. 희생하며 섬기는 지도자만이 진정한 존경을 받게 됩니다.

"재난이 일어나고 모든 희망이 사라졌을 때 무릎을 꿇고 리더십의 상징인 어니스트 섀클턴Ernest Shackleton의 리더십을 달라고 기도하라"라고 에베레스트를 처음 정복한 에드먼드 힐러리 경이 말했습니다. 1909년 영국과 캐나다에서 두 개 팀의 남극탐험대가 탐험 길에 올랐습니다. 항해 중 두 팀 모두 갑자기 얼어버린 바다에서 배가 꼼짝 못하게 됐을 때 사방이 얼음으로 뒤덮인 남극의 살인적인 추위 속에 식량과 연료는 떨어져가고 교신도 불가능한 상황이 됐습니다. 두 팀의 운명이 갈렸습니다. 칼럭호에 타고 있던 캐나다 탐험대는 수개월 만에 11명이 죽는 비극을 당했습니다. 그들은 조난이 길어지자 자기들끼리 식량과 연료를 놓고 싸우다 도둑질까지 하는 일상을 되풀이하며 서로를 적으로 만들어 갔습니다. 반면 섀클턴이 이끄는 인듀어런스호의 영국탐험대는 무려 637일이라는 조난기간에 단 한명의 사망자도 없이 승무원 27명 전원이 구조되는 기적을 이루어 냈습니다. 두 탐험대의 운명이 엇갈린 것은 바로 리더십 문제였습니다.

인듀어런스호에는 탁월한 리더 어니스트 새클턴이 있었습니다. 그는 솔선수범으로 대원을 이끌었습니다. 조난 즉시 선장에게 지급되는 특식을 포기했고 짐을 줄여야 할 때는 가장 먼저 소중한 자기 소지품을 버렸습니다. 구명용 보트 하나에 몸을 싣고 갈 때도, 1,300km 뒤에 쳐진 대원들을 구출하러 갈 때도 그는 맨 앞으로 나갔습니다. 또 낙천성을 잃지 않았습니다. 단합을 강조하고 싶었던 새클턴은 메시지를, 말이 아닌 '상징적 행동'으로 전달했습니다. 어느 날 밤, 새클턴은 팀원들을 한자리에 불러 모은 후 "우리는 한 배를 탄 동지입니다"라고 말하고 손에 든 면도칼로 자신의 머리를 삭발했습니다. 팀 전원은 그 자리에서 함께 삭발에 동참했습니다. 이 일을 통해 팀워크를 다진 일행은 역사에 길이 남을 기록을 함께 쓰게 됐습니다. 세월호 선장이 했던 짓은 반면교사입니다.

세월호 참사를
통해 본
종교와 돈의 관계

　종교인인 저는 세월호 참사에서 주목하게 되는 부분이 있었습니다. 세월호가 소속된 회사가 주식회사 '청해진해운'인데 알고 보니 이 회사의 실제 소유주가 세모의 유병언 회장 일가라고 합니다. 그는 우리 기독교에서 이단으로 규정한 이른바 구원파의 핵심 지도자로 크고 작은 사건으로 사회에 물의를 일으킨 사람입니다. 그와 연관된 사건으로 잘 알려진 것이 1987년 8월 29일 경기도 용인군 남사면 북2리 오대양 용인공장 내 구내식당 천장 위에서 오대양주식회사 대표 박순자 외 31명이 집단 변사체로 발견된 이른바 '오대양 집단 자살 사건'입니다. 이 사건은 당시 사회적 충격이었고 지금까지 회자되는 사건입니다. 숨진 사람들은 대부분 오대양 공장 종업원과 회사 직원들이었고, 사장인 박순자와 그녀의 자녀(2남 1녀)들도 포함되어 있었습니다. 사체들은 잠옷이나 티셔츠에 팬티 차림과 같은 가벼운 옷차림이었고, 이불을 찢은 천이나 옷가지 등으로 손발이 묶여 있었으며, 사체의 일부는 천이나 옷가지로 발목이 서로 묶여 있었습니다. 이러한 형태의 집단 사체에 대해 동반 자살이냐 아니면 누군가에 의한 조직적인 타살이냐에 대한 논란이 있었으나, 경찰과 검찰은 3차례의 수사 결과로 '자의에 의한 집단자·타살'로 결론을 내렸습니다.

오대양 대표 박순자는 자신을 추종하는 신자들을 동원하여 대전 시내 일원에서 거액의 사채를 끌어 모았습니다. 박 씨는 사채를 모집하기 위한 방편으로 1984년 주식회사 오대양과 공영정밀주식회사를 설립하는 한편 학사, 육아원, 양로원 등의 시설을 마련하여 자신을 재력 있는 사회사업가로 가장했습니다. 오대양을 설립한 이래 직원들을 통하여 무제한으로 사채를 끌어들인 결과 1987년 8월경에 이르러서는 총 108억 원 상당의 채무가 누적되었습니다. 박 씨는 원금은 갚지 않고 이자만 지불하고 있다가 돈을 받으러 온 이 모씨 등을 김 씨 등으로 하여금 무차별 집단 구타하게 하여 중상을 입히고 행방을 감춘 상태였습니다. 구타당한 이 모 씨 등의 진정에 따라 경찰은 폭행에 가담한 문 씨 등 11명의 오대양 간부들을 전격 구속하였습니다. 사건 하루 전날, 행방불명된 박순자와 오대양 사원들이 용인작업장에 숨어있다는 제보를 받고 현장에 출동한 경찰은 부녀자 사원과 어린아이 49명을 발견하고 이들을 가족에게 인계하거나 대전시립아동보호소로 보냈습니다. 그러나 박순자의 행방을 찾지 못하던 중 오대양공장 여공원이 숙소 천장이 내려앉아 있음을 이상히 여겨 박순자의 남편에게 알렸고 그 일행이 올라가 봤더니 32명의 사체가 상기한 바와 같은 형태로 엉키어 있음을 발견했습니다. 이 사건을 수사한 경찰은 교주 박순자가 무리하게 교세를 확장시키는 과정에서 발생한 집단 자살극으로 추정·인정하였습니다. 그러나 타살가능성이 제기되는 등 이 사건을 둘러싸고 여러 의혹과 잡음이 끊이지 않았습니다. 박순자가 집단 자살이라는 극단적인 참사를 벌인 것은 결국 무리한 돈벌이 욕심에 기인한 결과였습니다. 종교 지도자인 사람이 돈벌이에 집중하면서 신자들의 헌금과 노동력을 착취하였습니다. 그것을 하나님의 뜻이라고 규정하고 이를 당연시하면서 신자들의 삶을 피폐하게 만들었습니다. 이렇게 자신을 따르는 신자들의 인권을 유린하고 생존권을 묵살하고 결국 집단 자살로 이끈 죄의 결과는 참혹하였습니다.

세월호 사건을 오대양 사건과 연관시키는 이유는 종교 기관의 돈벌이가 빚어낸 참사라는 공통점이 있기 때문입니다. 유병언 회장은 40년 친구를 내세워 청해진해운 등 계열사로부터 온갖 탈법과 편법으로 1천억 원대의 자금을 빼돌렸습니다. 그리고 인명과 안전을 무시한 탐욕적 경영으로 선박의 복원성을 위협할 정도로 화물을 과적하고 선실을 증축함으로써 세월호 침몰의 결정적 원인을 제공한 혐의로 검찰의 수사를 받고 있습니다. 세월호 사건은 종교 지도자인 기업인이 보여준 탐욕과 불법, 불의가 보여준 참극이었습니다.

기독교계에선 핵심인물인 유병언 회장의 구원파와 기독교는 무관하며 진작부터 이들을 이단으로 규정하였다고 강조합니다. 다행히 언론 보도에서도 구원파와 기독교를 연관 짓지는 않습니다. 그러니 이번 참사에서 우리의 기독교는 아무런 잘못이 없다고 말합니다.

하지만 문득 이런 생각이 들었습니다. 과연 우리는 아무런 책임이 없는 걸까요? 우리는 구원파나 오대양과 같은 사악한 종교가 아니라고 당당하게 말할 수 있을까요? 이 모습을 보면서 구약성경 창세기에 나오는 인간의 죄악이 생각났습니다. 잘 알려진 이야기처럼 인간은 선악을 알게 하는 나무 열매를 금하신 하나님의 명령을 어기는 죄를 범하고 말았습니다. 그 이유는 욕심 때문이었습니다. 하나님이 제공해 주신 최고의 낙원인 에덴동산에서 사는 것에 만족하지 못하고 그 이상을 욕심냈습니다. 하나님처럼 된다는 유혹에 그만 하나님의 명령을 위반하였습니다. 하나님께서는 아담과 하와를 찾으셨습니다. 이들은 숨고자 하였고, 하나님의 명령을 위반한 이유를 물으심에 반성이나 뉘우침이 아니라 하나님을 향해 항변하였습니다. 이는 그야말로 적반하장賊反荷杖이었습니다. 잘못의 책임에 대한 아담의 말입니다. 창세기 3장 12절입니다.

아담이 말했습니다. '하나님께서 함께하라고 제게 주신 그 여자가 그 나무 열매를 제게 주어서 제가 먹었습니다.'

하와도 비슷한 말을 합니다.

여호와 하나님께서 그 여자에게 말씀하셨습니다. '네가 어째서 이런 일을 저질렀느냐?' 여자가 말했습니다. '뱀이 저를 꾀어서 제가 먹었습니다.'

이 말들은 결국 자신은 잘못이 없다는 것이고 그 책임은 자신보다 낮은 존재인 다른 대상에게 떠넘기는 것입니다. 그리고 자신을 유혹한 존재를 만드신 하나님의 책임을 말하는 것도 되니 자신의 책임이 아니라 하나님의 책임으로, 벌을 내리시지 말아야 한다는 의미도 있습니다. 이런 태도를 보시고 하나님은 이들에게 징벌을 내리셨습니다. 이것이 이른바 인간의 원죄原罪입니다. 이처럼 가진 것보다 더 가지려 하고 더 높아지려 하고 자기만 생각하면서 책임을 떠넘기는 모습이 바로 인간의 모습인가 싶습니다.

한번 곱씹어 볼 일은 세월호 참사 이야기가 정말 우리와는 무관한가 하는 물음입니다. 언론 보도를 보니 세월호가 소속된 청해진 해운 등의 직원들의 상당수가 구원파 신자들이라고 합니다. 그래서 그런지 세월호나 청해진해운 관계자가 보여주는 무책임하고 자기본위적인 모습이 구원파 교리와 무관치 않다고도 합니다. 이들 교리 중 하나가 바로 구원받았으면, 이는 완전무결한 구원으로 그 어떤 인간의 행위가 필요한 것이 아니라는 것이기에 신자들의 윤리적인 삶이 강조되지 않는다고 합니다. 이것이 원인 중 하나인지 구원파가 보여주는 모습은 신앙인답지 않은 모습들이었습니다. 그러니 이단이고 우리 정통 기독교가 아니라는 말입니다. 그런데 정말 그럴까요? 그렇다면 우리 기독교의 가르침은 믿음을 넘어서는 성결, 사랑의 실천이 제대로 강조되고 실천되고 있는 건지요?

오늘날 우리나라 종교 중 아마 기독교 목사들의 학력과 설교 역량이 그 어떤 종교보다 높을 것입니다. 이른바 석사학위는 기본이고 박사학위 소지자들도 많습니다. 이를 자랑이라도 하듯 설교단에서 박사학위 가운을 입고 설교하기도 합니다. 그리고 교회 주보 등에 박사라는 것을 화려한 경력으로 선명하게 새깁니다. 그리고 수사학을 배워서 그런가 어찌나 설교를 잘하는 지 주일 낮과 밤은 물론 수요예배, 금요철야기도회, 매일 새벽기도회 설교까지 척척 해냅니다. 인터넷에서 웬만한 교회 홈페이지를 검색하면 수많은 설교 동영상을 시청할 수 있습니다.

이처럼 탁월한 설교를 들어서 그런지 교인들도 말을 참 잘합니다. 어디를 가나 말을 잘하는 사람들이 기독교인들입니다. 그런데 안타깝게도 오늘날 많은 비기독교인들이 우리 기독교를 향해서 "말만 살아서 물에 빠지면 입만 동동 뜰 것이다."라고 말합니다. 그렇습니다. 우리가 구원파를 향해 이단이라고 하는데 그들은 지금도 자신들을 이단이라고 여기지 않습니다. 구원파의 공식 명칭은 '기독교복음침례회'로 정통 교단인 '기독교한국침례회'와 비슷한 이름입니다. 또한 이들이 사용하는 용어도 우리와 같습니다. 이들의 대표 모임체가 삼각지에 소재한 '서울교회'이고 이들의 종교 지도자도 우리와 같은 '목사'이고 그 외의 용어들도 우리와 같습니다. 물론 이것은 이들이 정통 기독교를 가장하려는 의도도 있겠지만 굳이 이들이 우리와 다르지 않다고 보는 것은 어쩌면 우리의 모습을 보니 이들이 자신들만이 이단이요, 사교邪敎가 아님을 알기 때문은 아닐는지요? 비기독교인들은 우리가 이단으로 규정한 이들만이 아니라 우리에게서도 사랑 결여, 자기들 위주의 폐쇄성과 배타성, 비민주적인 운영 등의 모습을 쉽게 찾아냅니다.

또한 종교 기관 중 돈과 연관된 단체가 이들 만인가 하는 문제도 있습니다. 잘 알려진 것처럼 우리 기독교계는 이른바 선교, 복지라는 명목으로 운영하는 기관들이 많습니다. 또한 잘 벌어서 좋은 일을 한다는 취지로 운영하는 기업들도 많습니다. 그런데 이들 기관들이 타의 본이 되는 운영으로 종교의 사회적 기능을 잘 수행하면 좋으련만 그렇지 않은 모습이 비춰지면서 사회에 물의를 일으키기도 하였습니다. 우리 기독교 단체나 교회 지도자들 또한 이 문제에서 자유롭지 못한 것이 사실입니다.

미국에서 유명한 복음주의 설교가 존 파이퍼 목사가 "조용기 목사가 그리스도를 욕되게 했다."고 비난한 적이 있습니다. 서울중앙지방법원 형사23부는 2월 20일 '아이서비스' 주식 고가 매매로 여의도순복음교회(이하 교회)에 131억 원의 손실을 끼치고 35억 원의 세금을 포탈한 혐의로 불구속 기소된 조용기 원로목사에 대해 징역 3년에 집행유예 5년을 선고하고, 벌금 50억 원을 부과했습니다. 배임 공모 혐의로 기소된 장남 조희준 전 국민일보 회장에 대해서는 징역 3년을 선고하고 '도주 우려가 있다'며 법정 구속했습니다. 그는 지난 2014년 4월 5

일 자신의 팟캐스트 '존 목사에게 물어 보세요'에서 세계에서 가장 큰 오순절교회 설립자인 조용기 목사가 1,200만 달러(약 131억 원)를 횡령한 혐의로 유죄를 선고받은 사실에 대한 질문을 받았습니다. 그는 이 방송에서 "그리스도를 공공적으로 욕되게 함과, 그 분의 말씀과 그 분의 복음, 또 그 분의 교회를 욕되게 하는 것은 나를 매우 화나고 슬프게 한다"라고 직접적으로 비난했습니다. 이는 미국 최대의 웹 커뮤니티 사이트인 '토픽스topix'가 그의 팟캐스트 방송을 기사화 한 〈크리스천 포스트〉와 〈프리리퍼블릭〉의 기사를 링크해 관심을 끌었습니다.

크리스천 포스트는 "한국에 위치한, 세계에서 가장 큰 오순절교회 설립자인 조용기 목사가 1,200만 달러 횡령죄로 유죄를 선고받은 사실을 언급한 인기 있는 목회자 존 파이퍼가 최근 메시지에서 미국에 있는 '돈을 사랑할지도 모르는' 목사들에게 경고를 보냈다"라고 전했습니다. 뉴스 프로는 "조 목사의 집행유예 및 수백만 달러를 횡령해서 유죄를 받아 명예가 땅에 떨어졌다고 언급하는 등 세계 최대의 교회라 자랑하는 순복음 교회가 전 세계의 조롱거리로 전락했다. 그의 이러한 발언은 국내 보수적인 기독교계에 만만치 않은 충격을 줄 것으로 보인다"라고 했습니다. 여의도 순복음교회의 설립, 원로 목사인 조용기 목사는 지난 2월 배임 등의 혐의로 징역 3년에 집행유예 5년, 50억 원의 벌금형을 선고 받았습니다.

그는 "나는 목사들이 자기 스스로를 끊임없이 돌아보길 권유한다. 나의 바람은 다섯 가지로 나눌 수 있고 목사들이 이 호소를 잘 듣고 우리가 예수님의 이름에 이 같은 치욕을 주어서는 안 된다고 간청한다."라고 말했습니다. 그는 목사들에게 돈의 사악한 유혹을 피할 다섯 가지 메시지를 전했습니다.

▶ 부자가 되거나 부를 축적하려는 생각을 버려라.

▶ 수입이 늘어나기 시작하면 따로 관리자를 두라.

▶ 동료들에게 당신의 수입의 근원을 완전히 공개하라.

▶ 당신의 보물은 땅이 아니라 천국에 있음을 증명할 만큼 검소하게 살아라.

▶ 다수의 장로들이 공동으로 지도하는 구조를 만들라.

그는 "예수께서 부자가 천국에 들어가는 일이 얼마나 어려운지 말씀하셨다. 마음속에 그런 욕망이 보이거든 성령의 검으로 그 욕망을 단칼에 없애버려야 한다."라고 강조했습니다. 그는 보다 많은 부를 축적하는 것을 피하라며 "어떤 목사가 백만 달러의 수입에서 30%를 기부하고 나머지 70%는 사치품 구입을 위해 남겨두는 것은 전혀 감동적이지 않다. 나는 어떤 목사들이 30% 또는 40%를 기부한다고 자랑하는 것을 들었다. 심지어 천만 달러의 수입 중 90%를 기부하고 나머지 백만 달러를 자신이 사용할 몫으로 남겨두는 것도 전혀 감동적이지 않다. 당신은 여느 백만장자들과 다르지 않으면서도 자신이 고귀한 일을 하고 있다고 생각한다."라고 꼬집었습니다.

또한 "돈은 자신도 모르는 사이 타락의 길로 안내한다. 우리는 이것을 수도 없이 보아 왔으니, 교회에서 지급하는 것에 만족하고 기쁨과 현명한 지혜로 나머지는 모두 내려놓으라."라고 말했습니다.

이어 "돈에 대한 비밀은 치명적이다. 이것은 무언가가 옳지 않다는 조짐이니 당신의 사역이 '우리는 하나님의 말씀을 파는 장사꾼이 아니다'는 것을 보여주도록 노력해야 한다."라고 했습니다. 검소하게 살아야 한다며 예를 제시하기도 했습니다. 그는 "굴러가는 차 한 대만 있으면 된다."라며 "두세 달에 한 번씩 고장이 나서 멈추는 차가 아니고 당신이 가야할 곳에 데려다 주는 차로 충분하다. 누추하지 않으면서도 브랜드에 집착하지 않고 평범하고 남의 시선을 끌지 않는 의복이면 충분하다. 당신 가족을 성공적으로 이루어주는 집, 그리고 부자들이 아닌 당신 교회의 평범한 사람들을 위한 사역 목적을 이루어줄 집이면 된다."라고 했습니다. 또한 "나는 그리스도의 이름을 위해 경계하고 있으므로 이런 일들에 방심하지 않는다. 그리스도의 이름이 모독되고 있다고 바울이 말했다……. 하나님의 이름이 당신으로 인해 모독되고 있다. '당신은 우상을 혐오한다고 하며 그의 성전에서 도둑질한다.' 이것은 철두철미한 위선이다……. 돈을 사랑하는 목사들 때문에 오늘날 이런 일이 생기고 있다."라는 말도 하였습니다.

돈의 문제는 조용기 목사만의 문제가 아님은 공공연한 사실입니다. 이른바 대형교회 목사와 장로들의 경우 사회 법정에서 유죄판결을 받고 법정 구속되는 일들도 벌어졌습니다. 이런 일들은 공중파에서도 보도되면서 실시간 검색어에도 올랐습니다. 오늘날 우리 기독교가 사회적으로 신뢰를 얻지 못하는 이유 중 하나도 이처럼 돈과 관련된 문제입니다. 우리 기독교가 그 어떤 곳보다 투명하고 공정함을 보여주어야 하는데 그렇지 못한 것이 사실입니다.

한국의 교회는 우리도 알지 못하는 가운데 '돈과 물질에 대한 탐욕'에 사로잡히게 되었고, '천박한 자본주의적 맘모니즘'에 빠지고 말았습니다. 교회가 '삶'보다 '돈'에 집착하면서 역사상 가장 부패한 모습을 보이고 있습니다. 물신주의 앞에서 신학도 무너져 가고 있습니다. 성경 말씀보다 돈을 추앙하고 현세의 삶과 유리된 내세만을 강조하는 교회가 우리 주변에 너무나 많습니다. 교회를 크게 짓고, 교인들을 모으는 것이 목회의 성공이라고 여기는 생각부터 바뀌어야 합니다. 어떻게 하면 교인들이 세상 속에서 그리스도인 답게 살아갈 것인가, 어떻게 하면 교회가 사회의 신뢰를 회복할 것인가를 고민해야만 '영적 대참사'를 막을 수 있습니다.

물질주의 세계관을 묵인한 교회의 책임은 쉽게 줄어들지 않을 것으로 보입니다. 교회가 사회의 질서를 파괴하고 비합법적으로 온갖 인맥과 방법을 동원해 특혜를 받으려고 한다면, 그 일로 안전사고가 일어난다면 어떻게 낯을 들 수 있을지요? 탈법과 부도덕이 은혜로 이해되는 한, 한국 교회 나아가 한국 사회가 변화되기 어려울 것입니다. 예수만 믿으면 무슨 죄를 지어도 천국에 간다는 식의 이신득의, 견인 교리를 잘못 해석하게 되면 이는 구원파의 깨달음 교리와 크게 다르지 않습니다. 부패한 행위와 부도덕한 행위, 물질 만능적 사고방식에 얽매인 사람들의 가치관을 예수님이 행하신 모든 말씀을 따르는 제자로 변화시키고 사회 정의를 세우고 이웃을 사랑하는 일에 나서야 합니다.

세월호 침몰 이야기 중에 생각할 때마다 눈물을 참을 수 없는 부분은 많은 학생들이 "구명복을 입고 움직이지 말고 각자의 자리에서 기다리라"라는 안내방송을 믿고 따랐다는 부분입니다. 고등학교 2학년, 말 안 듣던 아이들이었을 것입니다. 학교에서도 선생님들이 소리를 높여야 했을 테고, 집에서는 부모님들 속도 좀 썩혔을 아이들……. 그런데 그 아이들이 위기 상황을 직감하고는 착하게 어른들의 말을 믿고 따른 것입니다. 정말 위험하구나, 느낀 순간 우리 아이들은 그 나이 또래의 착한 심성으로 돌아가 의심하지 않고 어른들의 말을 따랐습니다. 그리고……. 생각할 때마다 눈물을 참을 수 없는 그 아이들의 마지막입니다.

어른들은 사고 직후에도, 아직까지도 거짓말하고, 서로 감춰주고, 책임을 떠밀고, 누구를 희생양으로 삼아야 하나를 가지고 시끄러웠습니다. 우리나라에서 일어난 수많은 선박 사고들이 화물 과적으로 일어난 것을 몰랐던 바가 아니거늘 그동안 아무런 조치도 취하지 않았고, 반성하지 않았고, 변화의 노력도 없었습니다. 언제나 패거리를 지어 서로를 보호했고, 금권과 정권이 결합하여 이 지경까지 왔습니다. 그리고 아직도 누가 더 큰 죄인인가를 놓고 싸우는 중입니다. 말 잘 듣고 착했던 우리 아이들이 우리에게 원하는 바를 생각하는 사람은 없는 것 같습니다.

세월호의 참사는 오늘의 한국 교회를 생각하게 합니다. 말 잘 듣는 착한 기독교인들을 향하여 하는 말을 떠올리게 합니다.

"구명복을 입고 그 자리에 가만히 있으라."라는 말은

"내가 하는 설교, 내가 가르치는 성경공부만 접하라, 순종하라, 침묵하라, 금권과 정권에 따르라."와 같습니다.

아무 일도 하지 않고 아무것도 보지 못한 채 침몰하는 한국 교회 안에 그대로 있다가 어떤 일이 일어날지는 너무도 명확합니다. 세월호의 선장은 자격이 없는 이였고, 그마저도 선장이 아닌 자가 조타석에 있었습니다. 한국 교회는 자격 없는 자가 선장인 척하며 지도자랍시고 행세합니다. 한국 교회 안에서 자격이 되는 선장은 침묵하고 있다.

세월호는 화물은 많이 실었는데 정리하지 않고 되는대로 쑤셔 박아 놓은 채 항해했습니다. 한국 교회는 한국 사회가 한국의 기독인들이 해야 할 일들은 많은데 그 일들을 정리하지도 않고 어디에 무슨 문제들이 있는지 상관없이 교회 안과 밖에 쑤셔 박아 놓았습니다. 세월호는 시간을 맞추겠다는 욕심으로 무분별한 방향 전환과 속도위반으로 급하게 달렸습니다.

한국 교회는 목회자 자신의 개인적인 명예와 금전적인 욕심에 의하여 신학과 목회의 방향을 어이없이 바꿔 버렸습니다. 세월호는 참사를 당했습니다. 한국 교회도 참사를 당했고, 당하고 있습니다. 세월호 이후 서로 책임을 떠넘기고 발뺌하기에 정신들이 없었습니다. 한국 교회의 참사에는 누구도 책임지려 하지 않습니다. 아직도 한국 교회라는 침몰하고 있는 큰 배 안에서 욕심들을 채우기에 여념이 없습니다.

희망이 거듭 좌절되면 그 희망은 절망이 되기 쉽습니다. 절망이 거듭되어 쌓인 원망과 분노는 어떻게 분출될지 모르는 일입니다. 인류 역사 가운데 화려했던 로마 문명, 몽골과 같은 대제국도 안으로 불신과 갈등이 일어나고 외부로부터의 위기를 극복할 수 없을 때, 일시에 파멸의 길을 걸었습니다.

이번 사건을 깊이 바라보면서 종교가 돈과 관련되는 문제는 신중에 신중을 기해야 함을 생각해 봅니다. 종교 지도자들은 종교 본연의 일을 하기에도 시간이 없습니다. 모름지기 종교 지도자는 가급적 세속적인 돈과 권력, 명예와는 분명하게 거리를 두어야 한다고 생각합니다. 잠언 22장 1절입니다.

　　많은 재산보다는 명예를 선택하는 것이 더 낫고 은과 금보다는 은
　　총을 받는 것이 더 낫다.

사도행전 6장 1~7절입니다.

　　이 무렵 제자들의 수는 점점 늘어났습니다. 그때 그들 가운데 그리스파 유대 사람들이 히브리파 유대 사람들에 대해 불평이 생겼습니다. 매일 음식을 분배받는 일에서 그리스파 유대 사람 과부들이 빠졌기 때문입니다. 그리하여 열두 사도들은 제자들을 모두 불러 놓고 말했습니다. "우리가 음식을 분배하는 일로 인해 하나님의 말씀 가르치는 사역을 소홀히 여기는 것은 옳지 않습니다. 형제들이여, 여러분 가운데 성

령과 지혜가 충만하다고 알려진 사람 일곱 명을 뽑으십시오. 그러면 이 임무는 그들에게 맡기고 우리는 기도하고 말씀을 가르치는 일에 온 힘을 기울이겠습니다." 모든 사람들이 이 제안을 기쁘게 받아들였습니다. 그들은 믿음과 성령이 충만한 사람 스데반과 빌립, 브로고로, 니가노르, 디몬, 바메나, 유대교로 개종한 안디옥 사람 니골라를 뽑았습니다. 그들은 이 사람들을 사도들 앞에 세웠고 사도들은 그 사람들 머리 위에 손을 얹고 기도했습니다. 이렇게 해서 하나님의 말씀은 계속 널리 퍼져 나갔으며 이로써 예루살렘에 있는 제자들의 수도 많이 늘었고 더욱이 수많은 제사장들도 이 믿음에 순종하게 됐습니다.

초기 교회 사도들은 어려운 사람들을 돕는 구제의 문제에서 돈의 분배 처리에 따른 오해와 실수를 염려하여 스스로를 배제하고 이에 적격자들인 7명을 세웠습니다. 이들이 이 일을 잘 해냄으로서 사도들은 본연의 일에 충실할 수 있었고 구제하는 일, 돈 분배의 일도 전문가들로 인해 잘 진행되었습니다. 성경은 이 일의 결과에 대해 매우 긍정적인 평가를 증언해 주고 있습니다. 하나님의 말씀이 두루 퍼져 나가고 제자들의 수가 늘어나는 결과를 가져왔습니다. 이것이 성경의 증언이고 하나님의 뜻입니다.

손쉽게 돈에 손을 대는 종교 지도자들과 돈에 물든 종교는 종교에 유익을 주는 것이 아니라 해로운 독입니다. 이단이란 말이나 잘못된 종교를 지칭하는 개념이 단순히 교리만의 잘못은 아닌 듯합니다. 종교 본연의 정신을 잃고 돈에 눈이 멀거나 세속적인 욕심에 정신을 잃었다면 이미 그 종교는 정통성을 잃어버렸는지도 모릅니다. 이런 종교는 세상에 빛과 소금이 되기는커녕 사회를 병들게 하고 오염시키는 해악덩어리가 될 것입니다. 오늘 우리의 모습이 이와 같지는 않은지 그럴 가능성은 없는지 깊이 생각해야 할 것입니다. 세월호 참사가 주는 뼈아픈 교훈 중의 하나는 종교가 돈과 세속적 가치를 경계해야 한다는 것입니다. 우리의 모습이 책임지는 어른들로, 나보다 남을, 공동체를, 사회를 섬기는 참된 빛과 소금이기를 바랍니다.

제가 학교에서 가르치는 종교학(생활과 종교) 교과서에는 종교의 기능에 대한 내용이 있습니다. 여기에 분명히 건전한 종교는 마땅히 사회와 함께하면서 사회에 봉사하며 모범이 되는 공동체이어야 함을 명시하였습니다. 또한 청소년과 종교라는 단원에서는 건전한 종교와 그렇지 않은 종교에 대해서 가르치는 단원이 있습니다. 이 단원에서는 청소년들에게 복잡한 교리를 가르쳐서 정통과 이단을 구분하는 것보다 생활적인 측면에서 제시하고 있습니다.

건전한 종교는 상식적으로 사회에 유익을 주고 종교 본연의 기능에 충실하여 뭔가 사회에 엄숙함으로 인식되고, 실생활에서 모범이 되는 종교를 말합니다. 그렇지 않은 종교는 이와 반대로 종교 본연의 일보다는 세속적인 가치에 편승하고 사회에 물의를 일으키는 종교로서 경계해야 합니다. 저는 아이들에게 불량 식품이 몸에 좋지 않으니 먹지 말아야 하는 것처럼 불량 종교는 반드시 경계해야 함을 가르칩니다. 제가 늘 그래온 것처럼 우리 기독교가 건전한 종교임을 당당하게 가르치고 싶습니다. 그러기 위해서 부디 우리 기독교가 우리 사회의 정신문화의 토대를 놓는 고등 종교로서 우리 사회의 방향을 일깨워줄 등대 역할을 해나가기를 간절히 바랍니다.

그래도 의로운
사람들이 있어
감격합니다

우리나라는 이른바 사고 공화국이라고 불릴 정도로 사고가 빈번해서 웬만한 참사는 하루 정도 지나면 잊혀버릴 지경입니다. 세월호 참사는 너무도 어처구니없고 가슴 아픈 희생자들이 많아 온 국민이 아직도 슬픔에 잠겼습니다. 그야말로 우리나라 전체가 하나의 공황에 빠져든 것만 같았습니다. 그로 인해 학교들도 수학여행 취소가 이어지고 있고 거리마다 검은색, 노란색으로 표현된 애도와 구조가 되길 바라는 간절함이 대한민국을 뒤덮었습니다. 연일 이어지는 참사에 대한 소식은 단 한 명의 구조도 이루어지지 못하였고 악천후 속에서 구조작업을 하던 민간인 잠수부 한 명이 사망에 이르렀습니다.

세월호 참사에 대한 수사 과정은 도대체 이게 사실인가 싶을 정도로 어이없고 화가 날 정도입니다. 그깟 돈 몇 푼을 벌려고 이리 저리 부정을 저지르고 안전에 소홀하고, 경제를 활성화시키려고 생명이 걸린 규제를 완화해왔으니 참사는 예정된 결과인 것만 같았습니다. 하도 가슴이 아파서 보도 내용을 보기조차 싫어졌습니다. 매일 보도 내용을 보자니 화만 나고 우울한 마음만 가득해져, 가족과 학교와 교회 일에 소홀해질 것만 같았습니다. 더욱이 제 아이들과 학교와 교회에서 참됨을, 바름을 가르치기가 어려울 것만 같은 생각이 들었습니다. 도대체 뭘 보고 나라를 사랑하면서 충성해야하는 건지, 도덕적으로 살아야 한다고 가르쳐야 하는 건지 모르겠습니다.

어른들의 지시를 잘 따르던 학생들이 대부분 희생되다 보니 참교육의 방향성이 표류하여 침몰할 지경에 이르렀습니다. '어른들을 공경하고, 말씀 잘 들어라' 란 말을 어떻게 가르쳐야 할지 난감한 현실에 차마 입을 뗄 수가 없었습니다.

이번 사건으로 외신外新들은 우리나라의 도덕성이 얼마나 낮은가를 비난하기도 하였습니다. 그 유명한 타이태닉 침몰 사고 당시, 선장과 선원들 그리고 승객들은 참착하게 여자와 어린이들부터 구조되도록 질서를 지키고 자신들은 희생을 감내하였는데 세월호의 경우는 선장과 선박직 선원들이 나부터 살겠다고 배를 버리고 민첩하게 움직여 전원 구조되었다니 어이가 없었습니다.

이처럼 착잡한 마음으로 하루하루 살아가던 제게 한줄기 희망과 기쁨과 의미를 일깨워 주는 이야기들이 들려오기 시작했습니다. 이 이야기들을 접하니 참사를 보면서 정부 탓, 세월호 관계자들 탓으로 화만 내곤해 온 제가 참 부끄러웠습니다. 제 대학 은사님이신 신영복 선생님의 서화집에 실린 '야심성유휘夜深星逾輝'라는 말이 있습니다. 이 말의 뜻은 밤이 깊을수록 별이 더욱 빛난다는 의미로 아무리 힘들고 어둡고 괴로워도 그것이 절망할 이유나, 좌절할 정당한 이유가 되지 않는다는 말로 위로가 되고 사명을 다짐하게 하는 말입니다. 참사를 빚은 세월호 침몰 사고 현장에서 승객들의 생명을 구하기 위해 혼신의 힘을 쏟은 이들의 살신성인殺身成仁이 알려지고 있었습니다.

살아온 과정이 다르고, 하는 일이 다르고, 얼굴 한번 마주친 적 없지만 절체절명의 위기에 빠진 이들을 위해 생명의 위험을 무릅쓴 참다운 영웅들이 있었습니다. 전 국민들이 의로운 죽음을 택한 이들을 애도하면서 영웅들의 고귀한 행동을 칭송하고 있습니다. 목숨이 경각에 달려 있는 순간까지도 학생들에게 구명조끼를 나눠 주며 선내 안내방송을 했던 여승무원 박지영 씨는 위기 상황에서 참다운 승무원의 역할이 무엇인지 분명하게 보여주었습니다. 그녀는 넉넉하지 않은 가정 형편으로 다니던 대학을 휴학하고 봉급도 적고 근무 여건도 안정적이지 않은 세월호 승무원이 되어 성실히 일했습니다.

박지영 씨의 의로운 죽음을 애도하면서 각처에서 유가족에게 성금을 전하는 이야기가 전해지고 있습니다. 그런데 그 어머니의 말씀이 우리를 다시 한 번 감동시키고 있습니다. 서울대 미술대학 동아리 '미크모' 회원들과 음악대학 학생 등은 세월호 희생자 가족들을 돕기 위해 모금 활동을 펼쳐 성금을 모았습니다. 논의 끝에 학생들은 박 씨의 어머니를 찾아갔습니다. 많지 않은 돈이지만 고인의 의로운 삶을 추모하고 가족들을 위로하기 위해서였습니다. 그러나 박 씨의 어머니는 '마음만 받겠다. 형편이 더 어려운 실종자 가족들을 도와 달라'며 성금을 간곡히 사양했습니다. "내 아이가 살아 돌아왔더라도, 같은 상황이 벌어지면 또 학생들을 구하다 죽었을 겁니다. 더 어려운 처지에 있는 환자와 실종자들을 위해 썼으면 합니다. 뜻이 그렇다면 우리 아이 이름으로 성금이 전달됐으면 좋겠네요." 역시 그 딸에 그 어머니이십니다.

침몰 현장에서 승객 20여명을 구하고 마지막으로 탈출한 건축배관 설계사 김홍경 씨의 이야기도 감동적입니다. 김 씨는 선박이 45도로 기울었을 때, 2층 객실에서 뛰쳐나와 누구보다 먼저 안전하게 탈출할 수 있었습니다. 하지만 김 씨는 6~7m 아래에서 발을 구르고 있는 학생들의 애절한 모습이 눈에 밟혀 탈출을 뒤로 미뤘습니다. 자신이 물에 휩쓸리는 일촉즉발의 순간까지 목숨을 내놓고 학생들을 구하였습니다. 또한 선박이 침몰할 당시 부모를 잃고 혼자 있는 권모(5) 어린이를 안고 죽기 살기로 갑판으로 올라간 승객 김 모 씨, 김 씨를 도운 여고생들, 두려움에 떨고 있는 권 양을 친언니처럼 가슴에 품고 구조를 기다린 여고생도 악몽의 현장에 나타난 '수호천사'들이었습니다. 빠른 물살과 흐린 시계視界에도 단 한 명의 생존자라도 더 구조하기 위해 바다 속으로 뛰어든 해경·해군 구조대원들과 민간 잠수부들, 일손을 놓고 침몰 현장으로 달려간 어민들도 오래도록 국민의 기억에 남을 만한 영웅들이었습니다. 이러한 영웅들의 이야기는 절망 속에서 한송이 꽃망울처럼 아름답게 느껴졌습니다. 이들의 모습은 이른바 명문 대학을 나온 정부 관계자들이나 돈벌이에 민첩한 사회지도층들의 무책임하고 자기 본위적인 처신과 대비되어 더욱 빛나 보였습니다.

이들이 있어 그래도 우리나라가 좋은 나라라는 생각도 들었습니다. 성경에 보면 '소돔과 고모라'라는 타락한 도시가 나옵니다. 이 이야기는 기독교계만이 아닌 이들도 알 정도로 유명합니다. 창세기 18장 20~33절입니다.

여호와께서 말씀하셨습니다. "소돔과 고모라에 대한 부르짖음이 크고 그 죄악이 심히 무겁다. 내가 내려가서 그들이 한 짓이 내게 들린 부르짖음과 같은지 그렇지 않은지 살펴보고 알고자 한다." 그 사람들이 그곳을 떠나 소돔을 향해 갔습니다. 그러나 아브라함은 여호와 앞에 그대로 서 있었습니다. 아브라함이 다가서면서 말했습니다. "주께서는 의인을 악인과 함께 쓸어버리시렵니까? 만약 그 성에 의인 50명이 있다면 어떻게 하시겠습니까? 그 성에 의인 50명이 있는데도 그곳을 용서하지 않고 정말 쓸어버리시겠습니까? 의인을 악인과 같이 죽이고 의인을 악인처럼 대하시는 것은 주께는 있을 수 없는 일입니다. 온 세상을 심판하시는 분인 주께서 공정하게 판단하셔야 하지 않겠습니까?"

여호와께서 말씀하셨습니다. "내가 소돔 성에서 의인 50명을 찾으면 그들을 위해 그 온 땅을 용서할 것이다." 아브라함이 대답했습니다. "제가 비록 먼지와 재 같은 존재에 불과하지만 내 주께 감히 말씀드리겠습니다. 만약 의인 50명에서 다섯 사람이 모자란다면 어떻게 하시겠습니까? 그 다섯 사람 때문에 그 성 전체를 멸망시키시겠습니까?"

여호와께서 말씀하셨습니다. "만약 거기에서 45명을 찾으면 내가 멸망시키지 않겠다." 아브라함이 다시 말했습니다. "만약 거기에서 40명만 찾으신다면 어떻게 하시겠습니까?" 여호와께서 말씀하셨습니다. "40명을 위해 내가 그렇게 하지 않겠다." 아브라함이 말했습니다. "내 주여, 노여워하지 마십시오. 제가 말씀드리고자 합니다. 만약 거기에서 30명만 찾으시면 어떻게 하시겠습니까?" 여호와께서 대답하셨습니다. "30명을 찾으면 내가 그렇게 하지 않겠다." 아브라함이 말했습니다. "제가 감히 주께 말씀드리고자 합니다. 만약 20명만 찾으시면 어떻게 하시겠습니까?

여호와께서 말씀하셨습니다. "내가 그 20명을 위해 멸망시키지 않겠다." 아브라함이 말했습니다. "내 주여, 노여워하지 마십시오. 제가 마지막으로 한 번만 더 말씀드리겠습니다. 만약 거기에서 10명만 찾으시면 어떻게 하시겠습니까?

여호와께서 대답하셨습니다. "내가 그 10명을 위해 멸망시키지 않겠다." 여호와께서 아브라함에게 말씀하시기를 마치시고 즉시 떠나셨습니다. 그리고 아브라함도 자기 집으로 돌아갔습니다.

이 장면은 볼 때마다 아주 인상 깊습니다. 하나님께 소돔과 고모라의 멸망을 만류하는 아브라함의 논변이 겸손하면서도 간절합니다. 이에 하나님은 못이기는 체하시면서 처음 당신의 의도하셨던 멸망의 뜻을 철회해 나가셨습니다. 처음엔 50명 그다음엔 45명 그 다음엔 40명 그다음엔 30명 그다음엔 20명 이제 마지막으로 10명으로 하나님과 아브라함은 합의점에 도달하였습니다. 아브라함은 이 큰 도시들에서 의로운 사람 10명은 있을 것이라 생각해서인지 더 이상은 간청을 드리지 않았습니다.

어쩌면 그의 생각에는 그의 조카 롯과 그의 가족만 해도 10명에 가깝고 롯에게서 영향을 받은 사람들이나 롯과 같이 의로운 사람들이 몇 명은 되리라 생각했을 것 같습니다. 그러나 아브라함의 생각과 바람대로 이 큰 도시들에서 의로운 사람 10명은 없었습니다. 하나님의 사자들이 소돔과 고모라에 당도하자 이들을 성폭행하려고 달려드는 이들이었습니다. 결국 이 도시들은 불의 심판을 받았습니다. 그나마 살아남은 롯도 그의 아내가 물질적인 욕심을 내려놓지 못한 미련으로 인해 소금기둥이 되었고, 두 딸의 남편들 또한 하나님의 말씀을 따르지 않은 결과 구출되지 못하여 롯과 두 딸만이 빈털터리로 살아남게 되었습니다.

우리나라가 연이어 터지는 참사가 벌어지는데도 망하지 않고 이처럼 이어오는 것은 대통령이나 정부 관계자나 사회지도층의 모범적인 역할에 의한 결과가 아닙니다. 이름도 없이 빛도 없이 묵묵히 일촉즉발—觸卽發의 순간에 빛을 발하는 이들이, 절망을 이겨내게 하는 희망의 메신저들이 우리 사회를 지켜주는 의로운 사람들입니다. 이들이 있어 하나님은 오늘도 멸망시키시려는 계획을 미루시고 또 미루시는지도 모릅니다. 그런데 알고 보면 의로운 이들은 이들만이 아닙니다.

세월호 참사 현장 부근인 전남 진도 실내 체육관에 상주하다시피 하면서 구조를 기다리는 유가족을 돕기 위해 많은 사람들이 자원봉사를 한다고 합니다. 세월호 침몰 사고 희생자 및 실종자 가족들을 돕기 위해 전국에서 모인 자원봉사자들이 진도 실내체육관에서 봉사 활동을 하고 있습니다. 이들 중에는 대학교수라는 신분임에도 화장실 청소를 자청한 사람도 있고 의료진으로서 자신의 재능을 기부하는 사람들도 있습니다. 이들의 봉사는 누가 시켜서가 아닌 그야말로 자원봉사입니다. 그리고 이들은 누가 질서를 잡아주고 규칙을 정해준 것도 아닌데 예의를 갖춰 시의적절하게 봉사를 진행한다고 합니다.

실종자 가족들에게 다시 상처를 주지 않도록 '웃고 떠들지 않기', '일만 할 것이 아니라 고통을 이해하려고 노력하기', '실종자 가족들과 관련한 내용을 소셜네트워크서비스SNS에 올리지 않기', '위로의 말이라 해도 먼저 가족에게 말을 걸지 말 것', '낮은 자세로 정중하게 가족을 대하기', '기념사진을 찍지 않기' 등 10여 가지의 행동 규칙이 있다고 합니다. 이 얼마나 멋진 일인지요? 봉사를 하는 것도 아름다운 일이지만 이 일을 함에도 지혜롭고 성숙함이 곁들여지니 감동이었습니다. 또한 거리마다 나붙은 애도와 구조를 갈망하는 현수막들과 집회들도 감동입니다. 너와 내가 따로 없는 '우리'라는 의식, 크게 하나 되는 '대동단결'로 함께 슬퍼하고 함께 아파하면서 함께하는 마음들이 참사의 아픔을 치유해 나가는 큰 힘이 되고 있습니다. 이것이 우리나라의 힘이요, 자랑입니다.

사소한 정성이 어떤 이에게는 큰 도움이 될 수도 있습니다. 서로의 부족함을 서로의 부유한 마음으로 채워나가면 좋겠습니다. 잘 알려진 인류애의 사도 앨버트 슈바이처의 말입니다.

파도는 출렁이는 바다 표면의 한 부분에 지나지 않을 뿐 파도 혼자 독립적으로 존재할 수는 없다. 이처럼 나도 나 자신만을 위한 삶을 살 수 없고 나의 삶 또한 내 주변에 일어나는 모든 것들과의 경험을 통해 늘 존재할 뿐이다. 다른 모든 생명도 나의 생명과 같으며 신비한 가치를 지녔고 따라서 존중하는 의무를 지닌다.

이런 마음들이 있어 그래도 사는 게 좋고 사람들이 좋습니다. 언젠가 종교 수업을 하면서 아이들에게 읽어준 이야기입니다. 이 이야기는 우연히 병원 로비에 비치된 작은 책자에서 읽고는 큰 감동을 받아 이를 가슴깊이 되새기고자 적어놓고 보고 또 보고 하는 자료로서 이런 것들이 제게는 귀한 수업자료입니다. 이를 정리해 봅니다.

이슬람 과격분자로 추정되는 20대 청년 2명이 영국 런던의 대로에서 영국군인 1명을 목 베어 잔인하게 살해하고 "알라는 위대하다"라 외쳤습니다. 흑인 남성 2명이 런던 대로에서 시민이 지켜보는 가운데 20세 가량의 육군소속 군인 1명을 마체테와 식칼로 살해했습니다. 마침 그때 두 아이의 어머니인 '로요 케네트'는 영국 병사가 쓰러진 현장을 버스를 타고 가다가 서둘러 내렸습니다. 교통사고가 난 줄 알고 병사에게 뛰어가 응급처치를 하려 했습니다. 그녀는 어린이 스카우트단 지도자로, 응급구호품을 지니고 있었습니다. 그녀는 군인의 맥박이 멎은 것을 확인한 뒤 용의자들에게 다가가 "당신들이 한 일이냐?" "왜, 그랬냐?"며 천천히 말을 걸었습니다. 이들이 "영국과 싸우겠다"고 하자 그녀는 "둘이서 그 많은 사람과 맞서 어쩌려고 그러느냐"면서 "일단 손에 든 것을 줘 봐" 하며 아이들 달래듯 시간을 질질 끌었습니다. 20분쯤 지나서 경찰이 뒤늦게 달려오자 그때서야 몸을 피했습니다. 범인이 총에 맞고 체포되는 것을 본 뒤 버스를 타고 집으로 갔습니다.

이 일에 대해 언론은 여성 시민의 용감한 행동 덕분에 추가 희생을 막을 수 있었다고 대서특필하였습니다. 언론이 그녀를 찾으려고 애가 탔습니다. 이때 그녀의 아들이 트위터에 글을 올렸습니다. "이 도시에 테러가 일어나서 그 많은 사람 중에서 우리 엄마가 테러범에게 말을 걸었습니다." 언론은 비로소 '시민의 영웅'로요 케네트를 찾아냈습니다.

가톨릭 신자인 그녀는 평생 신앙인으로 살아왔습니다. 그녀의 말입니다. "범인이 흥분했지만 술이나 약에 취하진 않아 대화할 수 있다고 판단했기에 무섭지 않았습니다." 그녀는 하굣길 어린이들이 엄마 손을 잡고 지나는 것을 보며 '아이들보다 내가 당하는 게 더 낫다'고 생각했다고 합니다. 그래서 범인이 자기에게만 집중하도록 자꾸 말을 걸었다고 합니다.

그녀의 힘은 모성母性에서 나왔습니다. 내 지식만이 아닌 우리의 자식에게 향한 엄마의 사랑이 참사를 막게 하였습니다. 광기狂氣에 찬 살인자마저 머뭇거리게 한 것은 엄마의 사랑이 담긴 약한 듯 강한 부드러운 힘이었습니다.

사실 이런 의로운 사람의 이야기는 아주 많습니다. 외국의 사례만이 아니라 우리 주위에도 많습니다. 제가 지금도 잊지 않고 존경에 마지않는 의로운 사람도 많이 있습니다. 제 책에서도 언급한 일본 철로에서 일본인 취객을 구하려다 유명을 달리한 이수현 씨의 이야기는 언제 보아도 감동입니다. 이 이야기는 일본에서 책으로, 영화로까지 재현되고 있습니다. 그러고 보면 우리의 삶은 그래도 혼자가 아니기에 밝고 따뜻한 것 같습니다. 이웃 간의 정이 우리를 사람답게 하고, 사랑하게 하며 사랑받게 합니다. 부디 우리의 마음에 이처럼 나와 남을 구분 짓지 않고 함께하는 마음, 돈보다 사람을 소중히 여기고 생명을 소중히 여기는 마음들이 계속되기를 기도합니다. 이 마음들이 세월호 참사의 고통에 시달릴 유가족들에게도 전해지길 기도합니다.

그래도 의로운 사람들이 있어 감격합니다 **145**

우리가
씻어낼
군대 문화

　오늘 사랑하는 딸 사랑이가 다니는 초등학교에서 '작가와의 만남' 시간이 있었습니다. 학교가 작은 농촌임에도 아이들에게 꿈과 함께 살아가는 삶을 일깨워 주려는 뜻으로 유명 동화 작가를 초대한 모양이었습니다. 평소 동화는 즐겨 읽지 않아서 그런지 유명한 동화 작가이며 지은 책이 수십 권이라는데 단 한 권도 읽은 것이 없고, 작가의 이름도 처음 들었습니다. 이런 제가 작가와의 만남에 가면 아무래도 감동이 덜할 것 같았습니다. 이런 이유로 미리 작가에 대해 검색해 보고 책을 좀 읽고 가리라 마음먹었습니다.

　그런데 요즘 이런 저런 일들로 분주하다보니 이런 마음과는 달리 그렇게 하지를 못했습니다. 이렇게 못난 아비와는 달리 사랑이는 작가의 책을 학교 도서실에서 빌려 다 읽고 작가나 책에 대해 질문할 거리도 준비하였습니다. 준비를 하지 못해 부끄럽지만 그래도 딸과 약속하였으니 참석이라도 하려는데 오늘따라 유난히 일도 많아, 겨우겨우 짬을 내어 학교에 도착하니 이미 행사는 진행 중이었습니다. 준비도 안하고, 지각도 하였으니 누가 뭐라 하는 것도 아닌데 저 스스로 죄인인 양 고개를 들지도 못하고 조심조심 걸어서 학부모석 중에서도 맨 뒤에 앉아서 경청하였습니다. 가쁜 숨을 몰아쉬고는 작가의 강연에 집중하리라 마음먹고 필기도구를 꺼내 들었습니다. 그런데 저는 강연 내용을 제대로 적지 못하고 말았습니다. 그리고 30분도 안 되어 조용히 강연장을 나왔습니다. 제가 준비도 안하고 늦게 가고는 끝나지도 않은 강연장을 빠져 나와서 지금도 마음이 참 아픕니다.

학교에서 돌아온 사랑이가 제게 물었습니다.

"아빠! 오늘 왜 왔다가 일찍 갔어?"

이 물음에 난감하였습니다. 뭐라고 말해 주어야 하나 하는 생각에 말을 돌렸습니다.

"사랑아! 넌 오늘 작가와의 만남이 좋았어?"

사랑이가 물어 본 것에 답은 하지 않고 거꾸로 물음을 던지는 아비에게 사랑이는 그 의미를 안 것처럼 자기의 물음에 대답을 요구하는 대신 자신의 생각을 꾸밈없이 이야기해 주었습니다.

"아빠! 좀 이상했어. 난 강연을 부드럽고 친절하고 잘 웃어주면서 하면 좋은데 오늘 작가님은 화를 잘 내시고 큰 소리로 말씀하시고 대답을 강요하셔서 불편했어. 책 내용은 좋고 강연도 좋은데 좀 싫었어!"

그러고는 사랑이는 어찌된 일인지 제게 자신의 질문에 대한 답을 요구하지 않았습니다. 마치 제가 대답할 것을 다 안다는 것인지, 아니면 대답을 들을 필요를 느끼지 않는 것인지는 몰라도 저로서는 그게 참 고맙고 다행이다 싶었습니다. 그리고 이제 초등학교 3학년인 사랑이의 말에 깊이 공감하였습니다. 사랑이의 말은 사회 저명인사들이 펼치는 언변처럼 예리한 비판 정신과 잘 포장한 언어구사력이 발휘된 것은 아니지만 꾸밈없이 자신의 생각과 감정을 잘 드러낸 듯하여 아비로서 기분 좋았습니다. 사실 제가 사랑이에게 해 주고 싶은 말은 아무래도 사랑이에게는 조금 어려운 이야기일 듯하여 말하지 않았지만 제 입장은 사랑이의 말로도 표현될 수 있을 것 같습니다. 어쩌면 사랑이도 저와 같은 감성을 지닌 것 같습니다.

제가 유명 동화 작가이신 분의 강연을 빠져나온 이유는 그분의 작가적 역량이나 강연 내용의 문제가 아니었습니다. 30여 분 동안 경청한 강연 내용은 명품 강연으로 평가하기에도 손색이 없었습니다. 유명한 동화 작가이신데 서울에서 멀고 먼 작은 농촌에 오셔서 강연을 펼치심도 감사한 일이었습니다. 이것만으로도 이 분의 인품을 가름할 수 있을 것입니다. 이처럼 좋은 점들을 뒤로 한 채 굳이 조용히 강연장을 빠져나온 이유는 제 귀에 거슬리는 단 한 가지 이유 때문이었습니다. 이것은 아무리 이해하려고 애를 써도 도저히 안 되기에 혼자 나오고야 말았습니다.

작가님은 어린이들에게 꿈과 사랑이 가득한 아름다운 세상을 일깨워 주시는 동화 작가셨습니다. 작가님의 동화를 읽고 아이들의 꿈이 자라고, 무한한 상상력으로 삶을 풍요롭게 할 것입니다. 그런데 작가님의 언어는 자신이 쓰시는 동화와는 전혀 어울리지 않았습니다. 혹시 작가님이 잘못 알고 오신 건가 싶었습니다. 분명 작가님이 즐겨 사용하시는 언어는 작은 농촌의 초등학교에서 초롱초롱한 눈망울로 바라보는 때 묻지 않은 어린 영혼들에게 펼치는 강연이라고 보기에는 너무도 부적절한 군대용어들이 난무했습니다. 군대에서 펼치셨다면 백 점 만점이었을지 모르나 이건 정말 아니다 싶었습니다.

강연 내내 작가님의 동화나 강연 내용이 좋으니 언어는 그저 '옥玉의 티'로 여기면 된다고 스스로 다짐하고 또 다짐하였지만 아무리 이해하려 해도 이건 아니다 싶었습니다. 어쩌면 아무런 준비도 없이 참석했다가 나와 버린 저보다 준비를 하고 기대하고 맞이한 사랑이는 긴 시간 펼쳐진 강연에 저보다 더 실망했을지 모르겠습니다. 오늘의 강연은 아이들에게 오히려 해가 될 수도 있다는 생각마저 들었습니다. 작가님의 군대 용어 중 몇 가지 기억나는 내용들입니다.

"전체, 차렷!"

"동작 봐라. 정신 못 차리지."

"내 눈을 똑바로 보고 잘 들어."

"나는 오늘 유격대장으로 온 거야."

"너희들 '진짜사나이' 좋아하지. 그 프로그램 참 좋아."

동화 작가라고 하셔서 아이들에게도 높임말로 친절하게 이야기해 주실 것으로 기대하였습니다. 그런데 사랑이 말대로 굳은 표정으로 야단치듯이 하시면서 정제되지 않은 군대 언어를 그대로 사용하는 것을 보니 이 분이 군대 문화를 참으로 좋아하시는 것 같았습니다. 문득 군대 문화가 얼마나 무섭게 뿌리내렸으면 평생을 동화를 쓰면서 살아가시는 분의 의식마저 지배하는 걸까 싶었습니다. 어쩌면 오늘 강연장에서 저만 실망한 것이지 다른 분들은 작가님의 군대식 언어에 더 친근감을 갖고 경청하였는지도 모를 일입니다. 더욱이 아이들도 이런 문화에 익숙하다면 당연하게 여길지도 모를 일입니다. 다행히 특별히 말할 적은 없는데 사랑이는 오늘의 강연에 만족해하지 않은 것 같아 다행이다 싶었습니다. 고맙게도 오늘 사랑이는 강연에 만족한다고 하면서, 왜 아빠는 이렇게 좋은 강연에 늦게 왔다가 일찍 갔냐고 질책하지 않았습니다.

우리 안의 군대 문화는 사회 곳곳에 독버섯처럼 자리 잡고 있으면서 우리의 삶을 비민주적으로, 비인권적인 방향으로 치닫게 합니다. 이러한 군대 문화의 병폐는 우리 사회의 후진성으로 드러나곤 합니다. 오늘날도 으레 기업의 신입 사원 교육에서 찾아 볼 수 있는 프로그램이 해병대 캠프입니다. 여기엔 남자와 여자를 가리지 않고 강제로 참여하게 하여 레펠, 제식, 도하 훈련 등을 실시합니다. 말 그대로 군사 훈련인 이런 교육을 변형한 형태로는 보물찾기 형식의 10㎞ 행군, 지리산 종주 등이 있습니다. 도대체 이런 교육이 업무와 무슨 상관성이 있는 것인지 모르겠습니다. 더욱이 신체를 구속하는 방식의 교육을 통해 무엇을 얻으려는 것인지 모르겠습니다. 아마도 이런 교육을 통해 자신감, 협동심, 도전 정신을 함양한다고 할 것 같습니다만 오히려 이런 교육은 오늘날 요구되는 창의력이나 민주시민의 자질과 개성을 묵살하는 시대착오적인 교육으로 돈 낭비, 시간 낭비인데 말입니다.

군대 문화는 개인을 향해 평소에도 군대 혹은 병영 생활에 필요한 통제된 질서를 요구합니다. 여기엔 당연히 개인의 기본적인 자유가 제한됩니다. 나아가, 전시나 유사시에는 개인을 향해 인명을 살상할 수 있는 잔인함이나 국가주의 혹은 전체주의로 맹목적인 애국심을 강력히 요구합니다. 군대 문화는 충분한 시간을 갖고 다양한 의견을 조율하고 바람직한 결론을 내리기보다는 어떤 목표를 설정하고 최대한 빨리 달성할 수 있는 전략을 수립해서 가시적인 성과를 내는 것을 추구합니다. 그야말로 속전속결 정신입니다. 이것이 우리 사회 발전의 원동력으로 작용하여 '빨리빨리'의 집중력으로 작용하기도 하였습니다만 신중함이나 치밀한 점검과 반성이 없이 그저 단기간의 결과에만 집착하는 부작용도 초래한 것이 사실입니다. 군사정권은 계획을 실행하기도 전에 비판하는 일을 용납하지 않았으며, 오로지 목표 달성만 중요시하고 절차의 정당성이나 방법은 무시했습니다. 이런 군대식 운영 방식은 수십 년 동안 사회 곳곳에 침투했습니다.

어떤 기업은 이른바 '글로벌 초일류'를 표방한다면서 신입 사원 수

련회에서 수천 명의 신입 사원들이 임원단 앞에 사열해 '초일류'란 글자를 만드는 카드섹션을 벌였다고 합니다. 임원단은 보기 좋다고 감탄에 마지않는 박수와 격려로 입이 귀에 걸리는 기쁨을 감추지 못했을 것입니다. 수천 명이 펼치는 카드 섹션의 모습은 상상만으로도 대단했을 것 같습니다. 그러나 잠깐의 이 모습을 만들기 위해 수련회에 앞서 신입 사원들은 하루 9시간씩 3일 동안 강도 높은 연습을 했다고 합니다. 아마도 만족스러운 결과를 얻기 위해 군대에서 훈련받을 때처럼 열과 오를 맞추고 각이 잡힐 때까지 몇 번이고 반복해야 했을 겁니다. 이 같은 사원 교육은 우리나라 기업의 어이없는 면을 그대로 보여주는 사례입니다. 겉으로는 '세계 일류'와 '글로벌'을 표방하면서도 내부적으로는 군대 문화에서 벗어나지 못하고 있음을 보여줍니다. 집단을 앞세우고 업무 외의 일까지 기강과 복종을 강요하는 문화는 우리 기업 곳곳에서 찾아 볼 수 있습니다.

우리 안의 군대 문화는 일제강점기 군국주의와 "안 되면 되게 하라"를 강조한 군사정권의 경험을 통해 뿌리내렸습니다. 무려 30년 동안 지속된 군사정부를 거치며 군대 문화적 요소들이 사회에 확산되었습니다. 신입 사원 교육, 대학 신입생 엠티, 각종 합숙 교육, 관료 사회의 권위주의 등도 군대 문화의 잔재입니다. 우리 사회에서 군대는 일정한 나이가 된 남성들이 의무적으로 가야 하는 곳입니다. 그러므로 청춘 시절을 보내는 군대 생활은 남성들의 경험에서 큰 부분을 차지합니다. 여성들 또한 군대를 경험한 아버지 밑에서 자라 군대를 경험한 남자친구를 만나고 또한 결혼을 하게 되고, 군대를 경험한 친구들과 선배, 그리고 군대를 경험한 오빠나 남동생이 있는가 하면 군대를 보내게 될 아들이나 동생이 있기도 합니다. 이렇듯 우리 생활 속에서 군대라는 용어가 낯설지 않고 가까이 있습니다.

그런데 이런 군대 문화는 기업만이 아니라 심심치 않게 보도되는 것처럼 지성의 전당이라는 대학교 신입생 환영회에서도 찾아 볼 수 있습니다. 얼차려가 행해지고, 기강을 잡는다는 명목으로 총학생회나 학과에서 선배가 후배를 구타하거나 기합을 주다가 사망에 이르는 경우도 있습니다. 중·고교 교실에서도 개인의 의견 차이를 존중하는 것이 아니라, 힘으로 제압하고 선후배와 또래 사이에서도 서열화 규정하는 계급이 생겨나기도 합니다. 학교 당국은 해병대 캠프와 같은 군대식 극기 훈련에 강제로 참여시키는 일도 많습니다. 급기야 얼마 전, 충남 태안군에서 고교생 5명의 생명을 앗아간 사설 해병대 캠프 사고도 있었습니다. 이 바탕에는 '정신 무장'이 전부라는 빗나간 인식이 자리 잡고 있습니다. 결국 우리 사회에 뿌리박힌 군대 문화의 환상이 어린 생명들을 앗아간 참사로 이어졌습니다.

용기와 충성심으로 무장해 물러남없이 필승한다는 군인 정신은 그 자체로 숭고하고 국가안보를 위해 꼭 필요한 덕목입니다. 그러나 전투를 미리 설정하고 군기를 강조하는 군대 문화가 일반 사회에 무분별하게 적용되면서 집단주의, 획일성, 폭력성, 남성우월주의 등 해악을 끼치고 있습니다. 군대에서 획일성, 권위주의 등을 강조하는 것은 일사불란한 업무처리를 위해 필요하지만, 군대 문화적 목표지상주의가 사회에 도입됐을 때는 부작용이 일어날 수밖에 없습니다. 창의성과 다양성이 무시되면서 이른바 '한국의 스티브 잡스'는 일찌감치 질식하고 말았습니다. "군기가 빠졌다", "까라면 까라", "안되면 되게 하라"는 식의 상명하복, 비민주성, 불합리성은 사회의 자정自淨 기능을 막고 복지부동, 전시행정 등과 같은 고질적인 안전 불감증을 초래하기도 하였습니다.

아이들에게 체험과 수련의 기회를 줄만한 것이 어디 해병대 캠프

밖에 없는지요? 꿈을 키우며 한창 자라나는 세대들에게 왜 하필이면 군대 문화를 체험하도록 해야만 하는 것일까요? 이런 것이 아니라 이 웃에 봉사하거나, 거리를 청소하거나, 농촌에서 구슬땀을 흘리며 노동의 가치를 느껴보거나, 산이나 들로 나가 생명의 신비로움과 소중함을 배우는 것 등도 단체로 해 볼 수 있는 좋은 체험과 수련이 될 수 있지 않을까요? 굳이 외딴 곳으로 끌고 가서는 맞지도 않는 군대식 유니폼을 입은 채, 피티 체조를 시키고 괴성을 내지르며 악다구니를 쓰는 것을 교육이라고 하니 안타까울 뿐입니다. 놀라운 사실은 아이들을 상대로 운영하는 해병대 캠프 등 군사문화를 체험케 하는 사설 병영 캠프가 전국적으로 무려 100여 곳이 성업 중이라고 합니다. 얼마 전 5명의 고등학생들이 참변을 당한 태안의 사설 해병대 캠프를 다녀간 학교는 수십 곳에 이르며, 앞으로 30여 곳의 학교가 다녀갈 예정이었다고 합니다. 이처럼 해병대 캠프를 비롯해 어린 학생들에게 병영 문화를 체험케 하려는 풍조는 가히 폭발적입니다. 도대체 이런 체험이 교육과정 어디에 명시된 것처럼 왜들 이러는 것인지요?

지금은 전시나 유사시가 아니며, 평화시입니다. 군대나 병영을 체험하는 것은, 남자라면 병역 의무를 다하는 과정에서 자연스레 경험하게 될 일입니다. 그런데도 왜 비싼 비용과 시간을 들여가며, 10대의 어린 나이에 개인의 기본권을 제한하는 해병대 문화나 군대 문화를 맛보게 하는지 답답한 노릇입니다. 해병대 캠프를 다녀온 적 있는 한 학생에 따르면, 체험 현장에서 "우리는 귀신 잡는 해병대!", "하면 된다!", "내 가족은 내가 지킨다!" 등의 고함을 질러야 했다고 합니다. 과연 이것들이 자라나는 세대들에게 어울리는 구호일까요? 우리의 아이들에게 이런 부담스런 구호가 왜 필요한지요? 이것들은 일제강점기의 군국주의 잔재이며, 군사독재정권이 남긴 일그러진 군사 문화의 소음일 뿐입니다. 기성세대로서 제가 참 부끄럽습니다. 어른들의 무지와 어리석음 탓에 피어나기도 전에 떨어지고 만 꽃봉오리들이 있고, 고통받는 가녀린 꽃송이들이 있으니 말입니다.

안타까운 현실은 우리나라에서 병영 체험 캠프는 2010년 천안함 사건 이후 정부가 안보 교육을 강화하면서 더욱 늘어났습니다. 전국 17개 시·도교육청의 병영 체험 캠프 현황 자료를 보면, 대부분의 교육청에서는 매해 적게는 수백 명에서 많게는 수천 명의 관내 초·중·고교 학생을 병영 체험 캠프에 참여시켰습니다. 2009년부터 5년 동안 병영 체험 캠프를 다녀온 초·중·고교 학생 수는 전국적으로 11만 1,397명에 이릅니다. 학생들이 찾아가는 군부대의 종류도 다양합니다. 사설 캠핑장뿐만 아니라 지역마다 위치한 육군 소속의 각 사단급 부대와 특전사, 육군부사관학교, 육군3사관학교, 계룡대, 공군사관학교, 해군사관학교 등에서도 캠프가 운영됩니다. 학생들이 참여하는 캠프 프로그램에는 실제 군대를 방불케 하는 내용이 담겨 있습니다. 2013년 대한민국재향군인회가 진행한 서울시교육청의 '나라사랑 DMZ 병영 체험학습'의 내용을 보면 내무반, 유격훈련 및 행군훈련, 비무장지대DMZ 유적지 투어, 통일안보 교육 진행, 군장 체험, 담력 훈련, 경계 근무 체험, 위장 체험 및 사진 찍기 등을 진행했습니다. 2011년 제주 해병대 부대에서 진행한 '국가안보는 가족사랑! 병영 체험'에는 총검술, 각개전투, 화생방 등이 수업 세부 내용으로 담겨 있었습니다.

이처럼 전국의 교육청이 안보 교육 등을 앞세워 추진하는 병영 체험 캠프는 학생뿐만 아니라 교사들까지 참여를 독려하고 있습니다. 실제로 충북 충주교육청은 2013년 7월16일 '2013년도 충주 지역 교직원 나라사랑 캠프 알림'이란 공문을 충주 지역 유·초등학교 40곳, 중학교 19곳 등에 보낸 바 있습니다. 학교별로 참가 권장 인원을 정해 1~4명씩 참가를 권유해 논란을 빚기도 했습니다. 최근에는 '학교 폭력 예방'이나 '학교 폭력 가해피해학생 해병대 캠프' 등 이른바 학교 폭력을 해결하는 방안으로 병영 체험 캠프를 활용하는 경우도 늘고 있습니다. 서울시교육청은 2011년 서울시내 60여 개 특수학급 학생 200명을 대상으로 병영 체험 캠프를 여는 '서울특별시 고등학교 특수학급 병영 체험학습'도 진행했습니다. 계획서에는 "캠프를 통해 군 입대를 할 수 없는 장애 학생들에게 군부대 생활을 경험케 하고 특수학급 학생들의 자기극복 의지를 형성하도록 한다."라는 내용을 담았습니다.

"교련교사 자격증 소지자, 전역 대위 또는 중위인 자 등"은 모 지역 도교육청에서 '학생수련지도사'인 공무원 채용의 직무수행요건으로 표기된 것입니다. 이것이 우리의 청소년 활동의 현실입니다. 교육청 산하에서 아직까지 군 출신을 청소년수련 활동의 전문가로 인식하는 세상입니다.

지난 2013년 7월 18일 공주사대부속고등학교 학생들이 해병대 캠프에서 훈련을 받다가 5명이나 되는 아이들이 하늘로 떠났습니다. 공주사대부고 2학년 학생 198명이 인솔 교사와 함께 수련 활동의 일환으로 병영 캠프에 참가했습니다. 캠프 둘째 날 인솔교사가 불참한 상태에서 IBS훈련 중 1조 80명이 IBS훈련을 마치고 구명조끼를 1조에게 벗어준 후 비공식적인 '뒤풀이' 훈련까지 마치려는 때에 무자격 교관이 학생들을 깊은 바다로 끌고 들어가 30여 명이 위험에 빠져 아비규환이 벌어졌고 결국 학생 5명이 실종, 사망한 사건입니다.

사고 과정의 원인을 분석해 보면 다음과 같습니다. 학교는 형식적인 사전 답사를 시작으로 계약 과정과 캠프 훈련 과정상의 허점이 드러났습니다. 업체가 병영 캠프를 일괄 위탁 운영한 사실조차 몰랐고 무자격 교관, 안전 요원 및 안전 장비 부재, 정규 시간에 음주 회식, 사고 수습대책의 혼선, 그리고 무책임한 인솔 교사가 훈련에 불참한 사실이 가장 큰 문제점으로 지적되었습니다.

사고 업체 대표는 돈벌이에 혈안이 되어 국가가 인정한 해병대 캠프인 'K캠프'를 밀어내고 사설업체 여행사에 일괄 위탁 했고 이곳은 또다시 '해병대 리더십'이란 사설 업체에 재하청을 주었습니다. 하청에 재하청 단계적 이윤 배분으로 해병대 리더십 대표는 적은 돈으로 운영할 수밖에 없는 상황에서 무자격 일당 조교 선발 운영, 안전 요원 및 안전 장비 부재 등으로 이어져 사고 발생 첫 번째 원인이 되었습니다.

또한 사고 당일 훈련 총책임자 교육 대장이 부재중인데도 훈련을 강행하여 지휘 체계가 무너져 사고가 발생했고, 당황한 무자격 교관의 잘못된 초기 대응이 결국 5명의 희생자를 발생시켰습니다. 그럼에도 해병대 캠프는 지금도 유행입니다. 학생들을 관리와 통제, 복종의 대상으로 치부합니다. 병영 캠프를 다녀오면 몇 달이나마 학습 분위기가 잡혀 좋다는 교사들도 많습니다. 공동체 형성이 아닌 폭력과 강압의 문화를 학교 내에 조장합니다. 서열 문화와 폭력, 강압을 더해 체력이 약한 아이들도 기합을 강요당합니다. 돈벌이에 미친 사람들은 청소년 활동의 본래 취지는 온데간데없습니다. 청소년들은 두당 얼마짜리로 매겨지는 물건입니다. 대단위 프로그램을 진행할 수밖에 없습니다. 돈벌이가 된다니까 몰려드는 사람들이 넘쳐납니다. 당연히 돈 드는 전문가들은 쓰지 않고, 무자격의 비전문가들을 고용해서 이익을 내는 데 혈안이 되어 있습니다.

학교에서 '극기 훈련'이란 명목으로 병영 체험 캠프를 가는 게 유행처럼 번지면서 사설 병영 캠프가 늘어났는데, 교육 당국마저 일선 학교에 공문을 보내 참가를 권유해 왔다는 사실은 충격적입니다. 병영 캠프가 좋은 것이었으면 이른바 선진국으로 분류되는 모든 나라는 군대 문화와 같은 틀로 학교를 운영했을 것입니다. 유럽과 미국에서는 이미 사관학교의 틀도 상당히 진보적으로 개방되어 있는 경우가 많습니다. 유독 우리 사회에서 학생들을 순응적이고 말 잘 듣는 복종의 대상으로 바라보는 관점은 문제 중의 문제입니다. 입시 경쟁에 찌들고 학교 폭력에 멍든 아이들에게 지금 필요한 것은 병영 체험, 군인 정신이 아니라 휴식과 평화입니다. 학생들에게 폭력적인 군대 문화를 가르치는 관행은 반드시 사라져야 합니다.

그런데 안타까운 사실, 부정할 수도 없고 감출 수도 없는 현실은 이런 군대 문화의 독성이 우리의 교회에서도, 기독교 단체들에서도 쉽게 찾아 볼 수 있다는 사실입니다. 담임목사와 부교역자의 관계는 지나치게 계급화되어 있습니다. 그리고 신자들의 교회 직분 또한 그렇습니다. 장로, 안수집사, 권사, 서리집사 등으로 자리매김된 직분명은 마치 군대의 계급을 연상시키고 실제로 이들 직분은 교회 권력의 위상을 서열화하는 시스템으로 표출되는 것이 사실입니다. 이러한 교회의 계급성이 그대로 상위기관인 노회(지방회) 등으로 이어져 목사와 장로 등의 조직에서도 계급성이 피라미드 조직으로 구성되어 있습니다. 그러니 이건 군대조직을 그대로 가져다 놓은 듯한 모습입니다.

이러한 군대 문화는 교회의 일에서도 쉽게 찾아 볼 수 있습니다. 흔히 교회에서 사용하는 용어들을 보면 지나칠 정도로 군대용어가 많습니다. "교사 훈련", "전도 폭발", "죽도록 충성하라" "전도, 하면 된다", "부흥에 매진하자" "성전 건축에 총력을 기울이자" 등의 구호가 교회 곳곳에 큼지막한 현수막으로 도배된 모습이나 주보에 새겨진 구호들을 보면 이게 교회가 아니라 군대에 온 것인가 싶을 때가 있을 정도입니다. 그러다 보니 교회의 운영도 비민주적인 군대 문화가 자리 잡고 있습니다. 이른바 성장하는 대형 교회의 경우, 담임목사의 명령에 따라 일사분란하게 움직이는 구조입니다.

이를 보고 교회가 성장하면 그만이지 뭐가 잘못이냐 하고 말할지 모르나 이것은 분명 하나님의 백성들이 한데 어우러져 하나가 되는 하나님의 나라와는 거리가 있습니다. 이렇게 성장한 교회에서 볼 수 있는 병폐의 분명한 모습이 바로 담임목사직의 세습, 교회 재정의 부정, 지나친 교회당 건축의 폐단, 폐쇄적인 개교회주의입니다. 이로 인해 오늘날 우리 기독교계가 얼마나 많은 사회적 지탄을 받는지 잘 알 것입니다. 제가 참 좋아하는 말씀이며 마음에 선한 부담으로 간직하는 말씀입니다. 야고보서 4장 17절 말씀입니다.

그러므로 누구든지 선을 행할 줄 알면서도 행하지 않으면 이것은 죄를 짓는 일입니다.

이제라도 우리 안의 군대 문화의 정체를 드러내고 우리 스스로 알게 모르게 체득한 군대 문화적 요소를 씻어내야 합니다. 그리고 성숙한 민주 시민의 자세로 교회와 학교와 사회에서 저마다의 개성을 존중하고 배려하는 아름다운 세상을 만들어 가도록 해야 합니다. 이 일에 우리는 작은 불꽃이 되어야 합니다. 그래야만 어이없게 죽어가는 자라나는 세대들의 신음소리를 멈추게 할 수 있습니다. 또한 우리 기성세대의 부끄러움을, 죄악을 씻어낼 수가 있습니다.

해병대 체험
정말 신중하게
해 주세요

　지난 2013년 7월 18일 사설 해병대 캠프에 참가했던 공주사대부고 학생 198명 중 5명이 파도에 휩쓸려 2명이 사망하고 3명이 실종되는 사고가 발생했습니다. 공주사대부고의 해병대 캠프 실종사고가 발생하면서 사설 해병대 캠프에 대한 총체적 부실이 드러났습니다. 여성가족부에 따르면 이번에 사고가 난 해병대 체험 캠프 업체는 한국청소년활동진흥원의 청소년 체험활동 시설 인증을 받지 않았습니다. 설립 1년도 채 되지 않은 신생 업체로 체험학습 등을 진행하다 이번에 해병대 출신 강사를 고용해 프로그램을 운영한 것으로 드러났습니다.

　하지만 이 사건은 업체만의 문제가 아니라 사설 해병대 캠프 관리에도 문제가 있다는 사실이 드러났습니다. 사설 해병대 캠프의 운영자나 교관의 자격에 대한 규정이 없다는 것입니다. 이렇게 청소년의 안전보다는 영리만을 목적으로 운영되는 사설 캠프가 많아졌습니다. 실제로 사고가 난 태안 사설 해병대 캠프 종사자 32명 중 수상레저조종면허증, 인명구조자격증을 보유한 이는 14명에 불과했습니다. 심지어 아르바이트생도 교관으로 활동한 것으로 조사되어 충격을 안겨줬습니다.

또 다른 문제점은 안전 점검을 제대로 이행하지 않았을 때 적용할 수 있는 처벌 규정이 없다는 것입니다. 청소년활동진흥법 18조에 '수련시설의 운영대표자가 시설에 대한 정기, 수시 안전 점검을 실시해야 하며 점검 결과를 지방자치단체장에게 제출해야 한다.'고 명시되어 있지만 처벌에 대한 내용은 빠져있습니다.

사설 해병대 캠프는 주로 해안에 사업장을 두는 경우가 많지만 해양경찰청은 캠프 인허가 주무기관이 아니어서 정확한 실태조차 파악하지 못하고 있습니다. 만약 사설 해병대 캠프가 수상레저사업장으로 해경에 등록한다고 해도 인원, 장비의 적합성 여부를 확인하는 수준에 그쳐 완벽한 안전관리는 쉽지 않습니다.

저는 이와 같은 일이 벌어진 것에 망연자실茫然自失하였습니다. 사실 이와 꼭 같은 일이 제가 재직하는 학교에서도 있었습니다. 그런데 같은 일이 반복된 것입니다. 이처럼 우리의 안전 불감증과 망각은 심각합니다. 저희 학교는 사설 해병대 체험에 아이들의 수련 활동을 맡겼습니다. 워낙 그 쪽에서 믿고 맡기라고 하여 그대로 믿었다가 2008년 7월 25일 사설 해병대 체험장인 홍길동수련원에서 당시 중학교 1학년 학생이 수장水葬되는 사고를 당했습니다.

참담한 현실 앞에 부모님과 학교는 힘들었습니다. 알고 보니 교관 중에는 해병대 출신이 아닌 아르바이트생도 섞여 있었습니다. 학교에서는 자식을 먼저 떠나보낸 부모님께 죄인된 마음으로 사죄드리고 학교와 재단 차원에서 위로하며 업체와 함께 최대한 성심을 다해 보상하였고, 장례를 학교장學校葬으로 하였습니다. 가슴 아픈 일이며 학교로서는 감추고 싶은 일이지만 당시 제가 친구의 말투로 써본 조사

弔辭를 공개하여 다시는 이런 일이 일어나지 않도록 예방하는 특별법을 제정하는 구체적인 제도적 장치가 있기를 소망합니다.

우리 친구, 다승아!

다승아! 복이 메이도록 불러보고 싶은 우리 친구, 다승아!

너와 우린 정든 교정에서 함께 공부하며 꿈을 키웠고, 좋은 추억을 나누었지. 때로는 싸우기도 하면서 미운 정 고운 정 다 들었는데…….
네가 있어 재미있는 일이 많았지. 너와 함께하는 학교 생활이었기에 힘든 줄도 모르고 공부도 했는데……. 이제는 너와 함께 뛰어 놀 수도, 함께 얘기 나눌 수도 없구나.

다승아! 너와 함께했기에 정답던 교실, 복도, 운동장이 오늘은 참 썰렁해 보이는구나. 너의 책상과 의자는 주인 잃은 슬픔에 울고 있구나. 넌 참 잘 웃었지. 어른들은 네가 인사를 참 잘한다고 칭찬을 하셨지. 늘 밝은 얼굴로 웃으면서 인사 잘하는 네 모습이 눈에 떠오르는구나. 이젠 너의 그 멋진 모습을 볼 수가 없다.

다승아! 어떻게 이런 일이 있을 수가 있니? 도저히 믿어지지가 않는구나. 너와 우린 힘든 기말고사도 끝냈고, 이번 해병대 체험만 마치면 즐거운 방학이라고 즐거워했는데…….

다승아! 네가 우리와 함께 뛰어놀고 함께 공부하던 학교에 너는 이렇게 왔지. 언제나 그런 것처럼 너와 우린 이렇게 학교 교정에 있는데 이제는 너를 다정하게 불러 볼 수가 없고, 너의 얼굴을 볼 수도 없구나. 금방이라도 네 이름을 부르면 "왜?"하며 고개 돌려 우리를 쳐다볼

것만 같은데, 금방이라도 네가 우리 옆에서 환한 얼굴로 대답할 것만 같은데……. 도저히 믿어지지가 않는구나. 불과 며칠 전만해도, 아니 너와 같이 점심 먹고 훈련을 받았는데…….

함께 한 우리 학교에서 이렇게 너를 떠나보내야 하다니……. 할 수만 있다면, 시간을 돌려놓고 싶고, 널 보내지 않고 싶구나. 이게 모두 꿈이라면 얼마나 좋을까? 이제는 너와 만날 수도 없고 너와 얘기도 못하고 장난도 못한다는 사실이 도저히 믿어지지 않는구나.

다승아! 이 자리에 모인 우리 모두의 마음이 너무나 아프다. 가슴이 답답해서 뭐라고 말해야 할지도 모르겠다. 이 믿어지지 않는 현실이 우리의 눈앞에 있다……. 사랑하는 부모님과 누나 그리고 우리 곁을 떠나야 하는 네 발걸음도 무겁겠지. 너의 무거운 발걸음을 생각하니 목이 메여 말이 안 나오는구나.

그리운 다승아! 이제 너는 우리 곁을 떠나 아무 근심 걱정 없는 하늘나라로 간다. 그 곳에는 힘든 공부 걱정도 없을 거야. 이제 너는 하늘나라에서 편안한 삶을 살 거야. 아마도 하나님이 널, 참 많이 보고 싶어하시나보다. 우리보다 널 먼저 데리고 가셔서 행복하게 살라고 하시는 것 같다. 다승아! 어른들의 말씀이 "사람은 누구나 태어난 순서는 있어도 하늘나라로 가는 순서는 다르다"고 하시지. 오늘 우리 곁을 떠나는 너의 모습을 보니, 어른들 말씀이 맞는 것 같다. 그렇다면 너만 먼저 하늘나라로 가는 게 아니라 우리도 순서와 상관없이 하늘나라로 갈 수도 있을 거야. 이런 생각을 하니 오늘 너를 보면서 너를 통해 깨닫게 되는 것이 하나 있구나. 너처럼 언제 하늘나라로 갈 지 모르니, 부모님과 가족, 지금 우리가 만나는 친구들, 어른들에게 진실하게 대해야겠다. 그리고 무슨 일이든 진지하게 잘해 나가야겠다. 어쩌면 넌,

하나님이 우리에게 모든 순간 열심히, 진지하게 살아야한다는 것을 알려주려고 우리 곁에 보내신 천사였는지도 모른다는 생각이 드는구나. 이제 우리에게 확실히 알려주었으니 너는 우리 곁을 떠나 너를 보내신 하나님의 품으로 떠나는구나. 네가 할 일을 다 마치고 떠나는 네 발걸음이 가벼울 것도 같구나.

다승아! 이제 마음 편히 너의 고향 하늘나라로 돌아가렴. 너와 함께 했던 아름다운 추억들, 너를 통해 깨닫게 된 것들을 가슴 깊이 되새기면서 우린 네 몫까지 열심히 살께. 네가 사랑하는 엄마, 아빠, 누나 그리고 우리 모두는 널 영원히 잊지 못할 거야. 너는 우리의 가슴 깊은 곳에서 우리와 함께하는 우리의 숨결이 될 거야.

다승아! 잘 가라. 사랑하는 하나님 품으로 잘 가라.

어울누리를 꿈꾸며

> 온 세상이 다 나를 버려 마음이 외로울 때에도
> '저 맘이야'하고 믿어지는
> 그 사람을 그대는 가졌는가?
> 탔던 배 꺼지는 순간 구명대 서로 사양하며
> '너만은 제발 살아다오'할
> 그런 사람을 그대는 가졌는가?
>
> — 함석헌의 '그 사람을 가졌는가' 중에서

Chapter 3

나는 곧 우리

너희는
내 친구

아버지와 아들의 친구

출연　　해설자, 아버지, 아들, 친구1, 친구2, 아버지의 친구

해설자　옛날 어느 마을에 아버지와 아들이 함께 살고 있었습니
　　　　　다.아버지는 아들에게 친구가 너무 많은 것 같다고 생각
　　　　　했습니다. 아들에게 친구가 많은 것은 좋은데, 친구들하
　　　　　고 어울려 다니느라고 아들이 해야 할 일을 제대로 하지
　　　　　못하는 것 같았습니다. 그래서 아버지는 걱정이 되어서
　　　　　아들을 불렀습니다.

아버지　얘야, 너에게 친구가 정말 많은 것 같구나.

아들　　예, 아버지. 저에게는 친구가 참 많습니다.

아버지　그래. 그 많은 친구들 가운데 진정한 친구는 몇 명쯤 된다
　　　　　고 생각하니?

아들　　글쎄요, 잘은 모르겠지만 저에게는 한 사람 한사람 다 소

	중한 친구들입니다.
아버지	그래.
해설자	자신만만한 아들의 대답을 듣고서 아버지와 아들은 한 번 시험을 해보기로 한다.
아버지	애야, 네가 진정한 친구가 있는지 한 번 시험해 보지 않겠니?
아들	좋아요, 저도 저에게 진정한 친구가 있는지 알고 싶어요.
아버지	그럼 이렇게 하자.
해설자	아버지와 아들은 돼지를 한 마리 잡고, 그 돼지를 큰 자루 속에 담아 지게 위에 올려놓습니다.
아들	(아들은 지게를 울러 멘다) 아버지, 이제 밤이에요. 슬슬 시작하죠? (친구1에게 간다)
아버지	(조용히 뒤따라간다)
친구 1	어! 자네 여긴 웬일인가?
아들	여보게, 오늘 낮에 그만 잘못해서 어린아이 한 명을 죽였다네. 내가 지금 그 아이의 시체를 가지고 왔는데 이 시체를 파묻기 위해서는 자네의 도움이 좀 필요하다네. 내가 들어가서 자세히 설명을 해줄 테니까 일단 좀 들어갈 수 있겠나?
친구1	그게 무슨 말인가, 사람을 죽여? 미쳤군. 난 자네 못 본 걸로 해줄 테니깐, 얼른 여기서 나가게. (아들을 밀고 무대 밖으로 나간다)
아들	(넘어지면서 대사를 한다) 어! 여보게 잠깐만…….
아버지	(일으켜 주면서) 저 친구가 네게 진정한 친구냐?
아들	아닙니다. 저 친구랑은 안 친했습니다. 다른 친구가 또 있

습니다. (친구2에게 간다)

친구 2   오! 친구 우리 집을 다 찾아오다니 무슨 일이지?

아들   내가 오늘 낮에 어떤 꼬마아이를 죽였네. 이 아이를 묻으
          려면 자네 힘이 필요한데 좀 도와주겠나?

친구 2   에구, 그럼 진짜로 사람을 죽인 게 맞단 말인가? 왜 그랬
          나? 난 도와줄 수가 없네. 지금 부모님이 올라오고 계시
          네. 어서 나가 주게나. (밀면서 무대 밖으로 나간다)

아들   어, 자네가 어떻게 이럴 수 있나?

해설자   아들이 밤새도록 이 친구, 저 친구를 찾아갔지만 아무도
          그를 도와주려고 하지 않았습니다. 그러는 사이에 시간은
          흘러 새벽녘이 되었습니다.

아버지   애야, 너만큼 많지는 않지만 내게도 친구는 있으니까 내
          친구의 집으로 한 번 가보자. (아들의 지게를 받아 진다.
          그리고는 아버지 친구네 집으로 간다)

아버지 친구 (반기면서) 어서 오게

아버지   여보게, 오늘 낮에 그만 잘못해서 어린 아이 한 명을 죽였
          다네. 이 시체를 파묻기 위해서는 자네의 도움이 필요할
          것 같아 이렇게 찾아왔는데……. 자네가 나를 좀 도와주
          겠나? 밤새도록 다니다보니 새벽녘이 되어서 지금은 파
          묻기가 어려우니까, 밤이 될 때까지 낮 동안에 나를 좀 숨
          겨줄 수가 있겠나?

아버지 친구 어서 들어오게! 이유가 어떻게 되었든지 간에 밤새도록
          돌아다니느라고 얼마나 힘들고 지쳤겠나? (그러면서 옆
          으로 데리고 가서 앉는다)

아버지   (손을 잡고 대사를 한다) 여보게, 사실은 내 아들에게 진

정한 친구의 모습이 어떤 것인지 보여주기 위해서 내가 이일을 꾸몄다네. 저기 지게 위에 있는 것은 어린 아이의 시체가 아니라 돼지를 잡은 것이라네. 자네가 내 아들에게 친구의 아름다운 본을 보여주어서 정말로 고맙네!

해설자　그리고는 잡은 돼지를 가지고 잔치를 베풀어서 좋은 시간을 보냈다는 이야기입니다. 진정한 친구의 무엇입니까? 너를 위해서 내가 희생당하고, 너를 돕기 위해서 내가 손해 볼 수 있는 것이 바로 진정한 친구의 모습일 것입니다. 출연자 여러분 앞으로 오세요, 차렷 경례!

위의 이야기는 제가 언젠가 어느 자료에서 찾은 것을 제 나름대로 개작하여 가끔 아이들에게 시켜보는 주제 제기용 스킷 드라마 대본입니다. 요한복음 15장 12~17절입니다.

내 계명은 이것이다. 내가 너희를 사랑한 것과 같이 너희도 서로 사랑하라. 사람이 자기 친구를 위해 목숨을 내놓는 것보다 더 큰 사랑은 없다. 너희가 만일 내 계명을 지키면 너희는 내 친구다. 나는 이제부터 너희를 종이라고 부르지 않겠다. 종은 주인의 일을 알지 못하지만 나는 너희에게 내 아버지께 들은 것을 모두 알려 주었으니 친구라고 부르는 것이다. 너희가 나를 택한 것이 아니라 내가 너희를 택해 세운 것이다. 그것은 너희가 가서 열매를 맺어 그 열매가 계속 남아 있게 하려는 것이다. 그러므로 너희가 무엇이든지 내 이름으로 구하면 아버지께서 너희에게 주실 것이다. 내가 너희에게 명하는 것은 이것이다. 너희는 서로 사랑하라.

예수님은 제자들에게 "너희는 내 친구"라고 말씀하셨습니다. 잠시 뒤면 예수님을 모른다고 말할 제자들이었습니다. 잠시 뒤면 예수님을 버려두고 다 도망칠 형편없는 제자들이었습니다. 그럼에도 예수님은 그들을 가리켜서 서슴없이 "너희는 내 친구"라고 말씀하셨습니다. 이와 같이 우리는 부족합니다. 형편없습니다. 그럼에도 예수님은 우리를 가리켜서 "너희는 나의 친구"라고 선언하셨습니다. 이 얼마나 놀라운 은혜입니까? 감격스러운 일입니다. 예수님과 우리는 친구 사이입니다. 예수님은 친구에게서 볼 수 있는 아름다운 다섯 가지 모습을 말씀해 주셨습니다.

첫째, 예수님의 친구들은 서로 사랑합니다. 우리는 예수님의 지극한 사랑을 받으면서 살아갑니다. 지금까지 예수님은 우리를 너무나 사랑해 주셨고, 지금도 사랑하십니다. 앞으로도 변함없이 사랑해 주실 것입니다. 그 사랑에 힘입어서 우리도 서로서로 사랑하며 살아가는 존재입니다. 12~14절입니다.

내 계명은 이것이다. 내가 너희를 사랑한 것과 같이 너희도 서로 사랑하라. 사람이 자기 친구를 위해 목숨을 내놓는 것보다 더 큰 사랑은 없다. 너희가 만일 내 계명을 지키면 너희는 내 친구다.

17절입니다.

내가 너희에게 명하는 것은 이것이다. 너희는 서로 사랑하라.

우리는 예수님의 엄청난 사랑을 받았습니다. 그 사랑에 힘입어서 우리도 서로서로 사랑하면서 살아가는 존재입니다. 사랑은 무엇일까요? 요한일서 3장 18절입니다.

자녀들이여, 우리가 말과 혀로만 사랑하지 말고 행동과 진실함으로 사랑합시다.

사랑은 말과 혀로 하는 형용사가 아닙니다. 행함과 진실함으로 하는 동사입니다. 친구의 사랑에 대해서 잘 표현한 아름다운 시가 있습니다. 읽을 때마다 잔잔한 감동을 주는 시입니다.

그 사람을 가졌는가
함석헌

만 리 길 나서는 길
처자를 내맡기며 맘 놓고 갈 만한 사람
그 사람을 그대는 가졌는가?
온 세상이 다 나를 버려 마음이 외로울 때에도
'저 맘이야'하고 믿어지는
그 사람을 그대는 가졌는가?
탔던 배 꺼지는 순간 구명대 서로 사양하며
'너만은 제발 살아다오'할
그런 사람을 그대는 가졌는가?
불의의 사형장에서
'다 죽어도 너의 세상 빛을 위해 저만은 살려두거라'일러줄
그런 사람을 그대는 가졌는가?
잊지 못할 이 세상을 놓고 떠나려 할 때
'저 하나 있으니'하며 빙긋이 눈을 감을
그 사람을 그대는 가졌는가?
온 세상의 찬성보다
'아니'하고 가만히 머리 흔들 그 한 얼굴 생각에

너희는 내 친구 **171**

알뜰한 유혹을 물리치게 되는
그 사람을 그대는 가졌는가?

우리가 먼 길을 떠날 때, 안심하고 우리 가족을 맡길 수 있는 사람은 진정한 친구일 것입니다. 어떠한 형편에서도 내 마음을 이해해 줄 수 있는 사람은 진정한 친구가 아닐까요? 함께 낚시하기 위해서 배를 탔습니다. 사고로 배가 물에 가라앉기 시작합니다. 그런데 구명대는 하나밖에 없습니다. 기꺼이 그 구명대를 내게 주면서 '나 대신에 너만이라도 살아다오'라고 해줄 수 있는 사람이 진정한 친구가 아닐까요?

예수님은 이런 희생적인 사랑으로 우리를 사랑해 주셨습니다. 그 사랑을 받았기에, 우리도 친구들끼리 서로서로 사랑하면서 살아가게 됩니다. 다른 사람이 내게 그런 사랑을 베풀어 주는 것을 기대하기에 앞서, 내가 친구들에게 그와 같은 사랑을 베풀어주어야 합니다.

둘째, 예수님과 우리 사이에는 아무런 비밀이 없습니다. 15절입니다.

나는 이제부터 너희를 종이라고 부르지 않겠다. 종은 주인의 일을 알지 못하지만 나는 너희에게 내 아버지께 들은 것을 모두 알려 주었으니 친구라고 부르는 것이다.

사람들은 아무리 친해도 할 말이 있고 못 할 말이 있습니다. 친구를 믿고 자신의 솔직한 마음이나 비밀을 이야기했다가 큰 낭패를 보는 경우가 있습니다. 그러다 보면 친구를 얼마만큼 믿고 비밀을 이야기해야 할지 두려운 마음일 때가 있습니다. 그러나 예수님과 우리 사이에는 그렇지 않습니다. 비밀이 없습니다. 예수님은 하늘나라의 모든 비밀을 우리에게 가르쳐 주셨습니다. 그리고 언제나 우리의 말에 귀를 기울여 주십니다. 우리는 예수님께 언제든지 마음속에 있는 모든 것을 털어놓고 고백할 수가 있습니다. 그러니 이 얼마나 놀라운 특권입니까?

셋째, 예수님은 우리를 주권적으로 선택해 주셨습니다. 예수님이 우리를 친구 삼아 주신 것입니다. 내가 예수님을 선택한 것이 결코 아닙니다. 16절 상반부입니다.

> 너희가 나를 택한 것이 아니라 내가 너희를 택해 세운 것이다.

사람들은 서로가 서로를 선택합니다. 자기 마음에 드는 사람을 친구로 선택합니다. 그러나 예수님과 우리 사이는 그렇지 않습니다. 내가 예수님을 택한 것이 아니라 예수님이 나를 택하여 세우셨습니다. 예수님이 갈릴리 바다의 어부들을 선택하여 제자로 삼으셨습니다. 모든 사람들이 손가락질하는 비천한 직업의 세리들을 예수님은 선택하여 제자로 삼으셨습니다. 마찬가지입니다. 내가 잘나서 내게 무슨 자격이 있어서 그것 때문에 예수님의 친구로 선택함을 받은 것이 아닙니다. 주권적으로 예수님께서 나를 선택하여 친구로 삼으신 것입니다.

예수님의 제자들은 이 사실을 알고 있었습니다. 그래서 예수님은 제자들을 향해서 "너희는 내 친구"라고 말씀하셨지만, 제자들은 한 번도 "나는 예수님의 친구"라는 표현을 쓰지 않았습니다. 그들은 언제나 "나는 예수님의 종"이라고 자기 자신을 낮추었습니다. 자기에게 무슨 자격이 있어서 친구로 선택함을 받은 것이 아니기 때문입니다. 이처럼 예수님의 진정한 친구는 겸손한 사람입니다.

단테의 『신곡』에 보면 이런 이야기가 나옵니다. 단테가 지옥구경을 합니다. 한 쪽에 갔더니 수많은 사람들이 등에 큰 돌을 지고서 끙끙거리고 있습니다. 그는 그들에게 왜 그렇게 하느냐고 물어보았습니다. 그랬더니 한 사람이 이렇게 대답을 했습니다.

"우리는 세상에 살 때 허리를 굽혀본 적이 없습니다. 교만했습니다. 그런데 천국에 들어가는 문은 너무 낮기 때문에 허리를 굽히지 않고서는 들어갈 수가 없습니다. 그래서 이렇게 큰 돌을 허리에 울러 매고서 허리 굽히는 연습을 하고 있습니다."

학식이 쌓이고 지위가 높아질수록 겸손해야 합니다. 예수님의 진정한 친구는 겸손한 사람들입니다.

넷째, 우리는 오랫동안 열매를 맺는 의미 있는 삶을 살아야 합니다. 16절 중반부입니다.

> 그것은 너희가 가서 열매를 맺어 그 열매가 계속 남아 있게 하려는 것이다.

물론 사람들도 열매를 맺으면서 살아갑니다. 그러나 그 열매는 영원하지 않습니다. 일시적인 열매입니다. 예수님과 친구된 우리가 맺는 것만이 영원한 열매입니다. 그만큼 우리는 의미 있는 삶을 살아가야 합니다.

옳은 일을 하다가 실망하거나 지쳐 슬퍼하지 말아야 합니다. 포기하지 말아야 합니다. 갈라디아서 6장 9절입니다.

> 선한 일을 하다가 낙심하지 맙시다. 포기하지 않으면 때가 이르면 거두게 될 것입니다.

분명히 옳은 일에 대한 확신이 있다면 올곧은 신념과 행동하는 양심으로 살아가야 합니다. 우리는 항상 있을 열매, 영원한 과실을 맺으면서 살아가는 값진 존재들입니다.

다섯째, 우리에게는 기도의 응답이 있습니다. 16절 하반부입니다.

> 그러므로 너희가 무엇이든지 내 이름으로 구하면 아버지께서 너희에게 주실 것이다.

예수님의 친구된 우리는 예수님의 이름으로 하나님께 기도할 수 있습니다. 하나님은 예수님의 이름으로 구하는 우리의 기도에 귀를 기울여 주시고 다 응답받게 하십니다. 우리는 살다보면 추천서를 받아야 할 때가 있습니다. 이 추천서는 '누가 써주느냐?'에 따라 권위와 영향력이 발휘됩니다. 우리가 하나님께 나아갈 때 추천서를 써주시는 분이 있습니다. 그 분이 바로 예수님입니다. 다른 사람의 이름은 소용없습니다. 하나님의 아들이신 예수님의 이름으로 나아가야 합니다. 예수님의 친구된 우리는 기도할 때 예수님의 이름으로 하나님께 나아갑니다. 하나님은 그 아들 예수님의 이름으로 소원하는 우리의 기도에만 응답해 주십니다.

살다 보면 어려운 일에 맞닥뜨리게 됩니다. 이럴 때 실망하고 좌절하지 말아야 합니다. 우리는 예수님의 이름으로 기도할 수 있습니다. 전능하신 하나님은 예수님의 이름으로 구하는 우리의 기도를 응답해 주십니다. 문제를 해결해 주십니다.

예수님은 우리를 친구로 삼아주셨습니다. 엄청난 사랑을 베풀어 주십니다. 우리도 그 사랑을 받아서 서로서로 사랑하며 삽시다. 예수님과 우리 사이에는 아무런 비밀이 없습니다. 예수님은 하늘나라의 비밀을 우리에게 다 가르쳐 주셨습니다. 언제나 우리의 말에 귀를 기울여 주십니다. 내가 잘나서 나를 택한 것이 아니고, 예수님은 나를 주권적으로 택하여 주셔서 친구로 삼아 주셨습니다. 우리는 영원히 있을 열매를 맺으면서 살아가는 의미 있는 존재들입니다. 예수님과 친구된 우리는 예수님의 이름으로 하나님께 기도할 수 있습니다. 기도의 응답을 받을 수 있습니다.

사랑을 원하시나요? 하늘나라의 비밀을 알기를 원하시나요? 의미 있는 삶을 살기를 원하시나요? 열매를 맺으면서 살기를 원하시나요? 기도의 응답을 원하시나요? 예수님 안에서 기쁨과 축복의 삶이되기를 원하시나요?

예수님은 오늘도 우리를 친구로 불러주십니다. 예수님의 그 부르심에 기쁨으로 응답하는 우리 모두가 되기를 바랍니다. 예수님은 참 좋은 친구이십니다. 예수님의 그 놀라운 사랑을 우리가 받았습니다. 우리도 서로 사랑하면서 사랑을 실천하며 살아가는 아름다운 모습들이 되기를 예수님의 이름으로 소망합니다.

진정한
친구 사귐

지난 2001년 3월에 개봉한, 우리나라 영화로 800만 명이라는 경이적인 흥행 기록을 남긴 영화가 있었습니다. 그 영화가 바로 곽경택 감독이 만든 '친구'입니다. 이 영화의 흥행으로 2013년 〈친구2〉도 제작되어 연이은 흥행으로 친구의 돌풍을 이어갔습니다. 왜 이 영화가 그토록 많은 사람들의 관심을 끌었을까요? 그것은 영화의 완성도와 내용의 충실함 등이 돋보이기도 하였지만 우리에게 '친구'라는 단어는 주는 깊은 의미가 있기 때문이기도 한 것 같습니다.

'친구'라는 단어는 한자어입니다. 사전을 찾아보니 '친할 친親'에 '옛 구舊'를 써서 '오래두고 가깝게 사귄 벗'이라고 풀이하고 있습니다. 오래두고 가깝게 사귄 벗이란 무엇일까요? 제가 재직하는 학교에서 학생들에게 묻곤 합니다.

"학교를 졸업한 어느 시점에 같이 지내던 친구를 떠올리면 어떤 생각이 들까요?"

"여러분은 오랜 세월이 흐른 후에 어떤 모습의 친구로 떠오를까요?"

아이들은 부모님이나 어른들로부터 좋은 친구를 사귀라는 말을 많이 듣습니다. 그 이유는 '어떤 친구를 만나고, 사귀느냐'에 따라 인생은 많은 영향을 받습니다. 잠언 13장 20절입니다.

지혜로운 사람들과 동행하는 사람은 더욱 지혜로워지지만 어리석은 사람들과 어울리는 사람은 망하게 된다.

네덜란드에서는 품종이 나쁜 장미를 품종이 우수한 장미 옆에 심어 품종을 개량한다고 합니다. 품종이 나쁜 장미는 자가수정自家受精이 되지 않도록 꽃밥을 품종이 좋은 꽃쪽으로 기울여가서 수정을 하고, 드디어 우수한 품종으로 바뀌어 갑니다. 일본에서는 새나 동물의 색깔이나 모양을 개량하기 위해서 기발한 방법을 쓰곤 합니다. 예를 들어, 흰 새를 만들기 위해서 쥐색 새를 하얀 방, 하얀 새장 속에 넣고 하얀 옷을 입은 사육사가 출입을 하면 드디어 흰 새가 됩니다. 스위스에서는 카나리아가 나이팅게일의 소리로 노래하도록 합니다. 방법은 카나리아를 나이팅게일과 함께 살게 합니다. 아름다운 나이팅게일의 노래를 부르는 카나리아는 특이함 때문에 인기가 높습니다.

벤저민 프랭클린은 필라델피아 거리에 가로등을 세우고 싶었습니다. 그는 다른 사람들을 설득하거나 하지 않고, 자기 집 앞에 멋진 등을 달았습니다. 그리고 매일 저녁때가 되면 유리를 정성껏 닦고 불을 켰습니다. 얼마 지나지 않아 다른 사람들도 집 앞을 밝히기 시작했습니다. 온 도시가 등을 달게 되었고, 사람들은 가로등의 중요성을 알게 되었습니다.

근묵자흑近墨者黑 즉, '먹을 가까이 하면 먹이 묻기 쉬워 검게 된다.' 나 근주자적近朱者赤 즉, '붉은 것을 가까이 하면 붉게 된다.'는 말은 주위의 나쁜 영향을 받기 쉬우니 경계하라는 뜻이지만 주위의 좋은 이웃이나 좋은 솔선수범을 보면 좋은 영향을 받게 된다는 의미도 됩니다.

친구를 네 가지로 나누어 볼 수 있습니다. 첫째, 꽃과 같은 친구입니다. 꽃이 피어서 예쁠 때는 그 아름다움에 찬사를 아끼지 않습니다. 그러나 꽃이 지고 나면 돌아보는 사람 하나 없듯이, 자기 좋을 때만 찾아오는 친구가 바로 꽃과 같은 친구입니다.

둘째, 저울과 같은 친구입니다. 저울은 무게에 따라 이쪽으로 또는 저쪽으로 기웁니다. 이와 같이 '자신에게 이익이 있는가, 없는가'를 따져 이익이 큰 쪽으로만 움직이는 친구가 바로 저울과 같은 친구입니다.

셋째, 산과 같은 친구입니다. 산이란 온갖 새와 짐승의 안식처이며, 멀리 보거나 가까이 가거나 늘 그 자리에서 반겨줍니다. 이처럼 생각만 해도 편안하고 마음 든든한 친구가 바로 산과 같은 친구입니다.

넷째, 땅과 같은 친구입니다. 땅은 싹을 틔우고 곡식을 길러내며 누구에게도 조건 없이 기쁜 마음으로 베풀어줍니다. 한결같은 마음으로 아낌없이 주는 친구가 바로 땅과 같은 친구입니다.

사람은 혼자서는 완전한 몸을 이룰 수 없습니다. 반드시 돕는 사람이 있어야함을 말씀합니다. 창세기 2장 18절입니다.

여호와 하나님께서 말씀하셨습니다. "사람이 혼자 있는 것이 좋지 않으니 내가 그에게 알맞은 돕는 사람을 만들어 주겠다."

하나님은 사람을 둘이 기대야만 설 수 있게 만드셨습니다. 창세기 2장 24절입니다.

그러므로 남자가 자기 아버지와 어머니를 떠나 그 아내와 결합해 한 몸을 이루게 되는 것입니다.

'사람 인人'의 한자는 '서로 기대어 서는 것'을 말합니다. 전도서 4장 9~12절입니다.

하나보다 둘이 더 낫다. 둘이 함께 노력하면 더 좋은 결과를 얻기 때문이다. 넘어지게 되면 하나가 다른 하나를 일으켜 줄 수 있다. 그러나 혼자여서 넘어져도 일으켜 줄 사람이 없으면 얼마나 불쌍한가! 또 둘이 함께 누우면 따뜻해지지만 혼자라면 어떻게 따뜻해지겠는가? 혼자서는 질 일도 둘이서는 당해 낼 수 있으니 세 겹줄은 쉽게 끊어지지 않는다.

사람은 혼자만의 힘으로 살 수 없습니다. 반드시 오래두고 가깝게 사귀는 친구가 있어야 합니다. 우리는 좋은 친구를 선택하여 사귀어야 합니다. 그러나 이것은 소극적이고 수동적인 친구의 자세입니다. 자신이 좋은 친구가 되는 것이 적극적이고 능동적인 친구의 자세입니다. 로마서 8장 28절입니다.

우리는 하나님을 사랑하는 사람들, 곧 그분의 뜻을 따라 부르심을 받은 사람들에게는 모든 것이 합력해 선을 이루는 줄을 압니다.

빌립보서 2장 2~3절입니다.

같은 생각을 품고 같은 사랑을 나타내며 한마음으로 같은 것을 생각함으로 내 기쁨을 충만하게 하십시오. 무엇을 하든지 이기심이나 허영으로 하지 말고 서로 겸손한 마음으로 다른 사람들을 자기보다 낮게 여기십시오.

진정한 친구 사귐은 자신보다 남을 높게 여기며, 겸손한 한 마음으로 사랑을 실천하는 것입니다. 대학 은사이신 신영복 선생님의 서예전 〈짧은 글 긴 생각〉에 있는 말입니다.

"여럿이 함께라면 험한 길도 즐거워라."

몇 년 전에 베스트셀러로 많은 사람에게 감동을 준 책이 있습니다. 바로 『칭찬은 고래도 춤추게 한다』[1]입니다. 이 책은 칭찬에 너무 인색한 우리에게 칭찬이 얼마나 중요한 것인지를 깨닫게 해 주었습니다. 그런데 한 번 생각해 보았습니다. 칭찬은 아무리 강조해도 지나치지 않은 것일까요? 칭찬은 언제 어디서든 많이 하면 좋은 것일까요? 그렇지 않습니다. 칭찬에 대해 좀 더 깊이 생각해보아야 합니다. 칭찬이 무조건 좋은 것만은 아닙니다. 높은 사람에게 지나치게 칭찬을 하는 사람은 아첨하는 사람입니다. 높은 사람이 자신을 칭찬하는 말에 현혹되어 칭찬하는 사람을 가까이 두는 것은 어리석은 모습입니다. 지나치게 칭찬만하고 잘못을 지적하지 않는 것은 상대방을 자만심에 빠지게 하여 왕자병, 공주병에 걸리게 하여 교만한 사람, 남을 무시하고 자신만 옳다고 생각하는 독선과 아집의 사람으로 만들게 됩니다.

성경 『잠언』을 기록한 사람은 지혜의 왕 '솔로몬'입니다. 솔로몬은 왕으로서 최고 권력자였습니다. 또한 큰 부자로 아버지 다윗이 이루지 못한 성전을 건축하고 자신이 머물 왕궁을 화려하게 건축하였습니다. 그리고 그의 시대는 자신의 지혜를 발휘하는 정치력으로 여러

---

1 켄 블랜차드 외, 조천제 옮김, 『칭찬은 고래도 춤추게 한다』(21세기북스, 2002)

나라와 교류하면서 평화를 이룰 수 있었고, 경제적인 성장을 이룰 수 있었습니다. 이러한 솔로몬이 자신의 인생 경험을 바탕으로 삶의 지혜로, 교훈으로 전하고자 한 것이 바로 잠언 27장 17절입니다.

철이 철을 날카롭게 하듯 사람이 그 친구의 얼굴을 빛나게 한다.

이 말씀이 무슨 뜻일까요? 솔로몬을 통해 고백하게 하신 하나님의 말씀의 뜻은 무엇일까요? 이 말씀은 잠언 27장 6절을 이해해야 좀 더 쉽게 이해할 수 있습니다.

친구의 꾸지람은 진실하나 원수의 입맞춤은 속이는 것이다.

그렇습니다. 남의 잘못을 지적하는 것, 야단치는 것은 참으로 어렵습니다. 그저 남에게 듣기 좋은 말을 하는 것은 매우 쉽습니다. 저는 이런 것을 굉장히 못합니다. 남의 잘못을 보면서, 독단에 빠지는 것을 보면서도 잘 지적하지 못합니다. 미움 받고 싶지 않고, 혹시 서로의 관계가 나빠질까 싶어 상대방이 받아들이지 않을 것 같아서 잘 하지 못합니다. 그러니 저를 아는 사람들은 저로 인해 잘못을 고치게 되는 축복의 기회가 없거나 적을 수밖에 없습니다. 그런 점에서 저는 참 부족한 사람입니다. 이것이 저만의 문제일까요?

한 번 생각해 봅니다. 남의 조언에 귀 기울이고 때로는 듣기 싫은 지적에도 귀 기울이는 겸손과 열린 마음이 있는 사람은 자신의 주위에 진정한 친구가 많이 있을 것입니다. 이런 사람이 높은 지위에 있다면 진심으로 함께해 주는 충직한 협력자들이, 친구들이 많이 있을 것입니다.

성군聖君은 머리가 좋은 사람이 아니라 귀가 좋은 사람이고, 폭군暴
君은 머리가 나쁜 사람이 아니라 귀가 나쁜 사람이라고 했습니다. 옛
말에 "양약고어구良藥苦於口 충언역어이忠言逆於耳"라는 말이 있습니다.
이 말의 뜻은 "양약은 입에 쓰나 병을 고치며 충언은 귀에 거슬리나
행하면 이롭다."는 말입니다. 이 말의 유래는 이러합니다.

진시황이 죽자 진나라 온 천하는 요동쳤습니다. 진나라 토벌을 향
해서 초나라 항우와 심한 경쟁을 하던 유방은 마침 항우보다 먼저 진
나라를 쳐서 승리하여 당당히 진의 수도 함양에 입성했습니다. 진나
라 왕 자영의 항복을 받고 진의 왕궁에 들어가게 되었습니다. 그는
왕궁에 들어가 보고는 놀랐습니다. 화려하게 치장한 궁실, 찬란한 장
막, 풍부한 말들, 산처럼 쌓인 보물, 헤아릴 수 없이 많은 미녀와 후궁
들을 접한 유방의 마음은 흔들렸습니다. 그대로 왕궁에 머물러 있으
려고 하였습니다. 이와 같은 유방의 태도를 눈치챈 강직한 신하 번쾌
가 주청하였습니다.

"아직 천하가 통일된 게 아닙니다. 오히려 지금부터가 큰 역사의
시작이며 대사업입니다. 한시라도 빨리, 여기를 나가서 적당한 곳에
진을 쳐서 사후에 대처해야 합니다."

그러나 유방은 듣지 않았습니다. 옆에 있던 현명한 장량이 거듭 주
청하였습니다.

"애당초 진나라가 잔인무도한 학정을 폈기 때문에 천하의 원한을
사서 주군과 같은⋯⋯. 말하자면 일개 서민이 이렇듯 왕궁에 들어오
게 된 것입니다. 지금 주군의 임무는 천하를 위해서 남은 잔당을 처
부수고 천하의 인심을 편하게 해 주는 것입니다. 그러기 위해서는 상
복을 입고 지금까지 진나라로부터 고통 받은 백성들을 위로하고 돌
보는 마음가짐이 필요합니다. 그런데 이제 진나라에 입성했을 뿐인

데 보물이나 미녀에 눈이 어두워 금방 폭악한 진왕의 향락을 배운다면 점점 더 폭악暴惡을 행하는 나쁜 왕이 되고 말 것입니다. 대저 충언이라 함은 귀에 거슬리나 몸에 이익이 됨이요, 양약은 입엔 쓰나 병에는 효험이 있는 것이니 아무쪼록 번쾌의 충언을 들어 주십시오.”

이 간언을 듣고 유방은 화를 내지 않고 왕궁을 떠나서 패상이란 곳으로 진을 옮겼습니다. 이 일로 유방은 항우를 이기고 천하를 통일할 수 있었습니다.

날카로운 철과 철이 만나면 그 날카로움의 부딪힘으로 서로 부담스럽습니다. 서로 상처를 입을 수 있습니다. 그러나 그 부딪힘으로 서로를 강하고 힘찬 날카로움으로 만들 수 있습니다. 이 날카로움으로 악에 맞설 수 있고 악의 세력이 심어주는 독선과 아집과 교만으로부터 자신을 지켜나갈 수 있습니다. 철의 부딪힘과 같이 쓴 소리를 해야 하기에 가슴이 아프지만 진심으로 지적하고 야단치는 것은 결국 친구의 얼굴을 빛나게 하는 것입니다. 잠언 12장 1절입니다.

훈계를 사랑하는 사람은 지식을 사랑하지만 꾸지람을 싫어하는 사람은 짐승과 다를 바 없다.

예수님은 자신의 사랑하는 제자 베드로의 잘못된 생각과 말을 강하게 야단치셨습니다. 그렇게 하여 베드로의 잘못을 확실하게 지적하셨습니다. 마태복음 16장 22~23절입니다.

그러자 베드로는 예수를 붙들고 거칠게 소리 높였습니다. “주여! 절대로 안 됩니다! 그런 일이 주께 일어나서는 절대로 안 됩니다!” 예수께서 베드로를 돌아다보며 말씀하셨습니다. “사탄아, 내 뒤로 물러가

거라! 너는 나를 넘어뜨리는 걸림돌이다! 네가 하나님의 일은 생각하지 않고 사람의 일만 생각하는구나."

사도 바울은 이방 사람들을 전도하는데 주저하는 베드로에게 선배 사도요, 사도중의 중심인 베드로에게 냉정하게 그 잘못을 지적하였습니다. 갈라디아서 2장 11~14절입니다.

그러나 게바가 안디옥에 왔을 때 그에게 책망할 일이 있어서 얼굴을 마주대하고 그를 책망했습니다. 게바는 야고보가 보낸 몇몇 사람들이 오기 전에 이방 사람들과 함께 음식을 먹고 있었습니다. 그러나 그들이 오자 그는 할례 받은 사람들을 두려워해 슬그머니 그 자리를 떠났습니다. 그러자 다른 유대 사람들도 게바와 함께 위선을 행했고 바나바까지도 그들의 위선에 휩쓸렸습니다. 나는 그들이 복음의 진리대로 바르게 행하지 않는 것을 보고 모든 사람 앞에서 게바에게 이렇게 말했습니다. "당신은 유대 사람으로서 유대 사람처럼 살지 않고 이방 사람처럼 살면서 어떻게 이방 사람에게 유대 사람처럼 살라고 강요합니까?"

사랑하는 사람에게 칭찬도 많이 해야 하지만 충고와 조언을 아끼지 말아야 합니다. 사랑하는 사람에게 가슴이 아프지만 칭찬만이 아닌 지적을 해 주어야 합니다. 목사님께, 장로님께, 또한 부모님께, 선생님께, 높은 지위에 있는 사람에게 사랑을 담아 충고와 조언의 말을 전해야 합니다. 그것이 진정한 사랑의 말입니다.

모든 아이들은
소중한 가정에서
자라야 합니다

버려지는 아이들이 해를 거듭할수록 증가하고 있다고 합니다. 문제는 가족 해체로 인한 직접적인 원인이 아니라 미혼모의 아기들이 버려지는 비율이 높아지고 있다는 것인데, 이와 맞물려 신생아 매매도 진행되고 있다니 걱정입니다. 의존적일 수밖에 없는 어린 생명들에게는 선택의 여지도, 이 모든 사태를 거부할 힘도 없다는 사실이 우리를 슬프게 합니다.

얼마 전에 본 경찰 통계에 따르면, 영아 유기 사건이 한 해 50건 이상, 살해가 10건 이상 발생하는 것으로 알려지고 있습니다. 비정하게 아기를 버리는 엄마들은 대부분 10대 후반에서 20대 초반의 여성이고, 이들은 준비되지 않은 출산으로 아기를 자신이 짊어지고 살아가야 할 인생의 걸림돌로 생각하기 때문에 '유기'라는 극단적인 선택을 하는 것으로 보입니다.

특히 지난 2012년 8월 개정된 입양특례법이 시행된 후 아동의 출생등록과 부모의 알 권리를 강조하게 돼있어 미혼모가 원하지 않아도 출생신고를 강제로 하게 되어 있기 때문에 미혼모들이 아이를 버리는 사건이 일어난다는 분석이 나오고 있습니다.

현재 전국 281개 보육원에서 생활하는 아이가 1만 5,900여 명이나 된다니 가슴 아픈 일이 아닐 수 없습니다. 이들은 여러 가지 이유로 부모를 잃은 뒤 입양으로 새로운 가정을 얻는 대신 보육시설에서 단체 생활을 하는 아이들입니다. 또 2013년 서울시에서 새로 버려진 아기가 239명이라고 하니 이런 상황이 언제쯤 그치게 될지 안타깝기 그지없습니다.

아이들이 만 19세가 되면 보육원을 떠나야 하는 현실도 문제입니다. 나갈 때 받은 자립 지원금 500만 원과 얼마간의 개인 후원금으로는 서울에서 작은 월세 방 보증금을 내기도 힘들기 때문입니다. 물론 사회가 이 아이들의 부모를 대신해 줄 수는 없을 것입니다. 어쨌든 버림받는 아이들의 문제를 해소하기 위해 무엇보다 먼저 아이를 버리지 않도록 환경부터 개선해야 할 것입니다.

전문가의 상담 제공과 정서적 안전망을 줄 수 있는 감성교육 등 맞춤형 복지도 필요합니다. 만 19세가 되면 독립해야 하는 아이들에겐 교육과 직업훈련의 기회를 마련해 주어야 합니다. 버려지는 불쌍한 아이들에게 관심을 갖고 사랑으로 보듬는 일에 적극 나섰으면 합니다.

어떤 목사님이 장로님께 "미혼모들을 잘 도와서 정서적으로, 육체적으로 건강한 아이가 태어나도록 돕는 일을 우리 교회가 했으면 합니다."라고 말씀드렸더니 "자기들이 사고쳐서 저지른 일인데, 그런 아이들을 왜 돕습니까? 더 불쌍하고 힘든 사람들도 많은데……."라고 대답하셨다고 합니다. 미혼모가 되었다는 것 자체가 바람직한 것은 아닙니다. 하지만 그렇다고 해서 미혼모는 건강하지 않은 아기를 출산하도록 내버려 두어도 되는 것인가요? 책임도 못질 아이니 낙태하라고 말하는 것이 옳을 까요? 아기 엄마가 혹 잘못했다 하더라도 태어날 아기가 무슨 잘못이 있나요? 순간의 실수와 부주의로 미혼모가 된 이들에게서 태어나는 아이들, 버려진 기아棄兒들, 결손 가정에서 책임지지 못하고 입양 기관에 맡겨놓고 가버린 그 아이들은 그냥 버림받은 아이들이라고 내팽개쳐야 하나요?

교회는 교인들뿐만 아니라 교회가 속한 사회가 건강하고 행복한 삶을 살아가도록 도와야 합니다. 그래서 교회 내에서 어린이, 청소년, 청년들을 위해 알찬 교육을 합니다. 그러나 동시에 사회적으로 버림받고 사람들이 찾아주지 않는 이웃에게는 전적으로 부패한 죄인을 사랑하신 예수님을 본받아 사랑을 베푸는 일도 해야 합니다. 건강한 가정을 이루도록 돕는 일에도 관심을 쏟아야 하지만, 상처 입은 가정을 싸매어주고, 부모 잃은 자녀들에게 부모 역할을 해 주는 일도 한국 교회가 앞장서야 합니다.

우리나라가 세계 경제 강국이라고 하지만 1950년 한국전쟁 이후 시작된 해외 입양아 누적 숫자로는 고아 수출국 1위이고, 현재 연간 통계로도 한국은 중국, 러시아, 과테말라에 이어 고아 수출 4위국이라고 합니다. 우리나라의 해외 선교사 파송 수는 미국에 이어 2위라고 합니다. 그런데 자기 나라에서 생긴 아동들을 책임지지 못해서 해외로 보내고 있다는 것은 정말 부끄러운 일입니다. 우리나라에서 한 해에 버려지는 아이들이 8천여 명으로 추정된다고 합니다. 매년 입양 기관을 통해 4천여 명이 입양되는데, 그 입양아 중 60%가 해외로 입양된다고 합니다. 이런 현실을 볼 때 한국 교회가 전도도 해야 하고, 해외선교도 해야 하고, 여러 복지사업도 해야 하지만 가정이 없는 자들에게 가정을 제공하는 것 또한 시급한 일 중 하나가 아닌가 하는 생각이 듭니다.

그리고 입양은 숨길 것이 아닙니다. 입양 사실을 숨긴다는 것 자체가 입양이 부끄러운 일이라는 이미지를 심어줍니다. 비밀 입양은 언젠가는 밝혀지게 됩니다. 뒤늦게 입양 사실을 알게 되면, 입양아 본인도 충격을 받게 되고 부모도 힘들어집니다. 공개 입양에 대한 인식을 새롭게 하여 사회적으로도 공개 입양이 자연스러운 것으로 인식되는 날이 속히 오길 소망합니다. 기독교계에서 익숙한 사랑, 은혜, 섬김, 화평과 같은 아름다운 단어들처럼, 어쩌면 그 이상으로 '입양'이란 말이 복된 언어로 자리 잡았으면 좋겠습니다.

언젠가 우연히 본 기사에 너무도 놀라, 한동안 멍했던 기억이 납니다. 그 내용은 이와 같았습니다.

"갓난 아기를 사고 파는 뒷거래가 성행하고 있다. 갓 태어난 어린 생명은 물론 뱃속 태아까지 무차별적이다. 입양入養의 너울을 쓴 명백한 인신매매. 주로 인터넷을 이용해 은밀하게 거래된다. 이 과정에서 뒷돈을 챙기는 브로커까지 등장했다."

이와 같은 일들이 우리 사회에서 벌어진다는 사실이 믿어지지 않았습니다.

"혼자 아기 키우고 있는데, 너무 힘드네요. 맡아서 잘 키워주실 분 찾아요."

인터넷 한 포털사이트에 이런 짤막한 글이 올랐다고 합니다. 그러자 삽시간에 여기저기서 "쪽지주세요", "메일 보냈습니다." 등의 댓글이 달렸다고 합니다. 모두 입양을 원하는 사람들이었습니다. 글을 올린 사람은 경북 경산시에 사는 미혼모 박유진(19·가명)씨. 얼마 전 홀로 아기를 낳은 박 씨는 아기와 단둘이 경산시의 한 펜션에서 생활하고 있었습니다. 초등학교 4학년 때부터 줄곧 부모와 떨어져 살아온 그녀에겐 도움을 줄만한 가족이나 친지가 없었습니다. 아기 아빠와도 이미 연락이 끊긴지 오래였습니다. 그녀는 고심 끝에 아이 입양을 결심할 수밖에 없었습니다.

"입양에 대한 정보를 얻으려고 인터넷을 찾아봤어요. 그랬더니 '개인 입양을 원한다'는 글이 많더라고요. 저 같은 친모가 먼저 글을 올리는 경우도 있었고, 아이를 원하는 사람들이 글을 올리기도 했고요."

박 씨의 말처럼 이 포털사이트에는 '개인 입양을 원한다'는 글이 수두룩했습니다. 한 산모가 남긴 듯한 글에는 출산 예정일과 아기의 성별 등 구체적인 정보도 적혀 있었습니다. 그리고 이런 글들에는 어김없이 여러 개의 '비밀스러운' 댓글이 달려 있었습니다.

아기를 두고 어떤 일이 벌어지고 있는 걸까요? 아이 '거래'의 양상이 궁금해 댓글을 적은 몇몇 아이디로 "8월에 출산을 앞두고 형편이 어려워 아이를 입양 보내길 원하는 산모가 있다"는 내용을 적어 쪽지를 보내 보았다고 합니다. 그러자 한 사람으로부터 채 몇 분도 지나지 않아 놀랄 만한 답변이 돌아왔습니다. "먼저 원하는 '조건'을 불러달라"라는 것이었습니다.

처음에는 양부모가 될 사람의 경제적 능력, 가정 환경, 성품 등의 자격 요건을 말하는 것으로 이해했습니다. 그러나 그것은 순진한 생각이었습니다. 그가 말하는 진짜 조건은 따로 있었습니다. 아이를 입양 보내는 대가로 얼마를 받기를 원하느냐는 것이었습니다.

박 씨는 "글을 올린 후 연락해온 사람들 중엔 돈을 주겠다고 접근한 사람도 있다"라면서 "무서운 생각이 들어 즉답을 피했다"라고 합니다. 그러나 "다른 사람들의 얘기를 들어 보니 '입양'이란 미명 아래 아이를 두고 돈이 거래되는 경우가 종종 있는 듯하다"라고 합니다. 그녀의 말대로라면 일선 현장에서는 사실상 '입양'이 아닌 '아기 매매'가 이뤄지고 있다는 얘기였습니다.

법치국가인 우리나라에서 대명천지에 과연 이런 일이 가능할까요?

인터넷을 통한 개인 입양의 많은 경우가 '금전적 거래'를 기반으로 하고 있다고 합니다. 개인 입양을 고려하는 사람들 사이에서 이 사실은 공공연한 비밀이라고 합니다.

인터넷을 통해 입양을 보내려는 친모들 중에는 입양 기관을 통한 정식 입양이 어려운 10대 미혼모들이 많습니다. 대부분 아이를 낳아 기를 수 있는 경제적 형편이 안 되는 사람들입니다. 이 경우 아이를 입양할 양부모가 출산 과정부터 개입해 출산비나 산후조리비 등을 내주는 것이 일반적인 방식이라고 합니다. 여기서 끝이 아니었습니다. 실제 현장에선 출산비나 산후조리비 명목 외에도 다양한 형태의 거래들이 이뤄지고 있었습니다.

거래 비용도 상상을 초월했습니다. 적게는 200만 원에서 많게는 1,000만 원까지 큰돈이 오갑니다. 성별, 혈액형, 외모 등의 기준에 따라 아기의 입양 비용도 올라갑니다. 가령 아기가 양부모의 혈액형이 맞고, 딸이면 가장 좋은 조건입니다. 요즘은 거의 모든 양부모가 딸을 선호하는 경향이 있기 때문입니다. 여기에 외모까지 출중하면 최고의 조건이 되는 것입니다. 1,000만 원이 넘는 돈이 오가는 경우도 있다고 합니다. 이 과정에서 아기의 혈액형을 증명할 수 있는 문서와 아기 사진이 오간다고 합니다. 아기에 대한 기본 정보 외에도 임신했을 때 산모의 흡연 여부와 식생활 등을 거래 조건에서 따지기도 합니다. 현장에서 이렇게 조건에 따라 점수를 매기듯 아기의 '몸값'이 책정되고 있었습니다. 사람의 목숨은 거래의 대상이 될 수 없고, 되어서도 안 되는데 말입니다. 그런데 아기들이 단순한 거래를 넘어 이렇듯 '매매의 대상'이 되고 있는 것입니다.

그런데 충격적인 사실은 여기서 그치지 않았습니다. 인터넷을 통한 개인 입양에는 또 다른 범법 행위가 숨어 있었습니다. 경우에 따라 친모 이름으로 발급되는 출생증명서를 애초부터 양부모의 이름으로 위조할 때도 있다고 합니다. 그야말로 '뱃속의 아기'를 거래하는 것입니다. 출산 전부터 친모와 접촉해 일종의 '입양 예약'을 하고, 아기가 태어나면 모든 기록을 아이를 맡아 기를 양부모의 이름으로 처리합니다. 이 과정은 낳은 아이를 입양할 때보다 돈이 더 많이 듭니다. 때로는 여기에 '브로커'가 개입하기도 합니다. 입양을 중개하는 대가로 수수료를 챙기는 브로커들이 적지 않습니다. 인터넷을 통한 입양 수요가 늘어나면서, 이를 연결해 주고 돈을 챙기는 '입양 브로커'들이 생겨났습니다. 입양 브로커의 활동은 어제 오늘의 일이 아닌 듯합니다. 이미 오래전부터 입양 브로커들의 검은 손길이 뻗쳐 있었습니다. 브로커가 중간에 개입될 경우 가장 큰 문제는 친부모와 양부모 간의 직접적인 동의 과정이 생략돼 상대방의 신원을 확인할 길이 없다는 점입니다. 아이에게 문제가 생겨도 행방을 찾기 어렵습니다.

현재 우리나라에서 허용되는 입양의 형태는 크게 두 가지입니다. 민법상의 입양과 입양특례법상의 입양이 그것입니다. 친부모와 양부모 간의 합의와 동의의 절차를 걸쳐 성사되는 개인 입양이 민법상의 입양이며, 입양 기관을 통한 입양은 후자에 해당합니다. 즉 양쪽 부모 간의 확실한 동의만 있으면 인터넷을 통한 개인 입양도 그 자체가 불법은 아닌 셈입니다. 다만 그 과정에서 양측의 동의 과정이 생략됐다거나 금품이 오갔다면 이는 명백한 불법입니다.

현행 아동복지법 제29조 5호는 "아동을 타인에게 매매하는 행위는 10년 이하의 징역 또는 5,000만 원 이하의 벌금에 처한다."라고 규정하고 있습니다. 아이를 두고 금품이 오갔다면 목적을 불문하고 이는 '매매 행위'로 간주될 수 있습니다. 인터넷을 통한 개인 입양이 문제가 되는 건 대부분이 그 과정에서 돈이 오간다는 점으로 이는 확실한 아동복지법 위반 행위입니다.

전문가들은 금품이 오간다는 사실 외에도 인터넷을 통한 개인 입양에는 또 다른 위험성이 많다고 지적합니다. 입양되는 아이나 입양하는 부모에 대해 자세히 알지 못하는 상황에서 입양이 이루어지는 게 대부분이기에, 잘못될 경우 가정 폭력이나 아동학대를 거쳐 파양으로 이어질 수 있습니다. 인터넷을 통해 개인 입양을 할 경우 아이를 맡아 기를 양부모의 성품 및 자질을 파악하기 어렵습니다. 때문에 아동학대 문제 등에 그대로 노출될 위험성이 큽니다.

이와 같은 위험이 따르는데도 인터넷을 통한 개인 입양이 성행하는 이유는 간단합니다. 입양 기관을 통한 입양을 하려면 절차도 복잡한데다 양측 부모들의 신상이 고스란히 노출되기 때문입니다. 이에 반해 인터넷을 통해 개인 입양을 하면 이런 과정의 대부분을 생략할 수 있기 때문에 서로 유혹을 받습니다.

게다가 인터넷을 통해 아기를 입양 보내길 원하는 대부분의 친모는 입양 기관을 통한 입양 절차를 밟기 힘든 10대 미혼모가 많은 편입니다. 일반적으로 입양 기관을 통해 미성년자가 아기를 입양보낼 경우 아기의 친모와 친부의 동의는 물론 양쪽 보호자의 동의도 받아야 합니다. 홀로 아기를 낳아 기르는 미혼모들에겐 거의 불가능한 조건입니다.

엄격한 양부모 자격 또한 개인 입양을 부추기는 중요한 원인 중 하나입니다. 입양 기관은 아이를 맡아 기를 수 있는 양부모의 자격으로 몇 가지 주요 기준들을 두고 있습니다. 먼저 아이를 키울 수 있을 만큼 충분한 재산이 있어야 하며, 양부모가 아이와 25~60년 이내의 나이차가 있어야 합니다. 또한 기혼자는 결혼한 지 3년 이상이어야 하고, 독신일 경우 35세 이상에 직업과 직장의 추천서 등이 필요합니다.

이런 여러 가지 조건 중 하나라도 충족시키지 못하면 입양은 불가능합니다. 상황이 이렇다 보니 아이를 원하지만 경제적으로 어려운 처지에 놓인 부부들은 입양 기관의 문을 두드릴 수 없게 되어 있습니다.

공개 입양을 꺼리는 사회 분위기도 개인 입양을 부추기는 요인이 됩니다. 여전히 많은 양부모가 '비밀 입양'을 선호합니다. 공개 입양 비율이 70%라고 해도 실질적으로는 대부분의 양부모가 아이를 양자로 입양하는 게 아니라 친자로 입양을 합니다. 이런 상황에서 양부모들이 친부모와 양부모 간의 합의만으로 비밀입양이 가능한 개인 입양을 선호하는 건 당연한 결과입니다.

어느 조사에 의하면, 90% 이상이 출생신고가 되어 있지 않은 상태에서 양부모에게 입양된 것으로 나타났습니다. 많은 양부모가 입양한 아이를 친생자(자신이 낳은 아이)처럼 기록했기 때문입니다. 가족관계등록법에 따르면 불법이지만, 대부분의 양부모들이 이런 방식을 통해 입양 사실을 숨기고 있습니다.

지난 2012년 8월 개정돼 시행되고 있는 입양특례법이 개정됨에 따라 '공개 입양'이 불가피해졌습니다. 입양특례법 개정됨으로 입양을 원하는 부모라면 누구든 가정법원의 허가를 받도록 되어 있습니다. 양부모의 자격도 더욱 강화됐습니다. 입양특례법 시행령 제2조는 관할 경찰서에 양친될 사람의 범죄 경력을 조회할 수 있는 권리를 부여했습니다. 입양된 아이들을 아동학대나, 폭력 등의 위험성으로부터 보호하겠다는 취지에서입니다. 또 입양 후 1년 동안 입양 기관으로부터 적응을 위한 상담과 교육도 받아야 합니다.

'입양숙려제'도 도입됐습니다. 이에 따라 미혼모 등 친생부모는 아이를 낳은 후 7일이 지나기 전에 입양에 동의할 수 없고, 이 기간 동안 직접 양육할 경우 어떤 지원을 받을 수 있는지 상담을 받아야 합니다. 아이를 낳은 직후 입양을 보내는 일이 사실상 불가능해진 셈입니다. 법 개정의 취지는 좋지만 입양을 원하는 당사자들에게 얼마나 실효성이 있을지는 의문입니다. 법원의 허가를 받아야 하는 등 예전보다 절차가 까다로워졌으니 개인 입양을 고려하는 사람들이 더 많아지면 많아졌지 줄어들지 않을 겁니다. 문제는 개인 입양 자체가 늘어난 데 있지 않습니다. 이보다 더 큰 문제는 개인 입양을 선택하는 사람들의 '잘못된 생각'에 있습니다. 서로 간의 뜻만 잘 맞으면 입양을 하는 대가로 얼마든지 비용을 지불할 수 있다는 인식도 그중 하나입니다. 개인 입양을 하려는 양부모들은 그만큼 절박한 상황에 놓인 사람들이라는 이유로 많은 사람에게 돈은 큰 문제가 되지 않는 듯합니다. 아이를 입양할 수 있다면 돈을 거래할 수 있는 것은 물론 돈의 액수도 그리 중요하지 않다는 뜻입니다. 이러한 인식은 아이를 보내려는 친부모도 마찬가지인 듯합니다.

2007년부터 정부는 국내 입양의 활성화를 위해 입양 기관 등을 통해 입양을 할 때 지불해야 했던 수수료를 없앴습니다. 그리고 입양한 아이가 만 13세가 될 때까지 월 15만 원씩 양육수당과 의료비 등의 양육보조금을 지원해 오고 있습니다. 즉 입양 기관을 통한 입양 절차에는 거의 비용이 들지 않는 셈입니다.

전문가들은 인터넷을 통한 개인 입양 자체를 문제 삼기 전에 입양 관련 당사자들의 인식부터 바꾸어야 한다고 강조합니다. '아기'를 소유의 대상으로 보는 게 가장 큰 문제입니다. 개인 입양 문제만 보더라도 그 기저에는 아이를 자기가 가진 소유물로 여기는 인식이 깔려 있습니다. 아이를 주고 받아도 되는 대상으로 여기는 것입니다. 내 아이니까 얼마든지 내가 하고 싶은 대로 해도 된다는 건데, 하나의 인격체인 아이는 소유할 수 있는 대상이 아닙니다. 오히려 존중해야 할 대상입니다. 더욱이 인터넷을 통한 개인 입양의 많은 경우가 '금품'이 오간다고 하지만 이를 밝혀내고 처벌하는 건 사실 쉽지 않습니다. 대부분 쌍방의 합의에 따라 음성적으로 이뤄지고 있기 때문입니다. 이는 명백한 아동복지법 위반이지만, 이제껏 단 한 차례도 이를 근거로 처벌을 한 사례가 없습니다.

현행 입양법으로는 인터넷을 통한 개인 입양을 처벌할 수 있는 근거가 없습니다. 아기를 두고 금품이 오갔다면 이는 확실한 아동복지법 위반 행위이지만, 명목과 액수에 따라 법을 적용하기에 애매한 측면이 많다고 합니다. 가령 양부모 측에서 출산비나 산후조리비 등을 '순수한 마음'으로 지원했을 경우 입양 과정에서 돈이 오간 건 사실이지만 이를 '매매 행위'라고 정의하기엔 무리가 있습니다.

불법 개인 입양의 근절을 위해선 우선 미혼모에 대한 지원을 늘려야 합니다. 개인 입양을 고려하는 친생모들 대부분이 미혼모이기 때문입니다. 실제 보건복지부의 자료에 따르면 2010년 입양된 전체 입양아동(해외입양 포함) 2,464명 중 91.8%인 2,262명이 미혼모의 자녀인 것으로 나타났습니다. 한국여성정책연구원에 따르면 미혼모는 매년 증가추세에 있지만 정부나 연구기관이 미혼모 대상 자료수집에 주의를 기울이지 않고, 미혼모들 본인도 자신을 드러내려 하지 않아 정확한 통계 추산이 어렵습니다. 2014년 현재 추정되는 미혼모 수는 2만 6,000여 명에 달합니다. 그러나 이들에 대한 정부 차원의 지원 정책은 여전히 미비합니다. 전국적으로 출산, 양육지원 시설인 미혼모자 시설에 들어가고 싶어도 자리가 없어 들어가지 못하는 데가 수두룩합니다. 정부는 아이를 낳아 양육하는 10대 미혼모에 대해 별도로 출산비를 지원하고 있습니다. 18세 이하 청소년 산모가 아이를 낳을 경우

'맘편한 카드'를 지급하고, 총 120만 원의 출산비를 지원합니다. 그러나 실제 이 혜택을 누리는 10대 미혼모들은 그리 많지 않습니다. 홍보가 부족한 이유도 있지만, 미혼모에 대한 사회의 곱지 않은 시선 때문입니다. 미혼모들이 아이를 낳아 양육할 수 있는 경제적, 심리적 환경이 뒷받침 된다면 불법 개인 입양의 위험성도 줄어들 수 있을 것입니다.

그러나 정부의 지원과 제도 마련보다 가장 시급한 것은 역시 입양을 대하는 관련 당사자들의 사고와 태도 변화입니다. 건강한 입양문화 정착을 위해서는 친생부모와 양부모 모두의 인식 변화가 이뤄져야 합니다. 산모가 열 달 동안 아이를 품듯, 입양도 아이를 가슴으로 품는 과정을 거쳐야 합니다. 쉽게 결정하고 서두를 문제가 아닙니다. 출산에 '산고'가 따르듯, 입양에도 아이를 가슴에 품고 기다리는 '인고'의 과정이 따른다는 사실을 부모들이 인지해야 합니다.

이 세상에 태어나는 모든 아이들은 가정에서 자랄 권리가 있습니다. 사랑하는 가족과 함께 같이 밥을 먹고 같은 공간에서 같이 잠을 자는 것은 누구나 누려야 할 기본적인 삶의 양식입니다. 그러나 현실에는 이 세상에 태어나자마자 사랑받아야 할 모든 사람들로부터 환영받고 축복받는 것이 당연하지 않은 경우가 있습니다. 남모를 부모의 사정으로 부득이 출생 자체가 축복이 아닌 부담으로, 아픔으로 여겨지면서 하나의 커나란 문제가 되는 경우도 있습니다. 물론 자연유산이나 인공유산(낙태)을 통해 출생으로 인한 어려운 과제를 사전에 차단하는 경우보다는 낫습니다.

입양아 출신이라는 사실은 길러주지 않거나 못한 생부모님을 용서하거나 원망할 자격을 갖춘 것은 아닙니다. 태어나지도 못한 것과 어렵게라도 태어남은 엄청난 차이이고, 비교조차 할 수 없습니다. 그러니 비록 길러주지는 못하였어도 낳아준 것만으로도 큰 은혜입니다. 생명을 있게 해준 은혜는 그 어떤 보상으로도 보응이 불가능합니다. 그렇기 때문에 낳아준 부모의 은혜를 길러주지 않은 것으로 그 가치를 폄하하거나 외면할 수는 없습니다. 그것은 생명의 은인을 외면하는 배은망덕背恩忘德입니다. 그러기에 입양아들은 반드시 낳아주신 부모님을 찾아뵙고 감사의 인사를 드리고 부득이한 사정으로 길러주지 못한 아픔을 헤아려 드려야 합니다.

해마다 5월이 되면 가정의 소중함을 생각해보게 됩니다. 또한 특별히 11일은 입양의 날입니다. 가정의 달이 있고, 입양의 날을 정해 그 중요성을 말하지만 현실은 이를 강조해야 할 정도로 안타깝습니다. 시설에서는 수많은 아동들이 자신을 보살펴줄 가정을 기다리고 있습니다. 저희 가정과 같은 입양을 경험한 가족들은 한결같이 출산을 통하건 입양을 통하건 자식에 대한 애정에 있어서 전혀 차이를 느낄 수 없다고 이야기하곤 합니다.

우리나라는 잘 아시는 바와 같이 혈연 중심의 사회입니다. 오직 혈연 관계만을 중심으로 양육을 선택하고 책임지는 것이 인류 가치의 이상일까요? 가족의 구성, 개념은 시대의 변화에 따라 달라지고 있습니다. 그러나 아직도 엄마 아빠를 둔 가정만이 정상적이라는 편협한 사회적 인식은 미혼모를 비롯해 한부모 가정, 이혼가정, 조손가정 등이 주변의 따가운 시선과 함께 사회적 차별을 겪도록 만들고 있습니다. 이러한 사회적 차별을 해소해 나가는 것은 제도적 지원을 밑바탕으로 사람들이 생각을 바꾸어 나가는 것에 있습니다. 또한 인종, 경제적 능력, 사회적 역할, 종교적 신념 등에 상관없이 한 생명과 온전한 인격이 만나 가족을 구성하는 것은 인류가 살고 싶은 이상사회, 인류애를 실현하는 용기있는 실천입니다.

입양에 대한 첫 번째 고정관념은 동정이었습니다. 게다가 불임가정 위주였고, 비밀 입양이 대부분이었습니다. 그러나 2000년대 중반 이후 입양에 대한 이미지가 서서히 변화하기 시작했습니다. 동정적 차원을 넘어 보편적이고 긍정적인, 사랑을 실천하는 또 하나의 이름으로 자리 잡게 되었습니다. 이미지 개선에 가장 큰 영향을 끼친 것은 무엇보다 공개 입양 가정의 증가였습니다. 2001년 25.3%였던 공개 입양이 10년 후인 2011년에는 56.6%로 두 배 이상 훌쩍 뛰어 넘었습니다. 공개 입양의 증가는 자연스레 국내 입양을 늘어나게 했고, 유자녀가정의 입양과 재입양 수치를 높이는 결정적인 계기를 마련했습니다.

입양 부모들이 가장 많이 드는 입양 사유는 무엇일까요? 다름 아닌 '행복감'이라고 합니다. 키우는 정을 느끼는 부모는 물론이고 입양을 통해 사랑으로 키운 아이에 대한 배려가 가족 간의 행복을 싹트게 합니다. 입양 부모들 사이에서 '낳은 정 못지않게 키우는 정도 애틋하다'는 이야기가 나오는 대목입니다.

행복 가득한 입양을 위해 지난 2007년부터 정부에서는 입양 가정에 대한 지원 정책을 시행하고 있습니다. 입양수수료 지원, 만 13세 이전까지 양육수당 10만 원(현재 15만 원), 18세 이전까지 입양아동 의료 급여 지원 등 다양한 특혜가 시행되면서 국내 입양 활성화에 한몫했다는 평가입니다.

그러나 효과에 비해 입양 정책에 대한 홍보는 여전히 미진한 것으로 드러났습니다. 입양을 고려하는 이는 물론이고, 입양하기 위해 기관에 찾아오는 이들도 이러한 정책이 있다는 사실을 모르는 이들이 많습니다. 인식변화와 더불어 정부에서는 입양 정책을 대대적으로 홍보할 필요가 있습니다.

입양에 대한 편견 역시 해결해야 할 과제입니다. 우리나라가 가부장적인 혈연 중심의 사회다 보니 선진국에 비해 입양에 대한 편견이 아직 남아 있습니다. 차별과 편견 없이 모든 가족들의 축복 속에 입양을 마주하는 시대를 만드는 것은 바로 우리의 몫입니다. 여전히 여아를 선호하고, 배경이 좋은 아이, 혈액형 같은 아이를 선호하는 분위기를 뛰어넘어 모두가 평등하고 축복받는 입양이 되어야 합니다.

입양은 가족을 구성하는 특별한 선택입니다. 이러한 특별한 선택이 사회적 편견이 아닌 보편적 가치로 받아들여지는 시대를 곧 맞이하게 되기를 간절히 바랍니다. 부디 시설에서 애타게 가정을 기다리고 있는 사회적 약자인 아이들이 소중한 가정의 보호와 사랑 안에서 충분한 사랑을 받으면서 자라기를 간절히 소망합니다. 기독교는 입양을 신학적으로 인정하는 윤리 체계를 갖고 있습니다. 요한복음 1장 12~13절입니다.

그러나 그분을 영접한 사람들, 곧 그분의 이름을 믿는 사람들에게는 하나님의 자녀가 될 권세를 주셨습니다. 이 사람들이 하나님의 자녀로 태어난 것은 혈통이나 육정이나 사람의 뜻으로 된 것이 아니라 하나님의 뜻으로 된 것입니다.

이처럼 기독교는 하나님을 그 마음으로 인정하고 받아들여 믿고 따르는 사람이 하나님의 아들과 딸로 인정되는 즉 입양되는 특권을 주셨다고 가르칩니다. 이는 입양의 성경적 근거로 볼 수 있습니다. 이방인으로 구원받지 못할 우리가 사랑이 많으신 하나님을 부모님으로 모시고 사는 양자, 양녀가 되는 특권을 누리게 된 것입니다. 그런 우리가 부득이한 사정으로 부모의 사랑을 받지 못하는 가녀린 생명들을 바라보면서 하나님의 사랑을 본 받아 하나님처럼 아무런 조건 없이 혈연을 넘어서 양자, 양녀로 삼아 소중한 가정을 이루는 것은 자연스러운 마음의 발로입니다.

생부모가 양육 혹은 입양을 사회적 인정 속에서 개방적으로 선택할 수 있게 돕는 법과 제도를 만드는 것은 우리 모두의 기본 과제입니다. 개인이 처한 여러 상황으로 인해 양육이 아닌 입양을 선택했을 때라도 사회적으로 지탄받는 일이 되어서는 안 됩니다. 원가정 보호와 입양은 같은 곳을 바라보는 상호보완적 관계입니다. 일차적 단계인 원가정 보호를 이룰 수 없는 상황이라면 아이가 새로운 가정에서 자랄 수 있도록 신중한 절차를 통해 입양의 기회를 부여하는 것, 이 또한 이 세상에 태어난 모든 아이들의 권리를 지켜주는 일입니다. 이 땅에 입양이 필요 없는 날이 속히 오기를 바랍니다. 소중한 한 아이를 입양 보내지 않고 자기 부모가 키우는 것이 제일 올바르고 합당합니다. 하지만 어쩔 수 없는 상황이 벌어졌다면 온당한 절차로 입양이 이루어졌으면 하는 바람입니다.

'가족'이라는 말처럼 정답고 든든한 말이 있을까요? 험난한 세상에 서로를 지탱해 주는 버팀목이자 희망이 되어주는 가족……. 그러나 가족이 꼭 혈연이어야만 할 이유는 없습니다. 과거 혈연 중심이었던 가족의 형태가 점차 변화하고 있습니다. 가슴으로 맺은 입양가족……. 제가 공개 입양을 선택하게 된 건 대학시절부터 마음에 입양에 대한 생각이 있었지만 큰딸 사랑이(11)의 영향이 컸습니다. 딸아이가 임신 7개월에 920그램 초미숙아로 태어나면서 생후 98일을 원광대학교 신생아 중환자실에서 보낼 그 당시 절박함은 이루 말할 수 없었습니다. 생명의 소중함을 간절하게 느끼면서 '신앙인으로서 더 착하게 살아야 겠다.'고 마음먹었습니다. 이후 입양에 대한 생각이 더욱 강해졌고 사랑이가 다섯 살이 되던 해, 아내와 사랑이와 상의하고 부모님과 여동생들과 상의하고 나서 모두의 찬성 속에 아내와 사랑이와 함께 '홀트아동복지회'를 찾았습니다.

처음에는 여동생이 갖고 싶다는 사랑이의 권유로 여자 아이를 맞이하려 했습니다. 그러나 홀트아동복지회 측의 이야기를 통해 "10명의 입양가정 중 9명은 여자 아이를 원한다."라며 두세 달은 기다려야 여자 아이를 입양할 수 있다는 말을 들었습니다. 그러면서 혹시 아들을 입양할 수 있는지 권유하였습니다. 저는 '마트에서 고르듯 자식을 고를 수는 없다.'는 생각에 '하나님의 뜻'이라고 생각하고 그 자리에서 아내와 사랑이와 상의한 끝에 여자 아이가 아닌 남자 아이를 맞이하기로 하여 2009년 2월말 생후 두 어 달이 지난 아들 겨레를 입양하였습니다. 그렇게 네 식구가 되어 행복한 가정을 꾸리면서 홀트아동복지회의 입양가정모임 '한사랑회'에 참여했다가 경제난으로 입양이 줄고 있다는 소식을 접했습니다. 이것이 마음에 거룩한 부담으로 다가와 2010년 6월 중순 아들 가람이를 입양하였습니다. 그리고 '입양특례법'이 시행되면 입양 절차가 복잡해져 사람들이 입양을 더욱 기피할 거라는 생각이 들면서 2012년 6월 막내아들 벼리를 입양하였습니다. 이렇게 남자 아이 셋을 입양하는 동안 부모님의 반대와 만류도 있었지만 저의 간곡하고 갸륵한 마음에 결국 두 손 두 발 다 들고 허락해 주셨습니다.

저희 아들들은 가슴으로 낳은 아이들이지만 법적으로는 친자로 되어 있습니다. 이는 아이들이 어릴 때 입양하기도 했고 법적으로 아이들에게 입양보다는 친자로 되어 있는 것이 나을 것 같았기 때문입니다. 제 아이들이 마음이 건강한 아이들이 되길 바라며 사랑을 갖고 키워나갈 것입니다. 학교와 교회 일에 학업과 글쓰기까지 더해 항상 바쁘지만 저희 가족은 주말이면 어김없이 바깥나들이에 나섭니다. 아이들을 데리고 시골길을 걷거나 근처 대학 호숫가나 수목원에 갑니다.

가족이 여섯이나 되다보니 대출로 집을 옮겨야만 했습니다. 제가 재직하는 학교와 멀어지는 불편도 생겼고 가끔 힘들기는 하지만 아이들이 순하고 귀여워서 금방 잊곤 합니다. 저 혼자 벌어서 아내와 딸, 아들 셋이 사니 경제적으로 넉넉하지는 못하지만 나름대로 행복한 가정입니다. 공개 입양으로 아이들도 입양이라는 말을 압니다. 아직 어려서 그 의미를 제대로 모르나 부정적인 용어가 아닌 긍정적인 용어로 인식합니다. 그것은 저희 부부가 생부모님의 은혜를 가르치면서 아빠, 엄마가 입양해서 길러주니 고마워하라가 아니라 아빠와 엄마의 아들이 되어 준 것이 진심으로 고맙다고 표현하는 것처럼 나름의 교육적 노력이 있기 때문입니다. 저희는 아이들이 자라서 부딪힐 사회적 편견에 당당히 맞서기를 바랍니다. 누가 '입양아'라고 놀려도 기죽지 않고 당당하게 '나는 낳아준 부모님과 길러준 부모님이 계시니 다른 사람보다 부모님이 두 배인 복 받은 사람'이라고 생각하기를 바랍니다. 저희 부부와 아이들이 깊은 친밀감과 신뢰감과 사랑으로 맺어진 가정을 이룬다면 그 어떤 사회적 편견도 저희 가정과 아들들을 괴롭히지 못할 것입니다. 저는 수시로 진심으로 아이들에게 말합니다.

"고마워, 아빠의 딸과 아들이 되어줘서. 아빠는 정말 행복해."

저희 가족은 이 다음에 아들들이 생부모님을 만나 연락을 주고받으며 살기를 바라며 기도합니다. 그리고 어디서 어떻게 사시는지는 모르나 몸과 마음이 건강하게 잘 사셔서 언젠가 저희 아들들을 만나게 되기를 소망합니다. 그래서 저희 아들들의 결혼식장에 저희 부부

와 같이 부모석에 앉아주셔서 축하해 주시기를 바랍니다. 저희 부부
의 사명은 저희 아들들이 공부를 잘해서 사회 지도층이 되는 것보다
따뜻한 인간미를 풍기는 사람으로 자라도록 하는 것입니다.

부족한 아비를 반겨주는 아이들이 있어 높으신 분들이나 부유한
분들이 하나도 부럽지 않습니다. 제겐 그 무엇보다 소중하고 바꿀 수
없는 사랑하는 아이들이 넷이나 됩니다.

사랑한다.

"사랑아!", "겨레야!", "가람아!", "벼리야!"

입양이란
무엇인가

이 글은 낯설고 어색하고 멀게만 느껴지는 입양에 대한 이해를 돕기 위해, 입양에 대한 여러 가지를 개관한 것입니다. 바라기는 입양에 대한 이해를 통해 입양관계법 제정이나 제도 마련에 도움이 되기를 바랍니다. 또한 입양이 지금보다 더 활성화되고 입양인과 입양가족에 대한 편견이 없어지기를 바랍니다.

상황에 따라 부모가 아이를 키울 수 없게 되는 경우는 인류의 역사에 비일비재하였습니다. 전쟁, 질병, 범죄, 법과 같은 타의에 의한 것뿐만 아니라 부모의 자의적인 판단 하에 아이의 양육이 불가능하게 된 경우, 부모 이외의 사람이 자신의 자식으로 삼아 키우는 경우가 있었습니다. 이것이 입양入養입니다. 단어 자체만 해석하면 '다른 존재를 들여와入 기른다養'는 뜻이므로 보호소 등에서 아이를 키우는 것도 입양의 일종이지만, 현대적 의미의 입양은 '보호소 등의 제 3의 장소'가 아닌 엄연한 '가정 혹은 그에 준하는 개인 및 단체'에서 아이를 키우는 행위를 일컫는 말입니다. 입양의 조건으로 부부 중 한쪽이 사망 혹은 이혼을 통해 반쪽 가정이 된 후, 한쪽이 재혼함으로 다른 사람의 가정에 들어간 경우는 입양이 아닙니다. 이 경우는 부모 중 한 쪽을 통해 일종의 '편입'처럼 들어간 경우입니다.

부모가 멀쩡히 존재하고 또 양육에 필요한 경제력과 의지가 충분함에도 남의 집에 입양을 가는 경우가 있는데, 이는 주로 정치적인 의도로 이뤄지는 경우가 많습니다. 주로 권력자가 슬하에 자식이 없고 대신 그 권력자의 눈에 띠어 사랑을 받는 남의 집 자식이 아예 그 권력자의 가문에 입양되는 경우로 고대사의 경우엔 흔히 있었던 일이었습니다만 이런 경우가 현대사회에서도 있었습니다. 우리나라 초대 대통령 이승만은 1877년 한국에서 혼인한 본처와 헤어지고 후에 오스트리아 국적의 프란체스카와 혼인하였으나, 자식이 없었습니다. 이에 이기붕은 이승만에게 잘 보이려는 목적으로 그의 아들 이강석을 양자로 보냈습니다. 이후 3.15 부정선거에 대한 국민적 저항에 이강석이 자신의 부모와 동생을 죽이고 자살하여 대가 끊기게 되자, 종친회의 권유로 이인수가 양자로 입양되었습니다. 이인수는 명지대학교 법정대 학장까지 지냈습니다.

조선 시대에는 가문의 대를 잇는 것이 굉장히 중요하게 여겨졌습니다. 종친이나 양반가문일 경우에는 더욱 중요했는데, 아들이 없는 경우 입양을 해서라도 어떻게든 대를 잇게 하는 경우가 흔했습니다. 단, 아무나 입양을 하는 것은 아니고 주로 조카나 가까운 친척의 아이를 입양했습니다.

특정인이 아이를 유괴하거나, 무력으로 강탈하는 등의 과정을 거쳐서 입양하는 경우도 종종 있었습니다. 입양아의 친부모를 살해하고 아이를 입양한 것이라면 현대사회에서는 실명확인제 때문에 굉장히 어렵지만 아직 문명화가 덜 된 지역에서는 아직도 종종 있으며, 각종 드라마와 영화 등에서는 은근히 자주 쓰이는 소재입니다. 나치

독일 시절에 체코의 리디체 마을을 말 그대로 소멸한 다음에 16세 이상의 소년들과 남성들은 학살, 성인 여성들은 수용소로 보내고 아이들은 나치의 레벤스보른Lebensborn 계획에 따라 시설에 보내지면서 강제로 독일 어린이처럼 교육하고 세뇌한 다음에 '건강하고 혈통에 흠집이 없는' 독일 부부의 가정에 입양한 사례가 있었습니다. 우리나라의 경우는 무력보다는 공문서를 위조하는 등의 방법으로 조산원에서 영아 매매가 암암리에 이루어졌습니다. 매우 희귀한 경우이지만 인간이 아닌 야생동물에 의해 양육된 경우도 있습니다. 이 경우는 사람의 슬하로 들어가는 것이 아니기에 '입양이리고 하지는 않습니다.

우리나라의 경우, 6.25 전쟁 당시 다수의 고아 발생으로 인해 입양사업이 도입되었으며 현재는 미혼모의 증가와 일부 배우자 사이에서 양육을 거부하거나 기피하는 현상으로 아동유기 현상이 증가하면서 사회문제로 대두하고 있습니다. 입양의 대부분이 미국 등 해외국가로의 입양이 중시되는 입장이며 한국의 뿌리 깊은 전통사상과 순혈주의 문제 때문에 국내입양은 거의 드문 편입니다. 해외로 입양되면 잘 산다고 잘못 생각하는 이들도 많은데, 지금은 고인이 된 수잔 브링크는 살아생전에 스웨덴에 입양된 사람들은 실업률이 50%이고 자살률은 스웨덴 평균 5배가 넘는다면서 제발 해외입양 좀 자제해달라는 부탁을 했습니다.

수잔 브링크의 본명은 신유숙으로 1963년 12월 20일 생입니다. 그녀는 1남 4녀 중 막내로 아버지가 일찍 돌아가시자 생활고에 시달린 어머니는 1966년 가을, 네 살짜리 유숙을 스웨덴의 한 가정에 입양시켰습니다. 이유도 모른 채 스웨덴의 항구도시 느르쉐핑에 도착한 유숙은 수잔 브링크라는 새로운 이름으로 험난하고 힘겨운 삶을 살게 됩니다. 양모의 가혹한 매질과 차별을 못 견딘 수잔은 열세 살에 첫 번째 자살을 시도하였습니다. 결국 열여덟 살 되던 해 자립해서 친모를 찾아 나서지만 노력은 절망에 부딪히고 남자 친구와 동거하다가 임신까지 하게 됩니다. 그에게도 버림받고 미혼모가 된 그녀는 자살 기도를 거듭하다가 종교를 통해 삶에 대한 의지를 키워나갑니다. 그러다가 1989년 스웨덴 선교사의 도움으로 한국 방송국 MBC TV 3부작 특집극 〈우리는 지금-해외입양아〉 편에 그녀의 사연이 소개되면서 수잔 브링크의 불행한 삶은 국내 시청자들의 심금을 울렸습니다. 방송이 나간 후 한국에 친모가 살아 있다는 소식을 듣고 딸과 함께 한국에 온 수잔은 친모와 해후를 하게 되었다고 합니다. 이렇게 수잔 브링크의 실제 이야기를 그녀의 도움을 받아 1991년 영화로 제작되었다고 합니다. 영화 내용도 위의 내용처럼 그녀가 입양되고 스웨덴에서 정말 고통 속에서 살아가는 모습부터 한국의 친 어머니를 만나는 과정까지를 보여주고 있습니다. 이 영화는 한국전쟁 이후 40년 동안 방치해오던 한국의 입양문제를 깊이 있게 드러내고 한국사회의 모순을 보여주어 화제를 낳았다는 평가를 받았습니다.

우리나라는 오죽하면 90년대 초반 미국 언론에서 입양천국 한국이라고 하는 신문기사까지 나올 정도이며 한국하면 해외 입양이라는 불명예스런 망신거리로 알려졌다고 재미교포들이 의견을 밝혔을 정도였습니다. 북한마저 이를 비판하는 데 바쁠 정도입니다. 이에 우리나라 정부에서 국내입양 장려정책을 마련하여 대책을 세우는 등 시급한 현안으로 떠오르기도 하였습니다. 하지만 국내입양에 대하여 여러 가지 문제점 및 시행착오가 많습니다. 최근 미혼모나 원하지 않는 임신 및 출산으로 인해 어쩌다 아이를 얻게 되어 양육이 어려운 경우, 또는 결혼은 하였지만 집안 사정이나 개인사정이 좋지 못하여 직접 양육을 포기하고 아예 친척이나 다른 집단 등에 아이를 맡기게 되는 경우가 많아졌으며, 경제적인 불황과 손실 등으로 인해 입양현 상이 갈수록 증가하고 있는 추세입니다. 입양을 맡기는 쪽만 증가하고 입양을 받는 쪽은 오히려 줄어들었습니다.

위와 같은 문제점을 개선하기 위해 2005년 민법개정을 하면서 친양자 입양제도를 도입하였습니다. 기존 입양제도와 가장 구별되는 점은 기존 일반 입양은 양자의 양부모 사이의 가족관계와 기존 친부모 사이의 가족관계가 동시에 존재하고 양자의 성도 기존 친부모의 성을 유지하는 반면, 친양자 입양은 양자와 양부모 사이의 관계만 친생자와 거의 동일하게 취급되고 친생부모와의 가족관계는 소멸하게 된다는 점입니다. 성씨도 입양한 부모의 것으로 바뀝니다. 이런 차이는 일반 입양의 경우 양자나 친부모 중 한쪽이 사망해 상속이 개시될 경우에 양자 또는 친부모도 각기 친부모 또는 양자에 대한 상속권이 인정되지만, 친양자 입양의 경우 친생부모 사이의 상속 등은 발생하지 않는 등의 구별되는 효과가 있습니다.

기존 입양제도와 비교해 혼인 중의 친생자로 간주하고, 친생부모와의 가족관계가 소멸(정지로 보는 견해도 있다)하는 등 그 효과가 강력해 미성년자만이 친양자로 입양될 수 있다거나, 가정법원의 절차상 개입이 많아 그 절차는 일반 입양절차보다 까다로운 편입니다. 단, 친양자 제도는 도입된 지 얼마 되지 않아 친양자가 결혼을 할 때 근친혼으로 혼인 무효가 되는 범위가 넓다거나, 혼인 전 혼인 상대방이 근친혼 여부를 확인하는 과정에서 필연적으로 친양자 여부를 알 수 있게 되는 등의 제도적 문제점은 남아있습니다.

입양의 기본적인 절차와 효력 등에 관한 사항은 민법에 규정되어 있습니다. 입양의 대상은 주로 부모를 잃은 19세 미만의 고아 출신이거나 부모가 직접 출산하였거나 존재하기는 하지만 개인사정이나 양육사정 등이 좋지 않거나 환경이 나쁜 경우, 또는 양육할 의사가 직접 없는 뜻에서 다른 사람이나 집단 또는 기관 등에 위탁하여 맡기는 경우가 있습니다. 입양관계의 절차는 양자養子 또는 양녀養女를 원하는 사람이나 그 집 안의 가족 또는 친척 그리고 새로운 집단의 양자녀가 되려는 자의 상호간 합의와 타결이 있어야만 가능하며 양자녀가 만 15세 이하인 초중학생의 경우 부모나 친족 또는 직계가족의 동의를 얻어야합니다. 다만 애초부터 부모가 없거나 여의게 된 고아이거나 양자녀가 금치산자(법원에서 금치산의 선고를 받은 법률상의 무능력자)인 경우 후견인의 동의를 얻거나 가정법원의 허가를 받아야 하며 고아원이나 보육원 등 보호시설에 맡겨진 고아인 경우 해당 기관장 및 원장의 허가를 받아야 합니다. 이와는 달리 자녀가 이미 있는 배우자나 양자녀가 그 배우자들의 집단에 속하는 목적으로 입양을 원할 경우 배우자의 동의를 얻어야 합니다. 입양신고를 했는데도 입양에 대한 결격사유 또는 포기의사를 하였을 경우 가정법원을 통해서 입양 취소절차를 밟아야 합니다. 입양의 효력은 호적법 규정에 따라 발생하며 당사자 쌍방과 성년 증인 2인이 공동 서명한 제출서를 제출해야 하고 입양신고가 되면 법적인 친자관계로 효력이 발생하여 자연혈족 및 혈통과 마찬가지로 동일한 권리를 인정합니다.

지난 2011년 8월의 입양특례법으로 인해서 절차는 더 어려워졌고 버려지는 아이들이 급속하게 증가했으며 그 과정에서 사망에 이르는 경우도 늘어났습니다. 이런 일이 벌어지는 이유는 입양특례법에서 입양이 되려면 친모의 출생신고가 '무조건' 필요하기 때문입니다. 즉, 피치 못할 사정으로 인해서 아이가 생겼어도 키울 수 없기에 입양을 시키려 하지만 특례법으로 인해서 입양 절차 자체가 너무 어렵게 돼버린 것입니다. 이는 입양을 원하는 부모 측의 입장은 당연히 자료와

흔적을 남기는 것을 원치 않을 것이니 입양신고로 인해서 문제가 생길 것을 우려하며 정식 입양 절차를 밟는 것보다는 아이를 버리는 것이 쉽게 된 것입니다.

특례법이 보다 안전하고 좋은 집에 입양되도록 하고 파양破養을 막기 위해 만들어진 것은 알겠지만 그로 인해서 임신에 대한 공포가 더욱더 커질 것이고 단순 유기 등의 문제를 넘어서 불법 낙태를 조장할 수도 있음을 우려하는 이들이 많습니다. 그리고 이로 인해서 오히려 아이들을 더욱 위험에 처하게 만드는 것이 문제입니다. 과거 입양에 대한 문제가 많이 있었지만 최근 특례법으로 인해서 입양을 원하는 사람들마저 등 돌리는 문제가 발생해 안타까움을 더하고 있습니다.

SBS TV〈그것이 알고 싶다〉883회(2013년 3월 2일)에서 이 입양특례법의 문제를 다뤘는데 한 사례로 아이를 병원에 두고 사라진 아이의 엄마와 그녀의 어머니 이야기였습니다. 아이의 엄마가 나타나지도 않고 찾지도 못하는 상황에서 아이의 외할머니가 된 아이엄마(이하 딸)의 어머니는 결국 영아유기로 자신의 딸을 경찰에 신고하고 말았습니다. 아이의 입양을 위해서라면 친모의 출생신고가 무조건 적으로 필요하기 때문이었습니다. 하지만 실제 법상에서는 출생신고를 한다 해도 가족관계증명서에 나오지 않게 하는 법이 현재 시행중이라고 합니다. 대법원에서도 혼외자가 나타나지 않는 증명서가 발급된다고 합니다. 문제는 동사무소 및 구청 등 해당 공무원들이나 가족관계 관련 담당자 본인은 특례법에서 가족관계에 나오지 않게 할 수 있는 방법은 없다고 합니다. 상황이 아무리 힘들어도 키우려는 부모는 분명히 있습니다. 그래서 도움을 청하는 경우도 있는데 아이를 키우는데 좋은 정보나 도움을 받을 수 있는 방법 따윈 알려주지도 않습니다. 이런 식이니 아이를 낳아도 입양보다 유기를 택하는 부모들이 늘어납니다. 또한 근래에는 보험금을 타거나 아파트를 분양받기 위한 불순한 목적으로 입양 후 아이를 병들게 만들다가 이용가치가 없어지면 끝내 죽여 버리는, 입양과 보험사기가 합쳐진 범죄도 늘어나고 있습니다. 이러한 사례 모두 입양 대상자의 고충입니다. 보통 자의가 아닌 타의만으로 입양된 경우가 많이 해당됩니다.

1차적으로는 자신의 부모가 자신과 혈연으로 연결되어져 있지 않다는 점에서, 소소한 공백감을 느끼게 됩니다. 특히 부모의 관심과 사랑을 받고 싶어 하는 욕구가 큰 유년기 입양아의 경우 이러한 사실을 알면 부모에게서 소속감을 다소 덜 느끼게 되어서 불안해합니다.

2차적으로는 자아가 어느 정도 형성된 후라면 어린 나이에 익숙한 사람과 장소를 떠나 생판 모르는 곳으로 가게 된다는 사실 때문에 불안함, 두려움을 느끼게 됩니다. 사실 이는 친가족 밑에서 양육되는 아이들도 느끼는 감정이지만, 친가족 밑에서 양육되는 아이들은 적어도 가족이 함께 있으니 어느 정도 극복이 가능하지만, 그렇지 못한 입양 대상자는 완전히 낯선 미지의 영역에 가는 것 자체만으로도 상당한 스트레스를 받게 됩니다. 하지만 입양아를 위해 부모가 거주지를 옮기기도 쉽지 않은 노릇입니다.

3차적으로는 양부모와 입양아가 서로 인종이나 문화, 국가가 다를 경우 문화 쇼크 혹은 여러 사회적 이유로 힘든 유년기를 보낼 가능성이 높다는 점입니다. 양부모와 입양아 사이에 문화가 다르거나 하는 정도는 그래도 시간이 지나면 극복이 가능하지만, 인종이 다른 경우는 극복이 쉽지 않습니다. 부모자식 관계가 된 이상 매일같이 얼굴 보며 살아야 하기에, 항상 자신과 부모가 무언가 다르다는 사실이 뇌리에 각인되어 있으며 이것이 은연중에 양부모와 입양아 사이의 마음의 장벽이 되기 십상이기 때문입니다. 또한 같은 인종이라면 모를

까 인종이 다르다면 누가 봐도 입양임이 눈에 확 띄기 때문에, 주변 사람들의 입에 오르내리기 딱 좋습니다. 혼혈만큼은 아니지만 사회 내에서의 기피를 받기 쉽습니다. 때문에 입양아들은 유달리 자신의 뿌리에 집착하는 편입니다. 자신과 연관이 되어져 있지만 자신이 알지 못하는 것에 대한 궁금증과 그에 대한 집착이라고 봐야 할 듯합니다. 그래서 그런 입양아들을 위한 친가족 찾기 프로그램이 굉장히 많습니다.

'분양'이란 표현이 있습니다. 이는 본질적으로는 '입양'과 같으나, '나누어서 입양 한다'는 차이가 있습니다. 주로 짐승이 새끼를 낳으면 그 새끼를 입양시키는 의미로 쓰이므로, 사람에게 쓰는 표현이 절대 아닙니다. 사람이 아닌 동식물 및 기타 물체들에 대한 거래 행위에도 '입양' 표현을 쓰곤 하는데 이게 옳은 표현인지는 알 수 없습니다. 여러 주장이 난무하는데, "사람에게 써야 할 표현을 일개 미물에게 쓰다니, 그네들이 인간과 동격이란 말이냐?" 하며 인간을 제외한 존재들에게 '입양'이란 표현을 사용하는 것을 꺼리는 경우가 있기도 하고, "인간이나 짐승이나 생명인데, 인간까지는 아니더라도 적어도 '생명'으로서는 존중받을 권리가 있는 것 아니냐?" 하며 유생물체 전반에게 '입양'이란 표현을 사용하는 경우도 있으며, 그냥 사고판다는 표현 자체가 싫다면서 존재 구분 없이 '입양'이란 표현을 사용하는 경우가 있습니다. 첫째의 경우는 사회 전반적으로 많이 보이며, 둘째의 경우는 주로 애완동물 동호회 등지에서, 셋째의 경우는 구체관절인형 동호회 등지에서 두드러지게 경향이 보입니다.

세상은 넓고 사람은 많고 다양하므로, 되도록이면 사람 이외의 존재에게 '입양'이란 단어의 사용은 주의해가며 사용하는 게 좋습니다. 주변 상황을 우선 살펴보고 사용 여부를 신중히 결정하는 것이 좋습니다. 유독 서양의 창작물이나 영화를 보면, 원수랑 결전을 벌여 죽인 뒤 그 원수의 자식을 입양해 키운다는 설정이 많이 등장합니다. 〈페이스오프〉나 〈언더그라운드〉 등에서도 볼 수 있는 사례입니다. 애초에 동양보다 혈연관계에 대한 집착이 약하고, 자신이 죽인 원수 말고는 아무도 맡아줄 사람이 없을 그 아이에 대한 일종의 책임감의 발로라고도 볼 수 있겠습니다.

이처럼 입양은 개인의 영역만이 아닌 사회문화적인 여러 요소들이 복합적으로 뒤엉킨 문제입니다. 개인적인 아픔이나 사정에 따라 입양을 보내게 되는 경우, 이를 사회가족의 정신으로 해결해나가는 공동선의 노력이 우리 사회에서 쉽게 찾아보게 되기를 바랍니다. 이를 통해 입양의 논의와 연구가 보다 활성화되고, 입양아와 가족이 공개적으로 당당하게 존재를 드러내는 사회가 되기를 바랍니다.

장애 이해를 넘어,
모두가 행복한
통합 교육을 꿈꾸며

파랑새 한 마리가 여름 동안 아름다운 노래를 불렀습니다. 파랑새가 노래를 부르는 동안, 이웃에 사는 들쥐는 파랑새의 먹이를 몰래 훔쳐서 자신의 곳간에 쌓았습니다. 얼마 후 겨울이 찾아오고, 파랑새는 들쥐를 찾아가 자신의 먹이였던 나무 열매를 한 알만 달라고 간청하였습니다. 그러나 들쥐는 냉정하게 거절하였습니다. 가끔씩 멀리서 파랑새의 슬픈 노랫소리가 들렸지만 들쥐는 무시하였습니다.

그러던 어느 날, 파랑새의 노랫소리가 끊겼습니다. 그때부터 들쥐는 이상한 공허감에 휩싸였습니다. 노랫소리가 들릴 땐 대수롭지 않게 생각했는데, 그제야 노래의 의미를 알 수 있게 된 것입니다.

들쥐는 견딜 수 없이 적막하고 외로웠습니다. 어떻게 해서든 파랑새의 노랫소리를 다시 듣고 싶었지만 돌이킬 수 없는 일이었습니다. 들쥐는 점점 식욕을 잃고 쇠약해졌습니다. 그러다 마침내 곡식이 잔뜩 쌓여 있는 곳간에서 홀로 죽어갔습니다.

'우분트'라는 말을 들은 적이 있습니다. 한 인류학자가 아프리카 부족의 아이들에게 게임을 제안했는데, 앞에 있는 나무 밑에 과일이 가득 담긴 바구니를 두고, 제일 먼저 달려가는 사람에게 과일 바구니를 상으로 주겠다고 한 것입니다. 그러자 아이들은 "출발"소리에 모두 함께 손을 잡고 달려가서 모두 상을 받았습니다. 한 명이 다 가질 수도 있었는데 왜 그렇게 함께 달렸느냐고 묻자, 아이들은 "우분트, 다른 사람이 모두 슬픈데 어떻게 한 명만 행복할 수 있어요?" 라고 말했다고 합니다. '우분트'는 코사족의 말로 '나는 곧 우리'라는 뜻이라고 합니다. 차를 타고 가다보면 우리나라 학교들이 많이 쓰는 용어인지 학교들의 현수막에서 많이 보이는 단어가 '행복 교육'입니다.

제가 재직하는 학교도 마찬가지입니다. 모두가 즐겁고 행복한 교육 공동체를 꿈꾼다는 내용이 학교 교문에 내걸려 있습니다. 이를 위해 학교마다 주창하는 것이 꿈과 끼를 살리는 교육입니다. 이를 위해 종전의 입시 위주의 교육으로 줄세우기식의 소수의 엘리트만을 위한 교육으로 불특정 다수가 무시되는 교육을 지양하고 저마다의 특기와 적성을 살려 저마다의 재능에 맞는 진로를 찾아주고 발현시켜 나가겠다는 내용입니다.

이처럼 모두가 행복한 학교교육이야말로 지금 우리나라 학생들에게 진정으로 필요한 교육 이상일 것입니다. 학생 개개인마다 다른 특성과 장점을 최대한 계발하여 자신이 잘 할 수 있고, 하고 싶은 목표를 향해 나갈 수 있도록 도와줄 때, 우리 학생들이 그만큼 행복해질 수 있습니다. 이러한 행복 교육은 교육공동체의 모든 구성원이 함께 행복할 때 진정으로 성취되었다고 할 수 있습니다. 이를 실현해 나가기 위해서는 다양한 논의와 다짐과 실천 방안들이 나와야 합니다. 그리고 이는 구호로만 그쳐서는 안 되고 분명한 실천이 가시적으로 드러나야만 합니다. 이에 대한 하나의 생각으로 제가 관심 갖고 바라보는 것으로 특수교육 대상 학생(장애 학생을 포함한 교육적 용어로, 특수교육 대상 학생이라고 하기에 이하는 통칭하여 특수교육 대상 학생으로 함)에 대한 내용을 생각해보기를 바랍니다.

학급의 다양한 학습자 중에는 특수교육 대상 학생들이 있는 경우가 있습니다. 전체 특수교육 대상 학생 중 70.7% 정도가 일반(통합)학교 특수학급 또는 일반 학급에서 교육을 받고 있으므로, 특수교육 대상 학생은 일반 학교의 학습공동체에서도 중요한 일원이라고 할 수 있습니다. 이들은 휠체어를 타거나 인지 능력이 조금 부족하더라도 누구보다도 학교 생활을 즐거워하는 학생들이 많습니다. 하지만 어떤 학교, 어떤 선생님, 어떤 친구들을 만나는가에 따라 행복하고 자신에게 맞는 교육을 받기도 하고 놀림이나 무시, 무관심의 대상이 되어버리기도 합니다.

진정한 행복 교육이 실현되려면 학급의 모든 구성원들이 함께 발전해 갈 수 있도록 하는 교육이 되어야 할 것입니다. 교실 한 쪽에서 소외되거나 상처 입는 학생이 생기지 않도록 함께 노력해야 할 것입니다. 담임교사나 교과교사와 또래 학생들의 관심과 배려, 이들을 지원하는 학교당국의 노력이 함께 어우러질 때만 학교 전체의 행복이 현실화될 수 있습니다.

세계가 인정하는 우리나라의 많은 영역들 중에서 단연 두드러지는 것이 교육에 대한 열정과 교육의 수월성입니다. 우리나라는 대학 진학률이 세계에서 두드러지게 높고, 소아암 등으로 힘든 입원 생활 중인 학생들도 병원 학교에서 열심히 공부하는 모습을 쉽게 찾아 볼 수 있는 나라입니다. 이러한 교육의 열정과 진정한 수월성은 장애로 인해 어려움을 겪는 특수교육 대상 학생들까지도 자신의 꿈과 재능을 마음껏 키워갈 수 있도록 하는 데서 찾을 수 있어야 합니다.

특수교육대상 학생의 행복지수가 진정한 행복 교육의 바로미터가 될 수 있습니다. 그러므로 이들의 불편과 신음소리는 우리 교육의 현주소를 나타내는 것은 아닐까 싶습니다. 교육 현장에서 더욱 특수교육 대상 학생의 인권이 존중되고 학습권이 보장되며, 나아가 자신의 역량에 맞는 진로직업교육을 통해 우리 사회의 구성원으로 기여할 수 있도록 하는 종합적인 통합 교육의 발전이 이루어질 것을 기대해 봅니다.

제가 사는 지역의 어느 인문계 고등학교 특수교사의 말에 의하면, 그 학교는 특수교육 대상 학생의 숫자가 포화상태인데도 특수학급 증설을 하지 않는다고 합니다. 그 이유는 동창회에서 장애 학생들이 늘어나면 학교가 장애 학교로 보이니 반대하고, 이를 위해 교실 한 칸을 만들기보다는 서울대 입시반을 만들어야 한다는 게 그 학교 당국과 동창회의 공통된 생각으로 현재 운영하고 있는 특수학습도 마지못해 운영한다고 합니다. 이 학교가 우리 기독교 사립학교는 아니지만 이런 생각은 우리 기독교 사립학교에도 비슷한 것으로 압니다.

실제로 제가 사는 지역의 많은 기독교 사립학교에서 특수학급 신설이나 증설에 적극적이라는 소리를 들어본 적이 없습니다. 오히려 이른바 명문대학에 몇 명을 보냈다는 것을 자랑하고 학교의 외형적 규모를 자랑하는 데 여념이 없습니다. 이것이 오늘 우리의 불행한 교육의 현주소입니다. 얼마 전 중학교 2학년 자폐아들을 둔 어느 학부모의 사연을 접하면서 모두가 행복한 교육을 이루기 위한 통합 교육의 이상을 생각해 보았습니다. 쉽지 않은 현실이기에 오늘 우리의 기도와 노력이 절실합니다.

김가연(가명) 씨는 초등학교를 졸업한 아이가 중학교부터는 장애 학생들만 따로 교육을 받는 '특수학교'로 진학하길 바랐습니다. 초등학교에서는 장애 학생과 비장애 학생이 한데 모여 '통합학급'에서 함께 지내다가, 장애 학생들만 따로 '특수학급'에 모여 일주일에 7~10시간 정도 교육을 받는 '통합 교육'을 받았었는데 중고등학교에 올라가면 통합 교육이 제대로 이뤄지지 못한다는 주변 장애아 학부모들의 조언 때문이었습니다. 그러나 특수학교에서 '자리가 없다'는 이유로 배정받지 못했습니다. 하는 수 없이 일반 중학교의 특수학급으로 진학하게 된 아이는 비장애 학생들 사이에서 사실상 왕따와 다름없이 방치되었습니다. 사춘기에 들어서는 비장애 중학생들은 장애 학생에 대한 배려를 기대할 수 있을 만큼 정서적 여유가 없었던 것입니다.

1학년 2학기, 김 씨의 아들은 비장애 여학생을 느닷없이 뒤에서 껴안아 담임 선생님의 주의를 받았습니다. 이후 그 기억이 '트라우마'처럼 남은 아이는 자신이 껴안았던 비장애 여학생이 눈에 띄기라도 하면 소리를 지르며 교실 밖으로 뛰어나갔습니다. 이후 아이는 통합학급에서 지내지 못하고 특수학급에 머물러야 했습니다. 이를 경험한 그녀의 말입니다.

"장애를 가진 아이는 통합학급에서 외딴섬과 같다. 고등학교만큼은 죽기 살기로 특수학교에 보낼 계획이다."

2007년 5월 제정된 '장애인 등에 대한 특수교육법(장특법)'은 장애인 및 특별한 교육적 요구가 있는 사람에게 통합 교육의 환경을 제공하도록 명시해 장애아 부모의 의사에 따라 장애 학생들도 통합학급에서 비장애 학생들과 함께 공부할 수 있도록 했습니다. 이를 통해 장애 학생들은 비장애 학생들의 행동을 관찰, 모방하며 또래 아이들의 바람직한 행동을 배우고 사회 적응력을 키울 수 있도록 하자는 취지였습니다. 비장애 학생들 또한 학창시절부터 장애 학생들과 어울리며 장애에 대한 오해와 두려움을 줄이고 그들을 사회의 구성원으로 자연스럽게 받아들일 수 있게 하겠다는 의도였습니다.

그러나 지금의 현실은 이런 통합 교육의 취지에는 공감하지만 그 '교육적 이상'을 실현할 여건은 부족한 것이 현실입니다. 특히 중고등학교에 올라가는 중증 장애 학생의 경우 일반 학교에 진학해 통합 교육을 받기란 쉽지 않은 상황입니다. 하루 종일 한 명의 담임교사가 교실을 지키는 초등학교와 달리 수업시간마다 교과별 교사가 바뀝니다.

　　초등학교 때는 담임 선생님이 '우리 반 아이'라고 의식하며 챙겨주기도 하고, 반 아이들이 장애 학생을 배려할 수 있도록 이끌어 주기도 했지만, 중학교에서는 조례와 종례시간에만 잠깐 담임교사를 보거나 특수학급으로 등교해 아예 만나지 못하는 날도 많습니다. 교과 교사들은 장애 학생의 특성을 깊이 이해하지 못하는 탓에 장애 학생이 갑자기 소리를 지르거나 경기를 일으키는 등 돌발 행동을 하거나 문제 행동을 일으켰을 경우 적절히 대응하거나 지도하지 못합니다.

　　장애아 학부모들이 가장 아쉬워하는 부분은 비장애 학생들의 장애에 대한 이해 부족입니다. 장애를 이유로 장애 학생의 입학을 거부하는 것은 금지되어 있는 만큼 학교 현장에서 장애 학생과 비장애 학생의 '물리적 통합'은 이뤄지고 있지만, '정서적 통합'은 쉽지 않습니다. 특히 중고등학교에 올라가면 비장애 학생들이 사춘기에 접어들면서 초등학교 시절과 같은 또래 관계는 기대하기 어려워집니다. 시각장애나 청각장애와 같은 지체장애의 경우와 달리 지적장애를 갖고 있는 아이들은 비장애 학생들과 깊은 고민을 나누거나 또래 문화를 함께 즐길 상대가 되기도 어렵습니다. 더욱이 장애 아이들은 학교 폭력과 따돌림의 대상이 되기도 합니다.

　　중고등학교가 학업 성취와 입시 준비 중심으로 흘러가는 것 역시 통합 교육에 걸림돌입니다. 장애 학생이 수업 중 돌발 행동이나 문제

행동을 일으킬 경우 그에 대한 이해보다는 학습 분위기를 흐린다는 따가운 시선을 받기 일쑤입니다. 일반 중고등학교의 학습 수준이 높다 보니 장애 학생들이 수업을 따라가기는 불가능합니다. 주5일제 수업을 하면서 학습 진도는 더 빡빡해지고, 현장 체험이나 학교 행사는 줄어들면서 장애 학생들이 비장애 학생들과 함께 몸으로 부닥치며 어울릴 기회마저 줄었습니다. 현장 체험을 가더라도 장애 학생 보호와 안전을 위해 특수교사 인솔 아래 장애 학생들만 따로 다니게 되는 경우도 생깁니다. 수업시간에 조용히만 있으면 학교 생활에 잘 적응하고 있다는 이야기를 듣는 상황에서 통합 교육의 목표인 '참여'와 '어울림'은 기대하기 어렵습니다.

일반 학교의 특수학급 적응이 쉽지 않다고 해서 장애 학생들만 모여 있는 특수학교로 쉽게 옮겨갈 수 있는 것도 아닙니다. 2013년 현재 전국의 특수학교는 162곳으로, 장애 학생 8만 6,000명 중 2만 5,000명 정도만 입학할 수 있습니다. 장애 학생 수에 비해 특수학교의 수가 부족하다 보니 장애아 학부모들은 특수학교 입학도 '하늘의 별 따기'인 상황에서 전학은 더더욱 어렵습니다. 통합 교육을 지향한다는 방향 설정이 잘못된 것은 아닙니다. 지금 현재 학교 현장에서 발생하는 여러 문제들은 통합 교육의 문제라기보다는 통합 교육이 제대로 이뤄지기 위한 전제조건들이 충족되지 못한 탓입니다.

첫째 전제조건은 학급당 인원수 감축입니다. 통합학급의 경우 담임교사가 장애 학생에게 더 많은 시간과 관심을 쏟을 수 있도록 대략 20~25명 정도인 학급당 인원에서 2~3명 줄이도록 권고하고 있지만 교육 현장에서는 적용하기 어려운 상황들이 발생합니다. 한 학년에 장애 학생이 여러 명인 경우 통합학급에서 줄인 인원수만큼 일반 학급에서 받게 되는데 그러면 해당학급의 학생 수가 너무 많아지기 때문입니다. 결국 통합학급의 학생 수를 줄여주고 싶어도 그러지 못하는 게 현실입니다.

특수교사 증원도 절실합니다. 2013년 현재 특수교육 담당교원의 1인당 학생 수는 5명으로, '장애인 등에 대한 특수교육법'이 정한 특수학교 및 특수학급 교사 배치 기준인 학생 4명당 1명을 넘습니다. 장애 학생 한 명을 맡는 것이 학급 하나를 운영하는 것만큼 힘든 현실을 고려하면 특수교사 증원은 시급히 해결해야 합니다. 일반교사들의 특수교육에 대한 이해 부족은 더 큰 문제입니다. 2013년 4월 현재 통합학급을 담당하는 교사 중 특수교사 자격증 소지자는 1.6%이고, 특수교육과 관련한 연수를 1시간도 받지 않은 교사는 61.7%에 달합니다. 지적장애나 자폐 자녀를 둔 한 학부모들도 장애를 이해하고 적절히 대응할 수 있기까지 수년이 걸렸는데, 장애에 대한 이해가 없는 일반교사들이 통합학급을 맡게 될 경우 당황스러움과 미숙한 대응은 당연한 결과일지 모릅니다.

통합 교육이 거스를 수 없는 추세인 만큼, 언제라도 통합학급을 맡게 될 수도 있는 일반교사들이 교직 이수 과정에서 특수교육과 관련된 과목을 이수하도록 의무화해야 합니다. 장애 학생 교육은 교사 1인이 혼자 감당하는 것이 아니라 여러 교사들이 협력해야 하는 것인 만큼 일반교사가 특수교사와 어떻게 협력할 것인지를 교사 양성과정에서 반드시 가르쳐야 합니다.

장애 학생이 학교 졸업 뒤 실질적인 사회 구성원으로 살아가기 위한 개별화 직업교육도 필요합니다. 미국의 경우 장애 학생이 16살이 되면 사회 진출에 대비해 고등학교 3년간 어떤 교육을 어떻게 할 것인지를 각 장애 학생의 특성을 고려해 계획을 세우도록 하고 있습니다. 그러나 우리의 통합 교육은 돌봄 문제를 해결하는 낮은 수준에 머물러 있습니다.

비장애 학생들의 장애 인식 개선도 시급합니다. 대부분의 학교는 4월 장애인의 날 즈음해서 1학기에 한 번 장애 이해 교육이 이뤄지고 있습니다. 그것도 장애에 대한 관심 자체가 부족한 비장애 아이들에게 따분하기만 한 관련 영상물을 보여주는 정도가 대부분입니다. 적어도 통합학급에 속한 비장애 학생에게 만이라도 반복적이고 지속적인 장애 이해 교육이 필요합니다.

이처럼 모두가 행복해야하는 학교에서 '불통(不通)'의 강물 위에 떠 있는 '교실 안 외딴섬'으로 살아가는 특수교육대상학생들을 위한 제대로 된 장애 이해교육, 장애통합 교육은 우리 기독교정신과 그 맥이 닿아 있습니다. 명색이 사랑의 실천을 외치는 기독교사학들이 점차 늘어가는 특수교육 대상 학생들이 있음에도 특수학급 신설이나 증설을 생각하지 않음은 학교설립과 운영의 근본이념인 '이웃을 사랑하고 한 영혼을 소중히 여기는 교육'이라고 보기 어렵습니다. 특수학급 신설과 증설은 기독교 사립학교의 정체성을 구현해내고 사회적인 공신력을 회복하는 데도 유익합니다.

2014년 교육부 자료에 의하면, 5년 동안 특수교육 대상 학생은 연평균 3,000명씩 증가하였으나 특수학교(급) 신설과 증설은 여전히 미흡하여, 현재 1시간 이상 원거리 통학학생이 13.5%(3,221명)에 달하였고, 과밀 특수학급 비율은 24.8%이었으며, 공립학교 특수교사 법정정원 확보율은 55.9%에 그치고 있는 실정이라고 합니다.

이제 우리 교육계에서는 특수교육에 대한 수요를 고려하여, 적절한 특수학교(급)의 신설과 증설을 위한 협력과 교류가 확대되어야 하는 시점에 이르렀습니다. 기독교 사립학교재단이나 학교당국은 특수학급 신설과 증설을 적극 추진해야 합니다. 장애인 등에 대한 특수교육법(법률 제11723호 일부개정, 2013년 4월 5일) 제27조(특수학교의 학급 및 각 급 학교의 특수학급 설치 기준)의 내용입니다.

특수학교와 각 급 학교의 장은 다음 각 호의 기준에 따라 학급 및 특수학급을 설치하여야 한다.

1. 유치원 과정의 경우 : 특수교육대상자가 1인 이상 4인 이하인 경우 1학급을 설치하고, 4인을 초과하는 경우 2개 이상의 학급을 설치한다.
2. 초등학교 · 중학교 과정의 경우 : 특수교육대상자가 1인 이상 6인 이하인 경우 1학급을 설치하고, 6인을 초과하는 경우 2개 이상의 학급을 설치한다.
3. 고등학교 과정의 경우 : 특수교육대상자가 1인 이상 7인 이하인 경우 1학급을 설치하고, 7인을 초과하는 경우 2개 이상의 학급을 설치한다.

특수학급을 신설하거나 증설하면 그에 따라 특수교사를 채용할 수 있고, 그에 따라 학교에서는 특수교사를 활용해서 기존 교사들의 업무 경감을 이룰 수 있으며 학급이 증설되니 학급당 예산이 증액되는 효과도 있습니다. 그리고 학교의 특수교육 대상 학생들과 비특수학생(비장애 학생)들에게 전문적인 장애 이해교육을 체계적으로 진행할 수 있습니다.

이제 우리 교육이 나 하나만을 생각하며 뛰어가는 사람을 기르는 것이 아니라, 타인의 입장을 이해하고 도움이 필요한 사람을 도울 줄 아는, 능력과 인성을 겸비한 학생들을 키울 수 있기를 진심으로 소망해 봅니다. 이렇게 될 때 친구들과 선생님 옆에서, 특수교육 대상 학생들이 자신의 역량을 마음껏 펼치며 발전해 갈 수 있을 것입니다.

특수교육 대상 학생들과 이들과 함께하는 비특수학생들과 특수교육 대상 학생들의 가족들이 웃음과 희망을 가질 때, 우리교육과 사회는 성숙으로의 큰 도약을 이루게 될 것입니다.

이 일에 우리 기독교계가, 기독교 사립학교들이 앞장서기를 기도하며 기대해 봅니다. 이를 위해 저와 같은 학교목사(교목)들과 기독교 신앙인 교사들이 교육대학원 특수교육학과나 특수교육대학원에 진학하여 특수교사 자격증을 취득하는 것도 유익하다고 봅니다. 현행 교육법은 현직교사의 경우, 교육대학원이나 특수교육대학원에서 특수교육을 전공하면 대학원 졸업에 따른 교육학석사학위와 함께 특수교사 자격증이 수여됩니다. 이것이 여의치 않다면 교육청에서 연수비를 무상으로 지급하는 국립특수교육원의 60시간 연수를 이수하는 방법도 있습니다. 아는 만큼 보이고 아는 만큼 더 잘 교육할 수 있습니다. 특수교사가 아니더라도 특수교육대상 학생을 위한 비특수학생들에게 통합 교육의 이념을 제대로 가르치기 위해서 특수교육이나 연수는 모든 교사에게 해당하는 유익한 학업일 것입니다.

고령화사회,
소외되는
노인들

　우리 민족의 자존감을 떨어뜨릴 목적으로, 일본의 식민 사관에 의
해 확대되어 알려진 것이 있습니다. 옛날에 사람의 나이가 많아지면
노인을 산중에 갖다 버리는 풍습이 있었습니다. 이 풍습이 바로 '고
려장高麗葬'입니다. 제가 알기로는 우리 역사에서 오랜 기간 실시된
것이 아니고 실제로는 이런 일이 없었는 지도 모릅니다. 오히려 이
일에 우리 민족의 미담들이 전해져 오고 있습니다. 이에 대한 이야
기입니다.

　어느 노인이 나이가 70살이 되었으므로 그 아들이 늙은 아버지를
버리기 위해 깊은 산중으로 들어가서는, 아버지 옆에 약간의 음식과
짊어지고 간 지게를 두고는 산에서 내려왔습니다. 그런데 한참 내려
오다 그의 아들을 보니 버려둔 지게를 다시 지고 오기에 그 이유를
물었습니다. 그때 아들의 대답이었습니다.

　"아버지도 나이가 드시면 이 지게에 지고 와서 버려야 하기 때문에
가져왔습니다."

　이 말에 그는 크게 뉘우치고 늙은 아버지를 다시 집에 모셔간 뒤에

먹을 양식을 아껴가면서 잘 봉양했습니다.

한 젊은 부부가 다 늙어 이제는 걷기조차 어려운 어머니를 고려장 하기로 결정하고 그 아들이 어머니를 업고는 산 속 깊은 곳에 향하여 걸어가고 있었습니다. 한참을 걷다가 아들은 어머니가 나뭇가지들을 꺾어 길에 던지면서 업혀가고 있는 것이었습니다. 아들이 이상히 여겨 어머니에게 무슨 짓을 하는 것이냐고 따져 물었습니다. 이에 대한 어머니의 대답입니다.

"아들아, 이 깊은 산 중을 걸어 들어가는데 네가 돌아갈 때 길을 찾지 못할까 싶어 나뭇가지를 꺾어 던져 놓았으니 조심해서 내려가도록 해라"

이 대답에 아들은 눈물을 흘리고는 어머니께 용서를 빌고 어머니를 다시 모시고 돌아왔다고 합니다.

어느 효자가 있었는데 아버지(또는 어머니)가 늙어 고려장을 할 시기가 되었지만, 차마 그럴 수 없어서 아버지를 숨겨두고 봉양했습니다. 그러던 중 중국에서 어려운 문제를 내서 나라를 어지럽게 하였습니다. 그 문제는 이와 같았습니다. 비슷하게 생긴 말 두 필 중 어미와 새끼를 가려내라는 것, 석 자쯤 되는 홍두깨의 밑동을 찾아내는 것 등이었습니다. 이에 아무도 문제를 풀지 못하였습니다. 이 일로 온 나라가 근심에 쌓였습니다.

그때 늙은 아버지가 문제의 해답을 내놓았습니다.

"말에게 먹이를 주어 먼저 먹는 것이 새끼일 것이고, 홍두깨는 물에 넣어 보면 먼저 가라앉는 것이 밑동이다."

이 이야기를 듣고 노인의 지혜가 유용함을 깨달아 악습을 폐지했다고 합니다. 이처럼 노인의 지혜에 대한 이야기는 이 외에도 많이 있습니다.

옛날 어느 깊은 산골에 늙은 호랑이가 살고 있었습니다. 한때는 온 산을 호령하던 호랑이가, 이제 늙고 병들어 사냥도 제대로 못하고 졸고 있을 때가 많았습니다. 어느 날 토끼 한 마리가 먼발치 에서 말을 걸어 왔다.

"영감 요즘 뭐 먹고 사노?"

호랑이는 감았던 눈을 고통스러운 표정으로 뜨며 꺼져가는 목소리로 대답했습니다.

"뭐 먹고 살긴, 꿈이나 먹고 살지."

"꿈 먹고도 배부르냐?"

"꿈도 늘 죽은 꿈만 먹으니까 배고픈 줄도 모르겠더라."

"쯧쯧, 불쌍해라. 들쥐라도 잡아먹지 그래."

"들쥐는 저절로 입 안으로 기어들어 온 다더냐?"

"그렇게 근력이 없냐?"

"침 삼킬 힘도 없단다."

"그럼 굼벵이라도 잡아먹지?"

"그것도 발톱이 있어야 낚아채지."

"발톱도 없누?"

"발톱은커녕 이빨도 몽땅 빠졌는걸."

"이그 불쌍한 녀석. 정말인가 어디 볼까?"

토끼는 늙은 호랑이 곁으로 바싹 다가가 쯧쯧, 하고 혀를 차며 이리저리 살폈습니다. 그 순간 지금까지 꼼짝도 않던 호랑이는 그 억센 앞발로 토끼를 홱 낚아채며 으르렁거렸습니다.

"뭐가 어째, 내가 불쌍타고? 야, 이 분수도 모르는 놈아 늙어서 힘이 없으면 너 같은 놈 꾀로 잡는다. 꾀로 한 입에 삼킬 녀석 같으니라구."

옛날에 늙은 쥐 한 마리가 있었습니다. 이 쥐는 먹을 것을 훔치는데는 귀신같았습니다. 그러나 늙어서 눈이 침침해지고 기력이 떨어져 나다닐 수가 없었습니다. 그래서 여러 쥐들이 그에게 가서 먹을 것을 훔치는 방법을 배우고 그 대가로 훔쳐 온 것을 나누어주곤 하였습니다. 이렇게 얼마간 지나자 쥐들은 마침내 늙은 쥐의 술수를 다 배웠다고 여기고 다시는 먹을 것을 나누어주지 않았습니다. 이에 늙은 쥐는 분을 품은 채 지냈습니다. 어느 날 저녁, 시골 아낙네가 밥을 지어 놓고 돌로 솥뚜껑을 눌러 놓은 채 이웃으로 마실을 갔습니다. 여러 쥐들은 밥을 훔쳐 먹으려고 갖은 꾀를 다 부렸으나, 훔쳐 낼 방도가 없었습니다. 어떤 쥐가 말했습니다.

"늙은 쥐에게 방법을 물어보자."

다른 쥐들도 모두 그게 좋겠다고 하여 늙은 쥐에게 몰려가서 방법을 물었습니다. 그러자 늙은 쥐는 노기를 띠면서 말했습니다.

"너희들은 모두 내게 방법을 배워서 항상 배부르게 먹고 지냈다. 그런데 지금 와서는 나에게 먹을 것을 나누어주지 않는다. 나는 가르쳐주고 싶지 않다."

쥐들이 모두 고개를 숙이고 절을 하면서 사정하였습니다.

"저희들이 참으로 잘못하였습니다. 지난 일은 어쩔 수 없지만 앞으로는 잘 모시겠으니 부디 밥을 훔쳐 낼 방도를 가르쳐주십시오."

그러자 늙은 쥐는 이렇게 일러주었습니다.

"솥에는 발이 세 개 있다. 그중 발 하나가 놓인 곳을 파내면 조금만 파도 솥이 기울어져서 저절로 뚜껑이 열릴 것이다."

여러 쥐들은 달려가서 땅을 파냈습니다. 그러자 과연 늙은 쥐의 말대로 솥뚜껑이 열렸습니다. 쥐들은 배부르게 실컷 먹은 다음 남은 밥을 싸가지고 와서 늙은 쥐에게 바쳤습니다.

우리 속담에 "나라 상감님도 늙은이 대접은 한다."는 말이 있습니다. 이 말은 누구나 노인은 우대를 해야 한다는 뜻입니다. "노인 말그른 데 없다."나 "노인 말을 들으면 자다가도 떡이 생긴다."는 말은 노인의 경륜과 지혜의 가치를 일깨워 준 말입니다. 송강 정철의 송강가사에 나오는 내용으로 노인을 공경해야 함을 자연스럽게 제시한싯구입니다.

> 이고 진 저 늙은이 짐 풀어 나를 주오.
> 나는 젊었거니 돌인들 무거울까
> 늙기도 설워라커든 짐을 조차 지실까.

다산 정약용의 『목민심서』에 나오는 말입니다. "노인을 받들어 모시는 예절이 폐지되면 백성들은 효심孝心을 일으키지 않게 될 것입니다. 백성의 목자牧子가 된 수령은 양로養老의 예를 거행하지 않아서는안 됩니다."

고령화사회가 되다보니 쉽게 어르신들을 접할 수 있습니다. 노인들에 대한 예우와 배려는 국가적인 차원에서도 이루어집니다. 제도적으로도 노인연금이나 운송수단의 할인이나 문화시설 이용할 때, 경로우대가 생겼습니다. 지역주민센터 같은 곳에서도 이 분들에 대한 복지사업을 진행하고 있습니다. 우리 교회들도 노인대학을 비롯한 각종 노인공경 프로그램이 있습니다. 이처럼 노인을 공경하고 섬기는 모습이 가능한 것은 그래도 우리 사회가 일정정도의 경제적인부를 누리는 나라이기 때문에 가능하고 정신적으로도 어르신을 공경하는 정신문화적 틀이 갖춰져 있기 때문인 것 같아 좋아 보입니다. 이렇게만 보면 우리나라의 노인문화가 바람직하고, 앞으로 노인이 될 예비노인인 중년기의 제게도 장밋빛 미래이니 흐뭇합니다. 그러나 이런 모습은 일반적이지 않습니다. 어쩌면 일부의 모습으로 대부분의 노인이 감내하는 현실과는 거리가 멉니다. 고학력 연금수혜 노인들이나 부를 축적한 부유층 노인들은 건강한 신체와 윤택한 경제여건으로 즐거운 노년을 향유하고 있는 반면에, 하루하루 사는 게 막막한 노인들이 많습니다.

불행하게도 아직 우리나라는 서구사회에 비해 노인복지 수준이 높지 못합니다. 그리고 저와 같은 예비 노인들은 평균수명이 늘어난 부모 세대 봉양과 자녀교육비 부담으로 이른바 샌드위치 세대로 불리며 노년기를 대비하기 버거운 게 현실입니다. 아직도 우리 사회 곳곳에서는 폐휴지를 줍는 노인들을 쉽게 찾아 볼 수 있고, 기본적인 복지 혜택을 누리지 못하는 복지 사각지대의 노인들도 많이 있습니다. 이들에 대한 대책은 시급한데 안타까운 현실은 경제난이 극심해지면서 복지예산이 줄고 사람들의 마음마저 각박해졌습니다.

미국의 유력지 〈워싱턴포스트〉가 2014년 1월 23일자에 우리나라 노인들의 비참한 실태를 자세히 보도한 적이 있습니다. 기사와 함께 실린 반 페이지 크기의 대형 사진에는 허름한 포장마차에 5~6명의 노인이 둘러앉아 소주병과 안주 몇 접시를 앞에 놓고 담소하는 모습이 실렸습니다. 사진 밑에는 굵은 글씨로 '몇 백 년 내려온 전통적인 가족 관계는 이제 다 무너졌으니 이제는 조용히 혼자 죽을 수밖에 없다'는 이들의 한숨 섞인 말을 소개했습니다.

치열한 경쟁 속에서 살아남기 위해 혈안이 된 우리나라의 젊은이들에게 늙은 부모를 모셔야 한다는 마음의 여유가 생기기 어려운 실정입니다. 그저 거추장스럽고 짜증만 나게 하는 존재로 생각하게 되었습니다. 언젠가 어느 법정에서 젊은 판사가 한 말은 '어떻게 그럴

수 있을까?' 하는 생각이 들 정도로 우리의 아픔이었습니다. 그의 막
말은 이러했습니다.

"늙으면 죽어야지."

이처럼 가난하고 병들고 홀대받는 노인들, 이들이 누구입니까? 바
로 오늘 우리가 누리는 풍요를 이룩한 기적의 용사들이었습니다. 경
제대국 대한민국은 풍부한 천연자원도 아니고, 우연히 발생한 행운
도 아니었습니다. 치열한 몸부림에 따른 당연한 결과였습니다. 일제
강점기, 한국전쟁, 보릿고개, 경제개발을 위한 혹독한 저임금과 과중
한 노동을 감내해가며 이룩한 수출입국, 월남참전으로 벌어들인 핏
값, 독일에 간호사와 광부로 가서 갖은 고생하면 벌어들인 외화, 사
우디 등 중동 국가에서 뜨거운 태양 아래에서 죽을 고생해가면서 망
치질을 해가며 돈을 벌어들인 이들의 노고에 힘입어 오늘의 경제성
장은 이룩된 것입니다. 이들은 피땀을 흘려가며 돈을 벌면서도 자식
들만은 자기네들이 겪은 고생을 시키지 않기 위해 자식 교육에 모든
열정을 쏟아 부었습니다. 그 덕분에 자식들은 배부르게 자라면서 부
모보다 훨씬 더 건강해졌고 원하는 공부를 할 수 있었습니다.

잘 알려진 것처럼 우리나라의 대학 진학률은 가히 세계적인 수준
입니다. 대학 교육이 소수의 엘리트가 아니라 누구나 가능한 대중 교
육으로 이해될 정도입니다. 그러나 부모 세대는 자식들 뒷바라지 하
느라 제대로 먹지도 쉬지도 못하고, 몸과 마음의 건강을 챙기지 못했
습니다. 이제는 급변한 세상물정에 어둡고 지식정보화사회에 적응하
지 못하여 손자녀들에게도 외면당하는 처지에 놓이고 말았습니다.
적적한 노년기에 사랑하는 자녀들과 손자녀들과 같이 살고 싶고, 어
울리고 싶지만 변화된 세상의 지식이 부족하여 대화가 안 된다며 세
대차이 난다고 타박당하고 외면당하기 일쑤입니다. 하루 이틀 멀어

지다보니 자식들로부터 소식이 끊어진 지도 오래된 상황에서 죽기 전에 자식들의 목소리라도 한 번 들어봤으면 하는 소망 속에서 하루하루 견딘다는 노인들도 있습니다. 더욱이 이들은 스스로의 노후 대책을 준비하지 못하고 골병이 들어 기본적인 생활도 어렵고 여기저기 안 아픈 데가 없습니다.

이처럼 가족 부양이 현실적으로 어렵다보니 노인문제를 사회적인 효의 개념으로 이해하여 정부가 책임을 져야 한다는 목소리가 높아져가고 있습니다. 오늘날 연금을 받는 노인은 노인 인구 전체의 3분의 1 정도에 불과합니다. 자식들의 무관심과 정부의 충분치 못한 노인복지 예산 때문에 삶에 찌든 노인들의 자살률이 OECD(경제협력개발기구) 국가 중에 제일 높은 것이 우리의 현실입니다.

최근 노인 학대도 심각한 사회문제입니다. 최근 대구 모 아파트 상가 근처에서 아파트 위층에서 아래로 쓰레기를 던졌다며 70대 노인을 둔기와 주먹 등으로 무자비하게 폭행하여 전치 7주의 상처를 입힌 혐의로 50대 남성이 경찰에 붙잡혔습니다. 이 남성은 주변 시민들의 만류에도 노인을 계속 때린 것으로 조사됐습니다. 약자인 노인에게 그것도 반항조차 하지 못하는 점을 감안한다면 도덕적으로 이해하기 힘든 사건이었습니다. 특히 노인들에 대한 폭행은 가까운 이웃이나 직계가족에 의한 경우가 대부분입니다. 이처럼 노인들은 약자이면서 경제적인 어려움까지 겪어야 하는, 사회에서 급격히 소외계층으로 밀려나고 있습니다.

우리나라는 급속한 고령화 사회에 접어드는 추세입니다. 노인인구는 65세를 기준으로 약 600만 명이라고 하고 전체인구의 약11%라고 합니다. 이러한 현상은 앞으로 저출산과 만혼의 영향으로 더욱 증가할 것으로 추산됩니다. 노인들의 희망은 자녀들이 잘 되기를 바라는 것과 자신이 건강하게 살다가 고통 없이 죽는 것이라고 합니다. 그런데 노인들은 이런 희망을 이루기 위하여 할 수 있는 역할이 아무것도 없습니다. 그냥 지켜보며 기다려야 할 뿐입니다. 자신의 능력으로 할 수 있는 방법이 없습니다. 자녀들이 잘 되기를 바라지만 그들을 도울 능력이 없습니다. 건강하게 살기를 원하지만, 늙어가면서 저절로 오장육부의 기능이 쇠하고, 몸의 각 마디가 퇴행하고 노쇠하여 병든 육신의 현실 앞에 속수무책입니다. 고통 없이 죽는다는 것은 더더욱 자신이 할 수 있는 일이 아닙니다.

50대는 청춘이고 60대는 한창이라는 말도 있습니다. 아르바이트도 60대까지는 받아 주는 곳이 있으나 매우 열악한 조건이고, 70대가 되면 건강하고 힘이 있어도 나이 때문에 어느 곳에서도 활동할 기회가 주어지지 않습니다. 그로 인해 용돈도 궁하여 친구 모임도 줄어들고 가정에서도 비생산적 소비자로 놀고먹는다는 미안함 때문에 대화도 뜸하고 소외되어 외로워집니다. 밥 걱정, 집세 걱정, 약값 걱정을 하면서 살아가는 독거노인들의 삶이나, 경제가 어려운 지금 힘들게 가정을 꾸려가는 자녀들과 함께 생활하는 노인들도 가족들 눈치 보느라 어렵기는 마찬가지입니다. 더구나 병든 노인은 더 힘듭니다. '긴병에 효자 없다'는 말이 있듯이 병치레하는 노인들 마음엔 가족들에게 짐 되고 힘들게 한다는 죄책감으로 숨소리조차 죽이며 삶에 회의를 느끼며 죽지 못해 삽니다.

말로는 어른을 공경하고 우대해야 한다고 하지만 실제는 그럴만한 환경이 못 됩니다. 이유는 간단합니다. 세상이 너무 급속히 변하고 경제가 어려움으로 젊은이들은 변화를 따라잡기에 바빠 노인을 돌볼 형편이 못되고, 노인들은 변화에 적응하지 못하여 젊은이들을 의지하다 보니 시대에 뒤쳐지는 사람, 소비만 하고 할 일 없이 놀기만 하는 사람으로 인식되어, 노인은 없어도 괜찮고 있으면 불편한 존재가 된 것입니다.

노인들 스스로 자기를 사랑하고 개발하여 나름대로 생을 즐기며 가꿔야 하는데 그렇게 할 수도 없습니다. 한 평생 일만 했고, 가족만을 위하고 희생만 할 줄 알았지 자기 개발과 취미 활동을 해보지 않아서 그렇게 할 줄도 모르고 용기도 없습니다. 매스컴을 통하여 노년에 취미 생활이나 여가 활용에 적극적인 이들이 소개되지만, 이는 대부분 5~60대로, 의식주 걱정이 없고 여유 있는 극히 소수인의 삶일 뿐, 대부분의 노인들은 지루하게 소외감과 불안 속에서 우울하게 살고 있습니다. 노인 자살자 대부분이 70대 이상인 것을 보면 이 연령대가 얼마나 견디기 힘든가를 말해줍니다. 70대 이상에 대하여 각별히 관심 가져주는 대책이 필요합니다.

저출산 시대에 따라 요즘 아이들은 소왕자, 소공주들입니다. 아이들이 귀하다보니 아이들의 소비수준은 매우 높습니다. 아이들의 옷차림이나 손에 들린 스마트폰이나 사교육을 보면 오늘날의 아이들은 그 어느 세대의 아이들보다 풍요를 누리는 세대입니다. 우리 교회들도 아이들을 위한 것들이 참 많습니다. 아이들은 교회에서 맛있는 음식을 먹고 선물을 받습니다. 이런 것들이 당연할 정도로 풍족합니다. 교회에서 다음 세대를 짊어질 아이들에 대한 배려와 관심과 투자는 당연합니다. 그러나 더 시급하게 관심 갖고 진행해나갈 것은 우리 주위의 가난하고 병든 노인세대입니다.

예수님이 단 3년의 짧은 공생애 기간 동안 바쁘고 피곤하시면서도 잊지 않고 찾아가고 만나고 문제를 풀어준 이들은 병들고 약한 사람들이었습니다. 이러한 예수님의 사랑을 오늘에 되살려, 오늘 우리의 사랑을 간절히 목말라하는 노인들에게 예수님의 사랑을 전해야 합니다. 1년에 단 한 차례, 어버이 주일에 효도관광 한번 보내드리는 것으로 도리를 다한 것이라 여길 수 없습니다.

교회에서 노인들만의 사랑방을 만들어 이들이 쉼을 얻고 하나님 사랑 안에서 생활하도록 해 주어야 합니다. 교회는 지역사회 지역복지 실천의 담지체擔持體이기도 합니다. 교회 인근의 독거노인이나 열악한 여건의 노인들을 지역교회가 책임져 나가면 어떨까요? 인근 지역주민센터에 가면 교회 인근의 노인에 대한 실상을 알 수 있고 이들을 도울 구체적인 방법도 생각해 볼 수 있습니다. 이들을 돕기 위한 부서를 따로 두거나, 교회의 여러 기관이 그에 맞게 사랑을 실천해 나가면 좋을 것입니다.

하나의 예로 교회에서 주관하는 효도관광을 주기적으로 실시하고, 남신도회는 집수리나 보일러 설치 등으로, 여신도회는 김장해 주기나 밑반찬 장만하기 등으로 그리고 교회학교에서는 어르신 초청 재롱잔치나 말벗봉사를 하면 좋겠습니다. 다음 세대들이 핵가족에 따라 이기적인 성향이 강하고 자기밖에 모르는 경향이 있기에 이처럼 교회 인근의 노인 돕기는 아이들의 건강한 사랑의 마음을 길러주는 데도 유익합니다. 이처럼 우리 교회들이 노인 공경을 실제적으로 실천해나갈 때, 우리 지역사회에서 교회 공동체의 위상은 굳건하게 자리매김될 것입니다. 그리고 이러한 실천이 노인 공경 문화의 씨앗이 되고, 운동원이 되어 사회로 퍼져나가게 된다면 엉킬 대로 엉키고 꼬인 노인 문제의 해법도 '솔로몬의 지혜'처럼 잘 풀려나갈 것 같습니다.

분명 세상은 변했고 그 변화에 노인들이 적응하기엔 젊은이들을 이길 수는 없습니다. 그러나 노인들은 오랜 세월 살아온 지혜가 있습니다. 먼저 자신을 긍정해보시고 젊은이들을 따라하려고 하기보다 자신이 잘하는 것을 찾아보시기 바랍니다.

아파트
층간 소음 문제에
따른 교육

　요즘 세대는 잘 모르겠지만 사십 대 중반인 제 나이 또래들 이상만
해도 우리나라가 지금 얼마나 잘사는 나라인지 잘 압니다. 연세 지긋
한 분들은 보릿고개라고 하여 춘궁기에는 제대로 끼니조차 해결하지
못하셨습니다. 그 아픔을 생생하게 기억하는 분들이 많습니다. 언젠
가 교회에서 친교 모임 차 야유회를 갔었습니다. 다들 건강을 위해
보리밥을 먹는다는데 60대이신 교회 관리집사님은 굳이 그것을 사양
하면서 이렇게 말씀하셨습니다.

　"제가 어렸을 때 하도 가난해서 꽁보리밥을 질리도록 먹었습니다.
저는 보리밥이란 글자만 봐도 신물이 날 정도입니다."

　그러시면서 자신이 살아오신 배고픈 시절의 이야기를 해 주셨습니
다. 어찌나 실감나게 해 주시는지 보리밥을 먹겠다는 사람들이 다 취
소하고 집사님이 먹고 싶으신 것으로 통일해버렸던 적이 있습니다.

　졸업식 준비하면서 교사들이 점심으로 짜장면을 시켜먹은 적이 있
습니다. 그때 어느 선생님이 이런 이야기를 하셨습니다. "우리 때는
졸업식 날이나 돼야 겨우 짜장면을 먹을 수 있었는데 요즘은 짜장면

은 흔하디흔한 음식일 정도가 되었으니 우리나라가 잘사는 나라인 것이 확실합니다." 그러고 보니 저도 어렸을 때 짜장면을 먹은 날은 1년에 손가락을 세어 볼 정도로 드물었습니다. 어린 시절 소원 중 하나가 짜장면 먹는 것이었을 정도였습니다. 이런 이야기를 더하자면 아마 끝도 없을 것입니다. 그리고 이 글을 접하는 요즘 세대는 '뭔~ 구석기 시대 이야기인가' 하고 생각할 것입니다. 그도 그럴 것이 요즘 아이들은 없어서 못 먹는 게 아니라 배불러서 못 먹습니다.

제가 재직하고 있는 곳이 상대적으로 규모가 작은 농촌의 중학교임에도 많은 학생들이 스마트폰을 소지하고 있을 정도입니다. 예전에는 공부하고 싶어도 공부를 할 수가 없어서 한글도 제대로 모르는 문맹, 초등학교나 중학교도 제대로 졸업하지 못한 사람들이 많았습니다. 대학 진학은 소수의 특권층의 이야기였고 가정에서는 자녀 모두를 대학에 보낼 수가 없으니 그중 하나 정도라도 소 팔고 논과 밭을 팔아서 보낸다는 의미로 대학을 진리의 '상아탑'이 아니라 '우골탑 牛骨塔'이라는 말로 표현하기도 하였습니다. 그만큼 대학 보낸다는 게 경제적으로 커다란 부담이었다는 이야기입니다. 그런데 지금은 전국 방방곡곡에 대학이 생겼고 너도 나도 대학에 갈 수 있게 되면서 대학교육이 엘리트 교육이 아닌 보통교육처럼 여겨지는 세상이 되었습니다. 이를 비꼬는 의미로 생긴 말이 "개나 소나 다 대학 간다."입니다. 그러고 보면 지금의 풍요는 꿈만 같습니다.

KBS 2TV 〈개그콘서트〉에서 나오는 유행어대로 이 모든 풍요를 "누려~" 나가니 좋습니다. 이렇게 잘 살다보니 이른바 3D업종에는 사람 구하기가 어렵다고도 합니다. 그래서 중국의 조선족 동포나 동남아 국가에서 많은 사람들이 들어와 외국인 노동자로 일하게 되었고 농촌지역에서는 결혼이민으로 온 이주 여성들이 많습니다. 이렇게 잘

사는 우리나라를 부러워하고 이른바 '코리안 드림'을 꿈꾸며 이주하는 사람들도 많아지고 있습니다. 하지만 이전 시대에 비해 비교조차 불가능한 풍요를 누리는, 인근 아시아권 나라들이 꿈에 그리는 우리나라에서 사는 우리는 행복하지만은 않습니다.

왜 그럴까요? 이전에 비해 풍요를 누리면서 각종 오락시설과 관광산업과 편리한 기기들이 즐비한데 우리는 왜 그다지 행복하지 않은 것일까요? 어찌 보면 배고프고 가난했던 시절보다도 행복하기는커녕 불행하게 느끼기도 하니 이게 어찌 된 일일까요? 요즘 잘 알려진 사실처럼 정신적으로 아픈 사람들이 많습니다. 우울증에 시달리고 불안공포에 따른 공황장애에 시달리는 사람들도 늘어만 가고 있습니다. 도대체 무엇이 문제일까요? 이러한 문제의 원인 분석이나 해결책의 하나로 '아파트 층간 소음 문제'를 생각해 보고자 합니다.

제가 어렸을 때는 주택들이 일반적인 주거문화였습니다. 인구는 많고 가난하다보니 주택에서 다세대, 다 가구가 옹기종기 모여 사는 경우가 많았습니다. 그러니 이웃들과 오순도순 이야기꽃도 피우면서 지냈습니다. 그래서 동네 아저씨, 아주머니가 친척 같았습니다. 동네 형, 누나들이 한 가족 같았습니다. 그러던 어느 시기부터 우리나라에 아파트가 생겨나기 시작하였습니다. 인구는 많고 땅은 좁다보니 주택보다는 아파트의 필요성이 당연시 되었습니다.

아파트는 주거공간의 효율성과 편리함으로 인기를 더해갔습니다. 또한 도시집중화가 지속되면서 생긴 과밀인구 문제를 해결하고, 핵가족화에 따른 사생활존중의 필요에도 적절하기에 아파트의 필요성이 지속되었습니다. 이런 시기에 나온 노래가 가수 윤수일이 부른 〈아파트〉란 노래입니다. 이 노래는 지금도 각종 체육경기대회의 응원가로 불릴 정도로 인기가요입니다.

하늘 높은 줄 모르고 올라가는 아파트 층수를 보면 사람의 능력이 참 대단하다는 생각을 해보곤 하였습니다. 오늘날 아파트 주거는 우리나라 주거문화의 핵심으로 부동산 시장에서도 인기종목입니다. 그러나 세상 이치가 빛이 있으면 그에 따른 그림자도 있듯이 아파트가 좋은 것만은 아니었습니다. 그 대표적인 문제가 오늘날 사회문제로 떠오른 층간 소음 문제입니다. 요즘 층간 소음 문제로 유혈사태가 속출하고 있습니다. 얼마 전에는 층간 소음 문제로 다투던 집주인이 세입자 집에 불을 질러 2명이 숨지게 하는 사건도 있었습니다. 한 아파트에서는 층간 소음 문제로 시비가 붙어 2명을 흉기로 찔러 사망에 이르게 한 사건도 있었습니다. 누수와 층간 소음 문제로 윗집 현관문을 열고 들어가 거실에 석유가 든 유리병을 던지고 불을 붙인 40대 남성이 구속되기도 하였습니다.

이처럼 층간 소음 문제는 단순 또는 쌍방 폭행에서부터 방화·살인 등 강력 범죄에 이르기까지 다양한 사회 문제를 낳고 있습니다. 층간 소음 문제는 경범죄로 처벌하기도 어렵고 이웃 간의 문제이다 보니 신고를 받고 출동하는 경찰들도 난감해합니다. 정부나 관계 당국은 현재 현행법 체계에서는 층간 소음이 형사처벌보다 민사 사안이라고 판단하고 있습니다. 이웃이 고의적으로 소음을 만들었다기보다 방음 자재가 없거나 배관에 의한 소음 등 시설 자체의 문제이므로 형사 처벌이 어렵다는 것입니다.

실제로 2014년 한국환경공단이 현장 진단한 층간 소음 1천 829건 중 뛰거나 걷는 등 자연스러운 소리가 1천 388건으로 전체의 76%를 차지했습니다. 가구를 끌거나 악기 소리 등 인위적인 소리는 각각 3.0%, 2.7%에 불과했습니다. 소음진동관리법의 경우, 공사장 소음이나 교통 기관의 소음 등을 규제하는 법률로 층간 소음에 적용할 수는 없다는 판단입니다. 층간 소음의 원인이 건축상 하자에 의한 것이면 주택법에 따라 처벌할 수 있지만 이는 건설업자 대상의 처분입니다. 층간 소음에 따른 민사 사안은 환경분쟁조정법에 따라 조정하고 있지만 주관부처인 환경부 역시 당사자 간 합의를 유도하는 수준입니다. 경찰의 경범죄 처벌법상 인근소란 규정은 악기나 라디오, TV, 오디오 등 소리를 지나치게 크게 틀거나 큰 소리로 떠들어 이웃을 시끄럽게 한 사람으로 층간 소음은 처벌 대상이 아닙니다. 그러니 경찰은 현행 법 제도하에서 경찰이 층간 소음에 개입할 수 있는 명분이 약합니다. 층간 소음 문제가 사회문제화 되는 만큼 유관부처가 함께 머리를 맞대고 논의할 부분이 있을 것 같습니다.

지난 세기 한국 사회의 최대 인기상품은 아파트였습니다. 국민의 반 이상이 살고, 나머지 대부분도 선망했던 집. 그러나 수년째 부동산 경기가 바닥을 치면서 아파트 생활에 대한 불만이 곳곳에서 터져 나오고 있습니다. 특히 층간 소음은 심각한 갈등의 원인이 되고 있습니다. 잠이 들까 말까한 밤중에 윗집의 쿵쾅거리는 소리에 뜬 눈으로 지샜거나, 다른 집에서 크게 튼 음악소리 때문에 시험을 망쳤다는 자녀의 핑계를 들었을 때, 분노를 넘어 살의까지 느꼈다는 경험담도 종종 듣습니다. 통계적으로도 층간 소음으로 인한 분쟁과 민원이 지속적으로 증가하고 있습니다. 이웃 간 불화는 물론이며 신경 쇠약이나 분노 장애와 같은 병리 현상을 유발하고 폭행과 살인까지 발생하는 사회문제가 되었습니다.

층간 소음 문제에 대한 농담식의 해결책 세 가지가 건축계에 떠돌고 있습니다. 첫째로 가장 미련하고 효과가 적은 방법은 방음 공사입니다. 둘째로 이웃에게 찾아가 따지고 싸우는 것입니다. 마지막으로 가장 현명한 방법은 그저 참고 사는 것입니다. 이는 소음 방지 매트 등으로 보강해도 효과가 미미하기 때문에 기술적 해결보다 다른 방법을 찾아야 한다는 반어적인 표현일 것입니다.

층간 소음의 근본적인 원인은 각 층 사이의 바닥판 공사가 부실하기 때문입니다. 벽이나 바닥이 무거울수록 소음이 줄어든다는 것은 기초적인 상식입니다. 바닥판을 210mm 정도로 두껍게 하면 소음을 차단할 수 있는데, 요즘 아파트는 대개 그 절반 두께입니다. 또 하나의 원인은 진동입니다. 다른 소리보다 유독 아이들이 뛰어다니는 충격음이 거슬린다는 건 소리가 커서가 아니라 울리기 때문입니다. 1980년대까지는 기둥식 아파트가 지어졌지만, 이후에는 벽식 아파트가 주류가 되었습니다. 문제는 기둥식보다 벽식 아파트가 진동과 소음에 취약하다는 점입니다. 오래된 아파트일수록 불편하기는 하지만 소음은 들리지 않는 까닭입니다.

얼마 전 정부는 층간 소음 문제를 해결하기 위한 방안을 내놓았습니다. 소음의 최대기준을 정하고 그 기준을 넘게 되면 피해자에게 금액으로 배상하라는 것입니다. 주간에는 40데시벨, 야간에는 35데시벨이며 최대 114만 원을 배상 기준으로 정했습니다. 그러나 이 방안을 악용해서 그 정도 내면 마음껏 쿵쾅거려도 된다는 면죄부를 줄 수도 있다는 비판도 제기되고 잇습니다.

근본적인 해결은 층간 바닥판을 두껍게 하고 기둥식 구조로 시공하는 것이지만, 일단 건설이 끝난 아파트에 보강공사는 불가능합니다. 왜 우리 아파트 건설업자들은 이 초보적인 상식을 무시했을까요? 그 이유는 바닥판을 두껍게 치고 기둥식 구조로 하면 건설비가 비싸지기 때문이고, 더 큰 이유는 아파트 내부면적이 줄어들기 때문입니다. 다시 말해서 아파트 건설의 유일한 목표는 최소 투자로 최대 이윤을 내는 것이지, 주민 생활의 안락함 따위는 고려 사항이 아니었기 때문입니다. 소음을 유발하는 주민이나 이를 못 견디는 주민 모두 피해자입니다. 배상은 주민 간에 할 것이 아니라 원인 제공자인 건설자가 해야 합니다.

그러나 층간 소음은 하자 보수 대상이 아니어서 제도적 책임을 물을 수 없습니다. 새로운 기준을 정해도 소급 적용할 수 없습니다. 그렇다고 이웃 간에 금전 배상으로 문제를 덮는 것은 또 다른 문제를 일으키게 됩니다. 모든 것을 계산하고 거래하는 삭막한 풍경이 연출될 것이고, 공동주택인 아파트가 그나마 유지하던 공동체 의식이 파괴될 것입니다.

지나친 경쟁논리나 개인주의나 법으로는 이 문제를 해결할 수 없습니다. 분명 합리적인 실정법의 개선과 사회제도적인 장치가 필요합니다. 이에 대한 성숙한 시민의식과 시민운동차원의 감독과 비판도 필요합니다. 그러나 이런 외적인 것들로는 근본적인 해결을 이룰수는 없습니다.

이러한 사회문제에 우리 기독교는 무엇을 해야 할까요? 그저 교회는 하나님의 말씀이 선포되고 교인 간의 친교로 화목하고 전도에만 힘쓰면 되는 것일까요? 그렇지 않습니다. 삶의 문제는 신앙 생활과 무관하지 않습니다. 아니 밀접하게 연관되어 있습니다. 교회 생활보다 더 많은 시간을 주거 공간에서 보내고 기초공동체인 가족이 함께하는 공간인 만큼 아파트 층간 소음 문제는 아파트에 거주하는 교인들의 삶에도 중요한 문제입니다. 이것이 기도 제목이고 이것이 신앙 생활에 영향을 줍니다. 목사들의 사택도 아파트인 경우가 많은 만큼 아파트 층간 소음 문제는 목사들의 삶에도 중요한 영향을 미칩니다. 그리고 아파트에서 자라나는 우리의 아이들에게도 중요한 문제입니다.

우리의 교회에서, 기독교계에서 이 문제를 해결하기 위한 기독교

윤리실천운동이 필요합니다. 이를 교육 현장에서도 토의의 주제로 삼고 논의하는 것은 어떨까 싶습니다. 이제 우리는 종전의 교사 중심의 주입식 교육에서 벗어나야 합니다. 구태의연한 지식전달위주의 교육으로는 변화무쌍한 현대사회의 복잡 미묘한 현실사회의 문제와의 접촉점을 찾을 수 없습니다. 그러니 해결의 실마리도 없습니다. 살아서 운동력이 있어 적용 가능한 교육이야말로 오늘날 우리에게 요청되는 교육의 패러다임입니다. 교회 교육에서도 오늘날 우리에게 하나님의 말씀을 어떻게 적용해야할 지를 고민하면서 이야기해 보고 이를 말씀과 연결 지어 나가는 협동학습이 필요합니다.

층간 소음을 계기로 이웃의 형편을 파악하고 이해하는 것이 해결의 실마리가 아닐까 싶습니다. 윗집 아이의 습성을 파악하고 아랫집의 민감함을 이해한다면, 서로 상생의 협약을 맺을 수 있지 않을까요? 소음 발생 시간을 약속하고 때때로 식사라도 대접한다면 미안함과 분함을 달랠 수 있을 것입니다. 당사자 간에 해결이 어려우면 자치적인 중재도 가능할 것입니다. 층간 소음 해결도 중요하지만 공동체 문화를 살리는 것이 더 중요합니다. 소음은 원인일 뿐이고 갈등과 싸움이 문제이기 때문입니다. 바로 이러한 사회문제에 절실히 요구되는 덕목이 공동체 윤리입니다.

이 윤리는 저기 저 멀리에 있는 것이 아니라 우리나라의 전통문화 속에서 면면히 흘러오는 이웃사랑, 공동체 의식 문화입니다. 이러한 전통문화를 오늘에 되살려 나가면 신구세대의 화합과 전통과 현대의 조화도 이루어나갈 수 있습니다. 그러나 급속한 산업화, 도시화, 서구화로 전통과 현대, 신구 세대의 화합과 상생은 어렵습니다. 오히려 차이와 갈등으로 인해 또 다른 사회문제가 벌어지는 게 현실입니다. 그러기에 우리 기독교는 이 시대가 요구하는 정신문화적 토대 놓기의 핵심일 수 있습니다. 기독교는 그 어느 종교문화보다 서구적인 모습이고 현대화의 옷을 입었지만 이웃사랑과 공동체를 중시하는 윤리적 덕목은 전통문화와 일맥상통합니다. 우리 기독교교육은 현실사회 문제를 교육적인 주제로 논의해 나가기에 오늘날의 교육과정과 교육방법에도 유익할 것입니다.

공부보다
공감을
일깨워 주는 교육

    학령기 아이들에게 부모님들이 흔히 하는 말은 "공부 잘해라"라는 것이고, 집에 돌아온 아이들을 향한 물음도 "공부 잘 하고 왔니?" 입니다. 등교하는 아이들에게 하는 말은 "학교가면 공부 잘하는 아이들과 사겨라." 입니다. 아이가 새로운 친구를 사귀면 이에 대해 묻는 첫 번째는 "그 친구 공부 잘하니?" 입니다.

    분명 공부는 중요하고 아이들의 본분이기도 합니다. 그러니 공부를 잘하도록 독려해야 하고, 잘하도록 도와주어야 하고, 성과에 따라 상을 주거나 칭찬도 할 수 있습니다. 반대로 미진하거나 부족할 때는 지적도 하고 조언도 하여 개선하도록 해야 합니다. 그러므로 부모님들의 물음이나 관심은 당연합니다. 부모님이 직장과 가정에서 자신이 해야 할 일에 충실해야 하듯이 아이들은 주어진 본분인 공부를 열심히 해야 합니다. 그러나 부모님의 관심사가 공부에만 집중됨으로 인해 아이들은 학교에서 해야 할 것이 공부밖에 없고, 공부만 잘하면 되는 것으로 잘못 이해할 수 있습니다. 공부가 중요하다고 해서 공부만 잘하면 되고, 다른 것들은 중요하지 않은 것이 아닌데 말입니다.

'과유불급過猶不及'이라는 말처럼 지나치면 모자람만 못한데 공부를 강조함이 지나친 건 아닌가 하는 생각이 듭니다. 이는 공부가 중요하지 않다는 말은 절대로 아닙니다. 다만 공부만을 강조하면서 생긴 문제를 생각해보고 이를 보완해야 하지 않을까 하는 것입니다. 공부만을 강조하다보니 차가운 지성, 지식습득에 열중하다보니 어쩌면 더 중요한 것을 잊고 사는지도 모릅니다.

지식으로서의 도덕 점수는 높은데 삶으로 드러나는 도덕 지수는 낮은 사람들을 만들어 내는 교육은 분명 잘못된 것입니다. 공부만 강조하느라 아이들에게 꼭 필요한 인성, 더불어 함께 살아가는 삶의 소중함, 삶의 여유, 따뜻한 가슴과 같은 가치가 무시된 우리의 교육은 비정상이요, 기형입니다. 차가운 머리는 생명을 죽이고 공동체성을 훼손하는 무서운 결과를 가져올 수 있습니다. 이런 아이들은 세상이 자기를 중심으로 돌아간다고 확신하게 됩니다.

수학의 천재라고 불리는 소년이 있었습니다. 소년은 열 살의 나이에 천재 과학자 아인슈타인이 40세에 골머리를 앓으며 풀었다는 계산을 척척 해냈습니다. 그렇지만 그 소년은 조금도 행복하지 않았습니다. 더구나 주위 사람들의 지나친 관심으로 인해 심한 부담을 느끼고 있었습니다. 소년의 부모는 걱정이 되어 소년에게 긴장을 풀어주고 편하게 쉴 수 있는 시간을 마련해 주고자 하였습니다. 소년의 아버지는 친구의 딸과 소년이 함께 영화를 보러 가는 기회를 마련하였습니다. 어린 소년과 소녀는 사이좋게 손을 맞잡고 영화관에 들어갔습니다. 영화가 끝나는 시간에 맞춰 데리러 온 아버지의 차에 올랐을 때 소녀가 소년에게 말했습니다.

"어땠니? 난 정말 감동 받았지 뭐야? 그녀가 흐느낄 때는 나 역시 눈물이 날 정도였어." 소녀의 애기를 들은 소년의 아버지는 빙그레 웃으며 아들에게 물었습니다.

"베티가 울기까지 했다는 걸 보니 굉장했구나. 그런데 얘야 너는 어땠니?" 그러자 꼿꼿하게 앉아있던 소년이 무미건조한 음성으로 말을 했습니다.

"오늘 본 영화는 정확히 12,316개의 문장이 나왔어요. 그것은 73,896개의 단어로 이루어져 있었지요."

소년의 입에서 나온 대답이었습니다. 우리가 바라는 아이들의 모습이 이와 같지는 않은지요?

그리스·로마 신화에 나오는 이야기입니다. 대장장이 프로미시우스가 인간을 만들면서, 각자의 목에 두 개의 보따리를 매달아 놓았다고 합니다. 보따리 하나는 다른 사람의 결점으로 가득 채워 앞쪽에, 또 다른 보따리는 자신들의 결점으로 등 뒤에 매달아 놓았습니다. 그래서 사람들은 앞에 매달린 다른 사람의 결점을 잘 볼 수 있습니다. 그러니 다른 사람에 대해서 이것저것 자신의 눈에 비친 모습을 이야기해 주기 좋습니다. 그런데 문제는 뒤에 매달린 보따리 속의 자기 결점은 전혀 볼 수 없다는 것입니다.

동해바다(후포에서)

신경림

친구가 원수보다 더 미워지는 날이 많다.
티끌만한 잘못이 맷방석만 하게
동산만 하게 커 보이는 때가 많다.
그래서 세상이 어지러울수록
남에게는 엄격해지고 내게는 너그러워지나 보다.
돌처럼 잘아지고 굳어지나 보다.

멀리 동해 바다를 내려다보며 생각한다.
널따란 바다처럼 너그러워질 수는 없을까,
깊고 짙푸른 바다처럼.
감싸고 끌어안고 받아들일 수는 없을까,
스스로는 억센 파도로 다스리면서.
제 몸은 맵고 모진 매로 채찍질하면서.

우리는 자신의 경험이나 입장에 따른 시각으로 사람을 평가하고 규정짓습니다. 지극히 주관적인 시각임에도 자신 나름으로 확신에 차 있습니다. 그런데 정작 자신에 대해서는 지나칠 정도로 관대합니다. 이를 명료하게 일깨워주는 예수님의 말씀입니다. 마태복음 7장 1~5절입니다.

너희가 심판받지 않으려거든 심판하지 말라. 너희가 심판하는 그 심판으로 심판을 받을 것이며 너희가 저울질하는 그 저울질로 너희가 저울질당할 것이다. 어째서 너는 네 형제의 눈에 있는 티는 보면서 네 눈에 있는 들보는 깨닫지 못하느냐? 네 눈에 아직 들보가 있는데 어떻게 형제에게 '네 눈에 있는 티를 빼 주겠다'라고 할 수 있느냐? 이 위선자야! 먼저 네 눈에서 들보를 빼내어라. 그런 후에야 네가 정확히 보고 형제의 눈 속에 있는 티를 빼낼 수 있을 것이다.

어느 날, 할아버지 한 분이 암 진단을 받았습니다. 그런데 이 암 진단을 받은 그날부터 이 할아버지는 매우 난폭해져 가족들과 친구들을 향해서 욕을 하기도 하고 주위 사람들에게까지도 욕을 퍼붓습니다. 심지어는 병실에 입원해서도 아무도 만나지 않았습니다. 그 할아버지는 간호사와 의사들에게까지도 포악하게 대하기 시작했습니다.

그래서 가족들은 할아버지를 돕기 위해 할아버지의 옛날 친구들을 들여보냈지만 친구들도 도움이 되지 못했습니다. 할아버지는 자기의 친구들에게 큰 소리를 치며 쫓아버리고 말았습니다. 또 이번에는 할아버지와 절친하게 지냈던 은사들을 보내보았지만 그것도 소용이 없었습니다. 목사님을 보냈더니 목사님도 욕만 먹고 쫓겨났습니다. 전문상담사를 들여보내도 소용없었습니다. 그런데 그 동네에서 이 할아버지가 가끔 만나던 동네 꼬마가 하나 있었는데 할아버지가 아프다는 소식을 듣고 병원에 찾아왔습니다. 가족들은 혹시나 하는 마음에 "그럼, 네가 들어가서 할아버지를 만나 보렴." 하며 그 아이를 들여보냈습니다. 그런데 놀랍게도 20~30분 동안 소년이 할아버지를 만나고 나온 이후로 이 할아버지가 완전히 변했습니다. 태도가 누그러지고 부드러워지고 사람들도 만나시고 얘기도 하시게 되었습니다. 사람들은 너무도 신기하고 놀라워서 그 소년을 붙들고 물었습니다.

"너, 할아버지하고 무슨 얘기를 했니?"

"아무 얘기도 하지 않았어요."

"할아버지하고 20~30분 동안 함께 있었잖니. 너는 그동안 도대체 뭘 했지?"

그랬더니 그 소년이 이렇게 대답했습니다.

"저요, 할아버지하고 같이 울었어요."

꼬마는 단지 이 할아버지의 아픔을 자신의 아픔처럼 느끼고 울었을 뿐이었습니다. 그러나 이 할아버지는 우는 꼬마를 꼭 껴안는 순간 진정한 사랑을 느꼈고 마음의 상처가 치유되었던 것입니다.

한 일간지에 '프랑스인보다 더 프랑스 요리를 잘 만드는 한국인 요리사'라는 제목으로 소개된 사람이 있었습니다. 박효남 힐튼 호텔 총주방장에 대한 소개였습니다. 그의 학력은 중졸이었고, 요리사에게 중요한 손가락도 한 개가 없었습니다. 그리고 그렇게 큰 키도 아니며 외모가 뛰어난 것도 아니었습니다. 그의 성장과정은 고난과 시련의 연속이었습니다. 그러나 그는 40세 때 세계 최대 호텔체인인 힐튼 그룹 역사상 처음으로 현지인 총주방장에 임명되었습니다. 그래서 프랑스에서 프랑스인보다 프랑스 요리를 더 잘 만드는 한국인 요리사임을 인정해 훈장(메리트 아그리콜)까지 주었다고 합니다. 이처럼 약점투성이인 그가 어떻게 요리사로서 최고의 경지에 이를 수 있었을까요? 이토록 정교하고 섬세한 입맛을 일깨워준 사건이 있었습니다.

한번은 한 손님이 식당에 와서 남프랑스식 해물탕을 주문했습니다. 최고의 재료와 와인을 가지고 만들었다. 그런데 퇴짜를 맞게 된 것입니다. 다시 요리를 내보내도 또 퇴짜를 맞았습니다. 이번에는 자신이 직접 그 손님을 찾아갔습니다. 테이블에 가서 정중하게 "뭐가 잘못됐습니까?"라고 마음 졸이며 질문했습니다.

그런데 요리사로서는 가장 치명적인 지적을 받게 되었습니다. 그것은 간이 맞지 않는다는 것이었습니다. 사실 그는 간을 잘 맞추기 위해서 아침을 먹지 않고 출근해서 요리를 만들고 있었습니다. 자기 나름대로 최선을 다했기에 손님의 요구는 무리하고 억지처럼 받아들여서 무시할 수도 있었지만 그는 그 손님의 퇴짜가 의미하는 바가 무엇인지를 다시 생각했습니다. 그 결론은 그동안 자신은 자기 입에만 맞게 음식을 만들었다는 사실을 깨닫게 되었습니다. 그 후로 그는 기록을 하기 시작했습니다. 손님이 음식을 다 먹고 떠난 테이블로 가서 맛있게 먹은 것, 안 먹고 접시에 남긴 것을 분류해 손님이 좋아하는 것과 좋아하지 않는 것이 무엇인지를 가계부처럼 자세히 적었습니다. 그는 이렇게 말합니다.

"결국 맛은 찾아가는 거였어요. 손님의 입맛에 맞게 조리하되, 때로 새로운 맛을 일깨워 주는 게 훌륭한 요리사죠."

그를 최고의 요리사로 만든 다양한 요소가 있지만 중요한 것은 그는 손님의 이야기를 잘 들을 수 있는 귀와 마음을 갖고 있었습니다. 우리는 말하기는 좋아하지만 듣기는 싫어합니다. 그러나 정작 잘 들을 수 있는 사람이 잘 말할 수 있는 사람입니다.

우리가 살아가면서 삶에서 꼭 필요한 것 요즘 강조되는 말처럼 지능지수IQ가 아니라 감성지수EQ, 사회성 지수SQ입니다. 세상을 변화시키고 이끌어갈 인재는 머리 좋은 사람이 아니라 마음이 좋은 사람입니다. 그러므로 우리가 사귐을 가져야하는 사람은 공부 잘하는 사람보다는 마음 착하고 넓고 깊은 사람입니다. 우리의 아이들에게 마음좋은 사람, 마음이 건강한 사람이 되라고 권면하는 것이 참교육일 것입니다. 우리의 아이들에게 나만 잘 되고 나만 잘 살면 되는 것이 아니라 더불어 함께해야 함을 일깨워 주는 것, 나를 넘어 우리가 되고 다른 사람과 함께하는 마음의 힘 즉 공감이야말로 아무리 강조해도 지나치지 않는 교육일 것입니다.

이런 점에서 오늘 우리의 교육에서는 공부를 지적인 영역만이 아닌 감성적인 영역을 중요하게 다루어야만 합니다. 학교에서 지식습득 위주의 교과수업이 아닌 몸으로 느끼고 함께 공유하는 현장 체험의 교육이 이루어져야 합니다.

수많은 명작을 남긴 미국의 단편소설가 오 헨리의 글 중에 '강도와 신경통'이는 단편소설이 있습니다. 내용을 간략히 요약하면 이와 같습니다. 강도가 한밤중에 어느 집에 권총을 들고 들어갔습니다. 잠자는 주인을 깨우고는 단호하게 말했습니다.

"손, 들, 엇!"

잠결에 깨어난 주인은 벌벌 떨면서 왼손을 겨우 들었습니다. 그러자 강도는 또 고함을 쳤습니다.

"오른손마저 들엇!"

그런데 주인은 왼손만 조금 더 높이 들 뿐이었습니다. 그러자 강도는 화가 나서 "오른손마저 들엇!"하며 고함을 질렀습니다. 그때 그 주인은 벌벌 떨면서 이렇게 말했습니다.

"죄송하지만 오른손은 신경통 때문에 들 수가 없습니다."

그러자 강도는 한숨을 푹 쉬고는 이렇게 말했습니다.

"신경통, 제기랄, 나도 신경통 때문에 이 짓을 하고 있네!"

강도 역시 오른손이 신경통으로 마비가 되어 제대로 일을 하지 못했습니다. 그래서 남의 집에 들어가 사람을 위협하고는 물건을 훔쳐내는 짓을 하고 있었던 것이었습니다. 신경통이라는 말에 귀가 번쩍 뜨인 강도는 당장 사람을 죽이거나 물건을 빼앗으려는 생각을 잊고 신경통 이야기를 꺼냈습니다. 주인도 신경통 이야기에 공포나 두려움을 잊고는 어떻게 신경통을 치료 하냐, 무슨 약을 쓰냐며 이런저런 이야기를 밤새도록 나누다가 새벽녘에는 서로 멋쩍게 헤어졌다는 이야기입니다.

캘리포니아 주 레드우드 국립공원Redwood National and State Parks에는 여름에 비가 오지 않기로 유명한 거대한 나무들이 끝없이 자라나는 숲이 있다고 합니다. 이곳은 비도 잘 오지 않는 곳인데도 일반적인 크기가 아닌 최고 112m나 되는 거대한 나무들이 자랍니다. 그 이유는 무엇일까요? 이를 궁금하게 여긴 학자들이 나무의 뿌리가 얼마나 깊은지 뿌리를 파헤쳐 보았는데 놀랍게도 뿌리가 옆의 나무들과 서로 얽히고설켜 어느 뿌리가 어떤 나무 것인지 구분하기 어려운 모습이었습니다. 그렇습니다. 부족한 것을 주고받으면서 서로에게 기대어 든든하게 자랄 때 이 나무들은 깊이 뿌리를 내리면서 함께 자라난 것입니다. 사람은 밥으로만 살 수 없으며 인생의 깊은 맛을 맛보며 서로를 의지하면서 함께 걸어가는 존재입니다. 그러므로 행복하고 의미 있는 삶을 향한 소망은 사람의 마음 깊은 곳에 자리하고 있습니다. 나무가 모여 숲을 이루듯이 우리는 혼자가 아닙니다. 우리는 여럿이 함께 서로 잇대어 살아가야만 하는 존재들입니다.

다니엘 핑크는 『새로운 미래가 온다』[2]라는 자신의 책에서 아이디어와 상상력 모두를 다 사용하는 사람이 미래의 주인공이 될 것이라고 예견하였습니다. 이른바 좌뇌는 하이콘셉트를 만드는 데 관여하고 우뇌는 하이터치를 느끼는데 관여한다는 이론을 확인한 것입니다. 사람은 누구나 좌뇌적 이해를 필요로 합니다. 이해는 좌뇌적 사고의 산물입니다. 그런데 사람은 우뇌적 창조능력도 절대적으로 필요합니다. 슬플 때 울 수 있는 능력, 타인이 마음 아파할 때 같이 괴로워할 수 있는 능력은 요즘 같은 스마트폰 시대, 다원화 시대에는 더욱 절실하게 요구됩니다. 오랜 세월 하이콘셉트에 치중했던 우리는 이제 하이콘셉트와 더불어 하이터치, 즉 감동할 수 있는 능력의 필요성에 주목해야 합니다.

하이터치는 공감능력을 말합니다. 한 사람이 모든 재능을 다 가질 수는 없지만 주위 사람들의 웃고 우는 상황 속에서 같이 웃고 같이 우는 능력은 교육을 통하여 가질 수 있고, 활성화시킬 수 있습니다.

2 이 책은 다니엘 핑크가 기존의 『새로운 미래가 온다』에서 하이컨셉 · 하이터치의 시대가 오고 있음을 주장했던 책의 개정증보판입니다. 그는 하이컨셉 · 하이터치 시대에 필요한 6가지 조건으로 디자인, 스토리, 조화, 공감, 놀이, 의미를 꼽으며 각각의 재능마다 비즈니스와 일상생활에 어떻게 활용되는지를 풍부한 사례와 설명했습니다. 이번에 새롭게 추가된 제3부 「새로운 미래의 비즈니스」에는 신 비즈니스 시대를 살아가는 지식노동자들이 반드시 고민해야 할 '우리는 왜 일을 하는가?'라는 질문을 비롯해, 삶에 꼭 필요한 것들을 볼 수 있게 '해야 할 일, 하지 말아야 할 일'을 구분하였습니다. 또한 비즈니스 마인드를 바꾸기 위한 '소프트파워'로 감정이입을 강조하고 지식노동자 스스로 일을 하고자 하는 내적 동기부여를 이끌어내기 위한 새로운 개념의 '당근과 채찍'을 제시하였습니다.

CBS 〈세상을 바꾸는 시간 15분〉 같은 프로그램은 그 내용 자체가 훌륭한 것도 있지만 핵심은 '스토리텔링'입니다. 정보와 데이터가 넘쳐나는 세상이지만 그 정보와 데이터를 연결시켜 심금을 울리는 스토리가 전달될 때 사람들은 고개를 끄덕입니다.

스토리는 공감을 통해 사람들의 마음을 파고듭니다. 공감은 다른 사람의 신발에 내 발을 넣어봄으로써 느끼는 그 발의 체온과 같습니다. 그의 체온을 느끼고 그의 기쁨과 아픔을 느끼는 능력입니다. 공감은 지도자가 갖출 최고 능력입니다. 독일의 수상 빌리 브란트가 유대인 학살에 대한 사죄의 의미로 유대인들의 묘지 앞에서 비가 오던 어느 날 저녁 무릎을 꿇고 참회의 눈물을 흘린 것은 모든 유대인들에게 대한 최대의 예의였습니다. 그런 공감능력이 오늘의 위대한 독일을 만들었습니다. 공감은 체험을 가능케 합니다. 체험은 공동체생활의 최대 잔치입니다. 체험을 통하여 비로소 기쁨과 행복이 넘치는 공동체를 이루며 함께 어우러지는 삶을 향유하게 되는 것입니다.

공감의 능력은 살림의 세상을 열어갈 수 있는 소중한 덕목입니다. 이에는 공부를 잘하거나 못하는 능력의 차이가 없습니다. 이 능력은 소수만이 갖출 수 있는 것이 아니라 누구나 갖출 수 있습니다. 이 능력을 갖춘 사람은 많으면 많을수록 좋습니다. 너와 내가 틀림이 아니라, 다름이기에 다양함으로 서로에게 보탬이 되고 힘이 되어 줍니다. 서로 돕고 존중하는 아름다운 조화가 이루어집니다. 타인의 아픔을 가슴으로 이해하고 위로할 수 있습니다.

영화 〈패치 아담스〉는 보고 또 봐도 그 깊이가 되새겨지는 영화입니다. 이 영화는 실제 이야기를 바탕으로 제작됐습니다. 주인공 헌터 패치 아담스는 불행한 가정환경에서 자라나 그 마음의 상처와 우울이 자신을 자살로 몰고 갈 것만 같아 스스로 정신병원에 들어갔습니다. 이처럼 자신을 비관적으로 보던 그는 뜻밖에도 정신병원 환자들과 함께 하면서 그들의 아픔을 이해하기 시작하였습니다. 이는 그가 그들의 입장에 서고 그들의 마음에 서 보았기 때문에 가능하였습니다. 거기서 그는 자신을 긍정하기 시작하고 웃음과 긍정성이 얼마나 큰 효과를 가져다주는 지를 깨닫습니다. 그는 이들 환자들을 진정으로 이해하고 공감해 주는 의사가 되는 꿈을 갖게 되어 스스로 정신병원에서 나와 늦은 나이에 의대에 진학합니다. 그가 꿈꾼 것은 환자의 몸의 아픈 부분만을 바라보고 그것을 회복시키는 의사를 넘어, 환자의 마음의 상처까지 보듬는 의사의 모습이었습니다.

그가 버지니아 의과대학에 입학해보니 교내에는 최소 3학년이 되어서야 환자를 돌볼 수 있는 규칙이 있었습니다. 그는 교내 규칙을 무시한 채 환자들을 몰래 만나러 다닙니다. 학교 측에서는 그에게 몇 번의 경고 조치를 내렸으나 그는 아랑곳하지 않습니다. 오히려 산꼭대기에 위치한 허름한 집을 개조해 동기들과 소외되고 가난한 이들을 위한 무료 진료소를 설립합니다. 그는 이곳에서 환자들을 돌보며 진정한 의사의 역할을 수행합니다. 그러나 그는 의사 면허증이 없었습니다. 이 사실이 학교에 알려지고 문제가 되는 동시에, 그와 진실한 사랑을 나누던 동급생 캐린이 정신 이상 환자에게 살해당하는 사건이 발생합니다. 결국 그는 인간에게 환멸을 느끼게 됩니다. 그는 모든 것을 포기하고 자살하려하다가 다시 생명의 소중함과 희망을 깨닫고 다시금 꿈을 이루기 위해 의욕을 불태웁니다.

그는 환자의 마음까지 보듬어주는 좋은 의사 즉 '굿 닥터'였습니다. 많은 의사들은 필요이상으로 환자에게 최선을 다하는 그의 행동을 이상하게 여기고 무시했습니다. 그의 동급생들과 선배 의사들은 오로지 자신에게 필요한 의학지식만을 쌓으려는 데 혈안이 되어있었습니다. 그들은 환자의 병을 단지 학문적으로 치료하려고만 하였습니다. 그러나 그는 달랐습니다. 환자들이 갖고 있던 내면의 병, 눈으로 보이는 신체의 질병을 넘어 보이지 않는 내면의 아픔까지 치료했습니다. 결국 그는 진정한 의사였습니다.

영화 속 그의 행동은 아직도 인상 깊게 남아 있습니다. 그는 어린 아이를 돌볼 때는 장난끼 많은 아이같이 행동했습니다. 정신질환 환자에게는 그 사람을 평가하지 않고 그와 같은 생각을 했습니다.

오늘날 우리 사회는 이러한 의사가 필요합니다. 진정한 의사가 필요합니다. 환자를 돈으로 생각하거나 겉으로 보이는 질병만 치료해 주고 마는 의사들은 근본적인 치료를 할 수 없습니다. 그러니 아픈 사람이 완벽하게 치료되는 것이 아니라 일시적으로 치료되어 다시 병에 걸리고 맙니다. 아담스와 같이 공감을 통한 통전적인 치료를 하는 의사를 만나고 싶습니다. 그런 점에서 의대 교육도 의학지식도 중요하지만 환자의 내면의 아픔까지, 즉 병의 근본적인 문제까지 볼 줄 아는 마음의 힘을 길러주는 교육도 중요할 것입니다.

어울누리를 꿈꾸며

" 너희는 이 땅의 소금이다. 그러나 만일 소금이 짠맛을 잃어버리면 어떻게 다시 짜게 되겠느냐? 아무 데도 쓸 데가 없어 바깥에 버려지고 사람들이 짓밟게 될 것이다. 너희는 세상의 빛이다. 산 위에 세워진 도시는 숨겨질 수 없다. 등잔을 켜서 그릇으로 덮어 두지 않고 등잔대 위에 두어 그 빛을 온 집안사람들에게 비추는 것이다.

— 마태복음 5장 13~16절 "

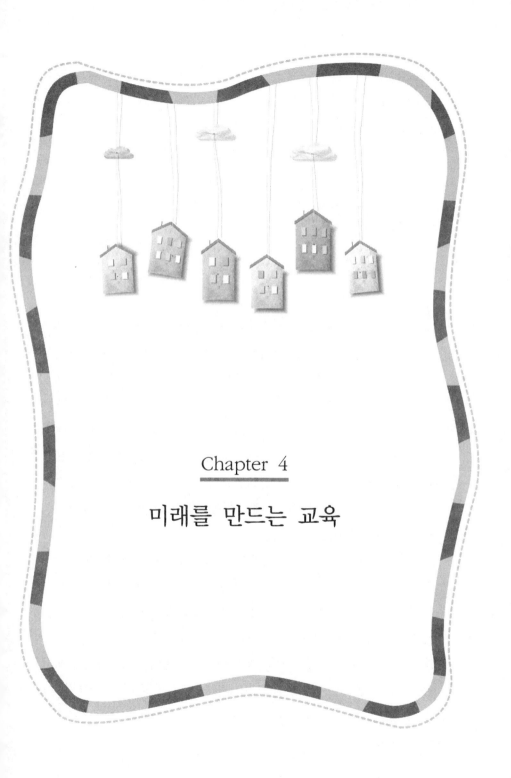

Chapter 4

미래를 만드는 교육

본질과
기본에
충실한 교육

저는 전북 익산에 살고, 여동생은 충남 천안에 살기에 자주 만나기가 어렵습니다. 이것이 늘 아쉬움으로 남는데 여동생이 저희 가족을 초대하여 식사를 하자고 제안하였습니다. 오랜만에 오빠네 식구들을 위해 맛난 식사를 제공하려는 마음을 알기에 고맙게 응했습니다. 저희 가족은 시간을 내서 기차를 타고 두 시간을 가야하는 번거로움을 마다하고 천안까지 갔습니다. 천안역에 마중 나온 동생은 반갑게 맞아주면서 곧바로 식사 시간이 되었으니 식사하러 가자면서 자신의 차로 안내하였습니다. 이렇게 해서 여동생과 저희 가족은 함께 식사를 하게 되었습니다.

저는 식사하는 데가 뭐가 중요한가 생각했습니다. 오랜만에 저와 동생이 만나는 게 중요한 것이라 여겼기에 식사야 아무데서 아무렇게나 하면 어떠랴 하는 마음이었습니다. 그런데 굳이 동생은 자신이 생각한 식당에 가야 한다면서 차를 몰았습니다. 하는 수 없이 동생의 뜻에 따라 군소리 없이 가기로 하였습니다. 그런데 밥 한 끼 대충 때우는 것, 그냥 대충 가까운 곳으로 가면 될 것이라고 여긴 제 생각에 찬물을 끼얹었었는데, 그 이유는 동생의 차는 한 시간을 넘게 달려야만 하였습니다.

저는 투덜투덜거리며 "이게 뭐냐고 그냥 아무데서나 먹지, 뭐 그리 거창하다고 이렇게 멀리 가냐"라고 하였습니다. 덩달아 저희 집 아이들도 고모를 타박하였습니다. "배고파 죽겠다"라며 야단이었습니다. 그럼에도 확신에 찬 자신감으로 동생은 굳이 가야 한다고 우겼습니다. 운전대 잡은 사람 마음이고 동생이 초대한 것이니 투덜댈 뿐 어쩔 수 없었습니다. 그저 맛 없으면 어쩔 거냐고 투덜거리는 것과 협박을 곁들인 타박을 쏟아낼 뿐이었습니다. 그런데 지나는 동안 제 마음은 언제 그랬냐는 듯 눈 녹듯 불평불만이 사라졌습니다. 저수지도 보이고 산과 강이 보기 좋았습니다. 그런 대로 차창에 비친 풍경이 바쁜 일상 속에서 지쳐가던 제게 뭔지 모를 여유를 주는 것만 같았습니다. 고요히 떼를 지어 날아가는 새떼는 무척이나 평화롭게 보였습니다. 문득 저는 왜 이렇게 쫓기듯 바쁘게 살까 라는 생각이 들었습니다. 바쁘게 사니 여유도 없고, 뭔가를 잊은 듯한 삶이 과연 옳은 건가 싶었습니다. '무엇을 위해 바쁜 건가?', '이렇게 사는 것이 잘 사는 것이고 옳은 것인가?' 이런 생각을 하니 한 끼 때우는 것으로 생각한 저보다 동생의 생각이 옳은 것 같았습니다.

드디어 동생의 차가 도착한 곳은 한적한 농촌이었습니다. 요즘 식당에 가면 주차하는 것도 고역인데 한적한 농촌이라 그런지 주차공간이 한결 여유 있어 좋았습니다. 동생의 안내로 들어선 식당은 그다지 넓거나 화려하거나 고급스러운 인테리어도 아니었습니다. 어찌 보면 멀리서 찾아온 수고에 비해선 실망스러웠습니다. 여지없이 저와 아이들은 투덜거렸습니다. 두 시간을 넘게 기차를 타고 오고 한 시간이 넘게 자가용으로 왔으니 식사 한 번 하려고 먼 거리를 무려

세 시간에 걸쳐 온 것이었습니다. 그런데도 동생은 처음처럼 당당하고 여유 있는 자세였습니다. 도대체 저 자신감이 어디서 나오는 것인가 싶었습니다. 동생은 단 한마디로 투덜족을 묵살시켰습니다.

"일단 한번 맛을 봐! '잘 왔다' 싶을 거야."

시장이 반찬이라고 배고픔이 더한데 한 상 가득히 형형색색 차려진 밥상은 입에 침을 고이게 하기에 충분하였습니다. 드디어 주문한 요리가 나왔습니다. 식당만의 비법으로 만든 두부와 청국장, 쌈밥이 맛깔스럽게 차려졌습니다. 접대하는 직원들의 옷차림은 한식집이라 그런지 개량 한복에 정갈한 옷매무새가 인상 깊었습니다. 또한 웃는 인상에 편안함과 친절함이 친근하게 느껴졌습니다. 둘러보니 좌석이 꽉 차있었습니다. 동생에게 들으니 전부 예약석으로 2~3주 전에는 예약을 해야만 가능할 정도로 문전성시를 이루는 곳이었습니다.

직원은 식사는 천천히 그 맛을 음미하면서 하는 게 좋다고 하면서 간략히 음식의 효능과 무농약 유기농으로 재배한 재료와 화학조미료를 전혀 쓰지 않았음을 강조하였습니다. 직원의 말에 투덜거렸던 저는 입을 꽉 다물었지만 그래도 음식 맛은 반신반의하는 마음으로 먼저 두부 조각을 초장에 찍어 입에 넣었습니다. 살살 녹는 게 갓 만든 것처럼 신선하였습니다. 혀끝에 감도는 오묘한 맛이 온 몸을 감싸듯 하면서 몸 전체의 세포 하나하나가 활력을 느끼는 것만 같았습니다. 무척 놀라고 신기해서 두부 조각을 먹다보니 어느새 두부 한 모를 다 먹었습니다.

이렇게 시작한 식사는 모두가 감동이었습니다. 두부는 두부대로, 청국장은 청국장대로 좋았습니다. 그리고 쌈밥에 여러 재료를 곁들여 먹으니 그 맛은 최고였습니다. 대개 한식은 인스턴트에 길들여진 아이들에게는 안 맞을 텐데 저희 아이들도 아주 맛있다고 즐거워했습니다. 말이 없던 아내도 맛있다고 감탄하면서 직원에게 재료를 묻곤 하였습니다. 이 광경을 흐뭇하게 지켜보던 동생은 역시 자기 생각이 맞았음에 기뻐하는 표정이 역력했습니다. 이를 확인받듯 동생은 물었습니다.

"거봐! 내 말이 맞지."

이에 투덜족은 패배를 인정할 수밖에 없었습니다. 이렇게 오랜만에 만나 최고의 식사를 즐기면서 이야기꽃을 피우니 정도 돈독해지는 것 같고 참 좋았습니다.

요즘 어디를 가나 식당이 참 많습니다. 한식은 물론 일식, 중식, 양식, 분식, 인스턴트식품 등 거리마다 먹거리를 파는 곳들이 많습니다. 그러다 보니 경쟁이 치열해서 식당의 위치나 간판, 홍보, 인테리어가 놀라울 정도로 눈길을 끕니다. 그러다 보니 돈과 정성을 아끼지 않습니다. 그런데 이 한식당은 역발상이었습니다. 누구나 식당이 잘 되려면 인구가 많은 곳, 사람들의 발길이 쉽게 접하기 좋은 곳이 적격이라고 생각하고 사람들의 눈길을 끌기 위해 다양한 치장을 해야 하는데 이것들을 무시한 식당이었습니다. 거리도 멀고 외형도 눈에 띄지 않는 식당이었습니다. 그런데도 문전성시를 이루고 예약을 해야만 제대로 식사를 즐길 수 있는 식당이 있었습니다.

그러고 보니 저희 직장에서도 가끔 회식을 하면 가까운 곳이 아니더라도 찾아가서 식사를 하는 곳들이 있습니다. 요즘은 자가용이 일반적이기에 가깝지 않아도 손쉽게 식당을 찾아갈 수 있습니다. 평소 인스턴트 음식에 신물이 날 정도인 직장인들에게, 맞벌이가 일반적이다 보니 정성스럽게 차린 밥상을 접하기 어려운 현대인들에게 이러한 식당은 안성맞춤이라는 생각입니다.

인적이 드문 곳, 거리도 멀고 이렇다 할 치장도 하지 않은 식당이 이렇게 잘 되는 것을 보니 역시 식당의 본질은 위치나 외형적인 규모나 인테리어가 아니라 맛이었습니다. 식당은 맛이 기본이고 나머지는 그 다음입니다. 그런데 주객이 전도된 양상입니다. 맛이 뒷전이고 눈에 보이는 것들이 우선순위였습니다.

그런데 가만히 생각해보니 이런 모습은 식당만이 아닙니다. 우리의 삶의 현장에서도 마찬가지입니다. 본질과 기초, 더 중요한 것, 더 시급한 것, 더 필수적인 것이 뒷전이고 그저 단기간에 눈에 띄는 것으로 쉽게 효과를 보이는 것에 우선수위를 둡니다. 그러다 보니 깊이가 없고 오래가지는 못합니다. 이벤트성 행사나 프로그램으로 하다보니 하다가 마는 것들이 많고 지속가능하지 못합니다. 성경 마태복음 7장 26~27절에 이런 말씀이 있습니다.

> 내 말을 듣고서도 그대로 행하지 않는 사람은, 모래 위에 집을 지은 어리석은 사람과 같다고 할 것이다. 비가 내리고, 홍수가 나고, 바람이 불어서, 그 집에 들이치면, 무너진다. 그리고 그 무너짐은 엄청날 것이다.

그 앞의 구절입니다. 24~25절입니다.

> 내 말을 듣고 그대로 하는 사람은, 반석 위에다 자기 집을 지은, 슬기로운 사람과 같다고 할 것이다. 비가 내리고, 홍수가 나고, 바람이 불어서, 그 집에 들이치지만, 무너지지 않는다. 그 집을 반석 위에 세웠기 때문이다.

마태복음 5장 13~16절입니다.

> 너희는 이 땅의 소금이다. 그러나 만일 소금이 짠맛을 잃어버리면

어떻게 다시 짜게 되겠느냐? 아무 데도 쓸 데가 없어 바깥에 버려지고 사람들이 짓밟게 될 것이다. 너희는 세상의 빛이다. 산 위에 세워진 도시는 숨겨질 수 없다. 등잔을 켜서 그릇으로 덮어 두지 않고 등잔대 위에 두어 그 빛을 온 집안사람들에게 비추는 것이다. 이와 같이 너희도 너희 빛을 사람들에게 비추라. 그래서 그들이 너희 선한 행실을 보고 하늘에 계신 우리 아버지께 영광을 돌리도록 하라.

진정한 교육적 성과는 실천으로 드러나야 합니다. 몸으로 실천하지 않는 삶이 빠진 앎은 참교육이 아닙니다. 그저 지식습득에 그치는 교육은 바람에 나는 겨와 같습니다. 언뜻 보면 구별할 수 없지만 결정적인 순간에 반석 위에 세운 집과 모래 위에 세운 집은 분명한 차이를 보여줍니다. 기초는 눈에 보이지 않습니다. 그러나 중요합니다. 나무가 튼튼하게 잘 자라려면 눈에 보이지 않지만 땅 속에서 뿌리가 깊숙하게 되어 있어야 합니다. 건물이 튼튼하게 높이 솟아오르려면 이를 뒷받침할 기초공사가 튼튼하게 먼저 이루어져야만합니다. 강이나 바다에서 볼 수 있는 배도 눈에 보이는 모습만이 아닙니다. 부력을 만들어내기 위해서는 반드시 눈에 보이지 않지만 배를 뜨게 하고 움직이게 하는 공간이 확보되어야 합니다. 기초는 아무리 강조해도 지나치지 않습니다.

우리의 교육은 전 세계가 놀라워할 정도로 커다란 인적자본의 성과를 거두었고 엄청난 교육열을 자랑합니다. 그러나 이제는 숨 가쁘게 달려온 교육을 뒤돌아보고 우리가 놓친 것이 무엇인지, 우리의 기초와 본질은 무엇인지를 되새겨 보아야하는 시점입니다. 우리의 아이들은 눈에 보이지 않지만 하나의 나무들입니다. 그래서 아이들을 일컫는 말이 '꿈나무'입니다. 꿈나무들이 잘 자라려면 지식보다는 인성, 혼자만이 가쁘게 가는 게 아닌 여럿이 함께하는 즐거움, 인간만

이 낙원이 아니라 생태계와 공존하는 생태친화적인 삶, 박제된 지식 습득이 아닌 따뜻한 감성이 어우러진 실천하는 지성을 갖춘 참된 사람으로 길어내는 데 역점을 두어야 합니다. 이는 눈에 보이는 교육제도나 교육재정과 교육환경과 교사의 수준보다 더 중요하고 시급한 우리의 과제입니다. 맛으로 승부하는 식당처럼 우리의 교육이 때로는 시간이 걸리기에 지루하고 지치기는 하더라도 올곧은 신념과 소신과 믿음으로 교육이념인 기초와 본질에 충실한 교육을 해나가는데 초점을 두어야 합니다. 이 교육이념이 습관이 되고 인격이 되고 생활로 실천하는 사람됨으로 드러나게 된다면 오늘날 문제가 되는 학교폭력이나 학생우울, 자살과 같은 사회문제 등을 예방하는 성과를 거두게 될 것입니다.

자존감을
높이는
교육

아이들을 힘들게 하고 괴롭히는 것은 주로 아이들 밖에 있는 것보다 아이들 안에 있는 것들입니다. 왜냐하면 아이들을 둘러싼 외부 환경이나 조건들은 눈에 보이기에 집중해서 잘 보면 예방과 대처가 가능하고 이겨내는 것이 가능하지만 아이들 안에 있는 것은 눈에 보이지도, 귀에 들리지, 만져지지도 않으니 어찌해야 할지 난감하기 때문입니다. 학교 성적, 가난, 외모, 상처, 가정환경 이런 것들을 다른 사람과 비교하는 마음은 아이들도 모르는 사이에 불쑥 생겨납니다. 반복적으로 고민하지 않아도 될 것을 계속해서 비교하다 보면 아이들도 모르는 사이, 이것이 아이들을 통째로 사로잡아서 아이들의 생각과 행동을 붙들고 놔주지 않습니다. 이렇게 아이들을 괴롭히는 것은 무엇일까요? 이것은 바로 '열등감'입니다.

'나는 안 돼!'

'나는 원래 그런 놈(년)인데 뭘!'

'나에겐 원래 희망이란 없어!'

'나 같은 놈(년)이 뭘 할 수 있겠어!'

'공부도 못하고 가난한 내가……. 전혀 가능성이 없어! 불가능해!'

이런 생각이 너무나 강하고 커서 희망을 잃고 모든 가능성과 소망을 포기하고 그저 하루하루 대충대충 살아가는 아이들이 너무도 많습니다. 이런 아이들에게 꼭 필요한 것은 열등감을 물리칠 수 있는 강하고 담대한 마음의 힘과 용기와 자신감입니다. 이를 교육학에서는 '자아존중감' 또는 '자아효능감'이라고 합니다.[1]

자존감self-esteem은 자기 또는 나로서 경험되며 지각을 통해 외부 세계와 접촉하는 인간 성격의 일부분인 자아에 대한 존중감을 말합니다. 자아ego(라틴어로 '나'라는 뜻)는 기억 · 평가 · 계획하고 여러 방식으로 주변의 물리적 · 사회적 세계에 반응하며 그 속에서 행동하는 부분입니다.

정신 분석 이론에서 자아는 프로이트Sigmund Freud가 인간 정신의 역동力動을 설명하려는 시도에서 제시한 3가지 요인의 하나로서, 이드id · 초자아superego와 공존합니다. 그에 따르면 자아는 성격을 실행하는 기능을 합니다. 자아는 기억 속에 남아 있는 과거의 사건과 현재의 행위 및 미래의 행동에 지속성과 항상성을 부여합니다. 신체 개념은 자신의 초기 경험이 중심이 되지만 자아는 성격이나 신체와 공존하는 것은 아닙니다. 발달된 자아는 특히 위협 · 질병 및 생활환경의 변화 등으로 인해 전 생애에 걸쳐 변화할 수 있습니다. 나이를 먹고 세상을 살아가면서 다양한 경험이 쌓입니다. 그 경험들은 앞으로 나아갈 세상에 삶의 다양한 부분을 일러주고 삶에 대한 태도를 바꾸는 '터닝포인트turning point'가 됩니다. 떠올리고 싶지 않은 상처가 한 사람의 삶 전체를 바꿀 수 있고, 사소한 경험이 자신감이 되어 성공으로 이끄는

---

1 편의상 이 글에서는 '자존감'으로 통일하여 쓰고자 합니다.

열쇠가 되기도 합니다. 그렇다면 이런 무수한 사건과 환경 속에 실패를 경험해도 다시 일어설 수 있는 힘은 어디에서 생기는 것일까요? 그 비밀은 바로 '자존감'에 있습니다. '스스로를 존중하는 마음의 힘'이 바로 자존감입니다.

제가 학교에서 해야 하는 일 중의 하나가 상담이다 보니 이런 저런 아이들의 아픔을 접하곤 합니다. 아이들 상담에서 많이 접하는 이야기들은 아이들의 삶의 정황이 너무도 어려운 처지이기에 상담자인 제가 뭘 어떻게 도움을 줄 수나 있을지, 뭐라고 말해 주어야 할지 난감한 경우가 많습니다. 이야기를 듣다보면 듣는 제 마음이 너무도 아파서 눈물이 날 지경일 때가 많습니다. 어느 땐 아이들의 부모님에 대한 화가 날 때도 있고, 그 어려운 상황에서도 자살하지 않고 그나마 학교 생활을 해 주는 것만으로도 대단하다는 생각이 들기도 합니다. 어쩌면 제가 그런 상황이라면 '나는 어땠을까' 하는 안타까움마저 들기도 합니다. 올해로 작은 농촌 중학교에서 재직한 지 13년째인데 점점 이런 아이들이 많아지는 게 가슴 아픈 현실입니다. 경제적인 여건이 어려워지면서 더욱 그러한 것 같습니다. 이런 아이들에게 제가 경제적인 도움이나 가정의 문제를 해결해줄 수는 없습니다. 그저 안타까운 마음에 간절히 기도해 주면서 그 아픔을 들어주고 위로해 주고 격려해 주는 게 전부일 때가 많습니다. 이런 아이들은 자존감이 낮고 그에 따라 열등의식이 강합니다.

아이들에게 주어진 자신의 가정환경과 신체조건, 살아갈 시대는 자존감을 낮게 하고, 열등감으로 치닫게 하는 주요 요인일 수 있습니다. 그러나 객관적 또는 외부적인 힘이나 상황의 변화가 없어도 이를 스스로의 결단과 의지로 극복해나갈 수도 있습니다. 이것이 바로 '자존감'입니다. 자존감은 아이들이 자신의 주어진 환경과 상황에서 부딪치는 여러 가지 경험을 지각하고, 해석하는 방법에 영향을 주며 그 결과 행동에 영향을 미칩니다. 그러므로 성장기에 나타나는 문제행동들은 아이들의 자존감과 깊은 관련이 있습니다. 아이들이 자신을 건강하게 평가하고 잘 적응하고 성공적이고 행복한 삶을 사는 어른으로 성장하기를 바란다면 아이들의 자존감 형성에 깊은 관심을 갖고 이를 잘 형성하도록 도와주어야 합니다. 자존감이 건강하게 잘 형성된 아이들이 공부도 자기 주도적으로 잘할 수 있고, 자신의 진로도 적극적인 자세로 선택하고 결정해나갈 수 있습니다. 또한 사람들과의 관계도 건강하게 유지할 수 있습니다. 이는 하나님과의 관계도 마찬가지입니다. 건강한 하나님의 이미지를 갖게 하는 것에도 건강한 자존감 형성은 중요합니다.

자존감 지수가 높은 아이들은 뭘 해도 적극적이고 목표가 분명하고 끈기가 있습니다. 이에 반해 자존감이 낮은 아이들은 이와 반대입니다. 이를 잘 드러내주는 이야기입니다. 『왓칭: 신이 부리는 요술』[2]에 보면 이런 이야기가 나옵니다. 심리학자 맥퍼슨은 악기를 연습중인 어린이 157명을 추적해보았습니다. 9개월쯤 후부터 아이들의 실력이 크게 벌어졌습니다.

"거참 이상하네, 연습량도 똑같고 다른 조건도 다 비슷한데 도대체 왜 차이가 벌어지는 걸까?"

그는 문득 연습을 시작하기 전 아이들에게 던졌던 질문을 떠올렸

---

2 김상운, 『왓칭: 신이 부리는 요술』(정신세계사, 2011) 참조; MBC기자이자 앵커인 김상운이 들려주는 내면세계 '왓칭'에 관한 이야기입니다. 만물이 사람의 생각을 읽고 변화하는 미립자로 구성되어 있다는 양자물리학의 '관찰자 효과'에 주목하고 인생의 모든 고민과 생각들을 살짝 바꾸어 바라보면 모든 것이 해결될 수 있다는 내용을 담고 있습니다. 가족들의 잇단 사망으로 마음의 병에 걸린 그가 자신의 치유과정을 직접 들려주며 왓칭이란 무엇인지 쉽게 풀어내고 있습니다. 그리고 이러한 우주의 원리를 노벨상을 수상한 최고 과학자들의 실험을 통해 구체적으로 살펴봅니다. 우주의 무한한 가능성은 왓칭으로 비로소 눈앞의 현실로 창조된다고 말합니다.

습니다.

"넌 음악을 얼마나 오래 할 거지?"

아이들의 대답은 크게 세 가지였습니다.

"전 1년만 하다가 그만둘 거예요."

"전 고등학교 졸업할 때까지만 할 거예요."

"전 평생 하며 살 거예요."

그는 아이들의 실력을 비교해 보고 깜짝 놀랐습니다. 왜냐하면 평생 연주할 거라는 아이들의 수준이 1년만 하고 그만둘 것이라는 아이들보다 무려 4배나 더 높았기 때문이었습니다. 똑같은 기간 동안 똑같은 시간을 연습했는데도 말입니다. 결론은 분명했습니다. 1년만 하고 그만둘 아이는 자신을 음악가라 생각하지 않았습니다. 반면 평생 할 거라는 아이는 자신을 음악가라고 생각했습니다. 누가 연습을 많이 했을까요? 또 누가 성공할까요?

자존감 지수가 높은 사람들이야말로 많은 사람들에게 귀감이 되는 성공 시대를 펼쳐나간 위인들일 것입니다. 이들은 열등감을 스스로의 의지와 결단으로 극복해낸 사람들입니다. 이들 중 손꼽히는 사람 중 한 명으로, 영국 역사상 위대한 정치지도자로 손꼽히는 이가 '윈스턴 처칠'입니다. 그는 제2차 세계대전이 극한 대립으로 치닫던 1943년, 전시 내각을 수립하고 독일전투기들이 하루에 1천여 대씩 런던을 폭격할 때 하루에 18시간씩 근무를 하면서 결국 전쟁을 승리로 이끌었습니다. 그는 전쟁 중에 BBC방송을 통해서 "우리가 전쟁에서 이기려면 우리가 가지고 있는 땀과 눈물 밖에 바칠 것이 없다."고 전 영국 국민에게 호소했습니다.

이 방송을 들은 영국 국민과 영국 군인들은 3일밖에 먹을 수 없는 적은 양식을 가지고, 보름이나 견디면서 싸워 마침내 전쟁을 승리로 이끌었습니다. 그가 은퇴한 후 그의 모교에서 연설을 하게 되었습니다. 교장 선생님은 학생들에게 "여러분의 대선배이신 처칠이 말씀하실 때 한 마디도 빼놓지 말고 모조리 받아쓰라"고 했습니다. 처칠은 지팡이를 짚고 강단에 서서 두꺼운 안경 너머로 학생들을 한참 동안 응시하더니 다음과 같은 이야기를 하고는 뚜벅뚜벅 걸어 내려갔습니다.

저는 처칠의 이 말이 인상 깊어 아이들에게 강조하곤 합니다. 우리가 마음 깊이 되새겨야 할 세 단어가 들어간 한 문장입니다. 이를 잊지 않고 명심 또 명심하도록 책이나 책상에 붙여놓는 것도 좋습니다. 이 문장은 간결하면서 분명합니다. 부정적인 생각을 긍정적인 생각으로 바꾸는 힘이 있습니다. 불행을 행복으로, 열등감을 자신감으로, 포기하려는 마음을 도전의 마음으로, 실망하려는 마음을 희망의 마음으로, 무미건조한 삶을 의미 있고 가치 있는 삶으로 바꾸는 힘이 있습니다.

"여러분 결코 포기하지 마십시오! 결코! 결코!"

처칠의 말은 그의 삶을 이해하면 더 깊게 다가옵니다. 재무장관 및 하원의 보수당 당수를 역임한 아버지와 〈뉴욕 타임즈〉의 최대주주이자 미국 부호의 딸인 어머니 사이에서 태어난 그는 언뜻 보기에는 부유한 가정에서 탄탄대로의 인생을 걸었을 것 같이 보입니다. 그러나 실제로는 그렇지 않았습니다. 아버지는 항상 그를 가문의 수치로 여겼고 이는 어린 그에게 많은 상처를 주었습니다. 정신착란이 시작된 이후로 그의 아버지는 그에게 더욱더 심한 폭언을 서슴지 않았고 결국 아버지와 최악의 관계로 치달았을 때 그의 아버지는 숨을 거두었습니다.

부유한 미국인이었던 어머니 또한 그의 생모라고는 믿기지 않을 정도로 그에게 애정을 주는데 인색했습니다. 게다가 팔삭둥이로 태어난 그는 태어날 때부터 몹시 병약했습니다. 어린 시절에는 거의 모든 병을 달고 다녔으며 열한 살 때는 죽음의 문턱까지 다녀와야만 하였습니다. 그는 숨을 거두는 순간까지 여러 가지 병마의 그림자에서 한 순간도 벗어나지 못했습니다. 체격 역시 왜소하기 그지없었는데, 성장해서도 키가 167cm에 불과했으며, 가슴둘레도 겨우 79cm이었습니다. 그의 체격적인 왜소함은 그에게 크나큰 콤플렉스를 가져 다 주었습니다. 무엇보다 놀라운 것은 이 시대 가장 위대한 연설가로 인정받고 있는 그가 평생을 언어 장애에 시달렸다는 사실입니다. 그는 혀가 짧았으며, 몇몇 발음들을 발음하지 못했고 말더듬증도 갖고 있었습니다. 또한 그는 학창 시절에 학업 성적이 거의 꼴찌였습니다. 사람들은 그를 열등아, 저능아라고 불렀습니다.

많은 사람들이 그를 '영원한 수상의 상징'으로 간주하지만 실제로 그는 선거전에서 가장 많은 패배를 경험한 정치인으로 기록되어 있습니다. 정치적 불운은 그에게 심한 우울증을 가져다주었고, 자살을 심각하게 고려하도록 만들었습니다. 막내딸은 두 살 된 해에 패혈증으로 죽었고, 아들 랜돌프와 딸 사라는 알코올 중독자로 인생을 마감했습니다. 또 다른 딸 다이애나는 아버지처럼 심한 우울증에 평생을 시달리다 자살을 선택했습니다. 이렇게 그의 인생은 편안하거나 매력적인 인생은 아니었습니다. 그러나 그는 인생을 쉽사리 포기하지 않았습니다. 그의 말입니다.

"운명이 시간과 공간으로 이루어진 이 세계 안에서 존재하는 만큼, 우리의 운명과 화해합시다. 우리의 기쁨을 소중히 여기고 슬픔을 한탄하지 맙시다. 빛의 영광은 그림자 없이는 존재할 수 없습니다. 인생은 총체적인 것이며, 좋은 것과 나쁜 것을 함께 취할 수밖에 없습니다."

이런 생각을 가지고 그는 갖가지 시련들을 하나씩 극복해 나갔습니다. 그는 신체적인 결함에도 자원하여 군에 입대했고, 체력 훈련에 몰두하여 신체적인 허약함을 이겨냈습니다. 학문에 대한 열등감은 하루 다섯 시간이 넘는 독서와 연구를 통해 자신만의 지식 체계를 이끌어 냈습니다. 안 되는 발음들은 길을 걸을 때마다 항상 연습했으며, 혀 짧음과 무대공포증을 없애기 위해 웅변 기술을 끊임없이 연습했습니다. 전쟁에 참가해서는 자신의 소심한 성격을 이기기 위해서 가장 치열한 전투에 자진해서 몸을 던졌습니다. 그는 열등한 면을 많이 가지고 있었습니다. 그러나 '포기하지 말라'는 그의 신조처럼 그는 '불굴의 의지'로 가장 치열한 전투인 자신과의 싸움에서 승리를 거두었으며, 결국 나치의 위협 아래서도 전 영국인들의 역량을 결집하여 영국을 지켜낼 수 있었으며 나아가 '가장 위대한 영국인이자 이 시대의 리더'로 기록될 수 있었습니다.

이와 같은 처칠의 성공사례가 누구나 가능하다고 말할 수는 없습니다. 어떤 이는 이보다 더 말 못할 어려움에 직면한 사람도 있을 수 있고, 처칠도 어려운 상황을 극복해나갈 수 있는 사회적 여건과 도움의 손길이 있었는지도 모릅니다. 그러니 특정인의 성공사례를 들어 누구나 이렇게 성공할 수 있다고 단정 짓는 것은 무리가 있습니다. 그러니 이렇게 성공하지 못했다고 자기비하하거나 다른 사람을 못난이 취급하는 것은 옳지 않습니다. 그러나 처칠과 같은 사람의 경우를 하나의 성공사례로 여기고 이를 역할 모델[3]로 삼는 것은 유익합니다.

---

3 역할 모델(Role model)은 어떤 한 사람을 정해, 그 사람을 표본으로 정하여 성숙할 때까지 모델로 삼는 것을 말합니다. 이 용어는 Robert K. Merton이 처음으로 사용하였습니다.

특히 아이들에게는 더욱 그렇습니다. 그러기에 아이들의 독서에서 위인들의 전기문이 유익합니다. 제가 아이들에게 자존감을 일깨워주는 설교나 수업중 이야기로 즐겨 사용하는 예화입니다. 언젠가 늘 비관적으로 생각하는 고아가 있었습니다.

"저는 버려진 아이에요. 아무도 저를 원하지 않는데 살아서 뭐해요?"

아이의 말에 고아원 원장은 자신이 강가에서 주워온 특이하게 생긴 돌 하나를 주면서 말했습니다.

"내일 아침 이 돌을 시장에 가지고 가 팔아보렴. 그런데 진짜로 팔면 안 된다. 아무리 많은 돈을 준다고 해도 절대 팔지 말고 다시 가져와라."

이튿날 시장 구석에 서 있는 아이에게 의외로 많은 사람이 그 돌을 사겠다고 몰려들었습니다. 아이는 흥에 겨워 돌아왔습니다. 원장은 내일은 황금을 파는 시장에 가서 팔아보라고 말했습니다. 그곳에는 어제보다 10배나 높은 값으로 그 돌을 사겠다는 사람도 있었습니다. 아무리 높은 가격을 불러도 안 팔겠다고 하자 희귀한 보물이라는 소문까지 퍼졌습니다. 신이 나서 돌아온 아이에게 원장이 온화한 미소를 지으며 말했습니다.

"생명의 가치는 그것을 어떻게 여기느냐에 따라 달라진단다. 이 돌은 특별하지는 않지만 네가 소중하게 생각하며 팔려고 하지 않았기 때문에 더욱 가치가 높아진 것이란다. 너 자신도 이 돌과 마찬가지야. 네가 자신을 귀하게 여길 때 비로소 넌 의미 있고 가치 있는 존재가 된단다."

그렇습니다. 이 세상에 쓸모없는 존재는 없습니다. 하나님은 우리, 각각의 사람들이라는 최고의 작품으로 만드셨습니다. 우리 모두는 꼭 필요한 사람들입니다. 지금까지의 삶을 볼 때는 무가치하고 못난 것 같지만 가만히 생각해보면 그렇지 않습니다. 이는 인생 전체가 아닌, 지극히 단기간인 일부에 대한 평가일 뿐입니다. 그러므로 이 평가는 최종 결과도 아니고 하나님이 하신 것도 아닙니다. 축구경기에서 전반전 5분 정도의 승패를 보거나, 야구 경기에서 1, 2회를 보고서 승패를 확정적으로 말할 수 없는 것과 마찬가지입니다. 자신에 대한 자기비하나 열등감은 그야말로 쓸데없는 헛된 생각일 뿐입니다. 아무리 힘들고, 외롭고, 괴로워도 포기하지 마십시오.

하늘이 무너져도 솟아날 구멍이 있다는 말처럼 이겨낼 방법은 분명 어딘가에 있습니다. 아무리 봐도 동·서·남·북 모든 방향이 다 막혀 있다고 해도 절망하지 마십시오. 희망을 가지고 가만히 생각해보십시오. 그리고 하늘을 살짝 고개를 들어보면 위쪽이 뚫려있음을 발견하게 될 것입니다. 그렇습니다. 사방팔방 꽉 막혀 있다고 해도 언제나 위쪽은 활짝 열려 있습니다. 혹시 위쪽마저 막혀있다고 해도 바닥이 열려 있는 경우가 있습니다. 만약 위와 아래 모두 막혀있다고 해도 포기하지 마십시오. 가만히 살펴보면 그 어디엔가는 틈이 있습니다. 포기하지 않는 마음과 희망만 있다면 분명 길이 있습니다.

하버드대학교 교육대학원 조세핀 교수는 행복한 삶의 첫 번째 조건이 자신을 사랑하는 마음, 즉 자존감이라고 말했습니다. 겉보기에는 화려하고 좋아보여도 자신의 가치를 인정하지 못하고 사랑하지 않는다면, 행복은 그 사람과 멀리 떨어져 있다고 말할 수 있습니다, 우리의 아이들이 행복하게 살아가길 원한다면 그 무엇보다 아이들의 자존감을 높여주는 것을 중요하게 여겨야 합니다. 행복한 아이는 모든 것을 가진 것이 아니라 사랑과 신뢰를 가지고 따뜻하게 말하고, 안아주는 부모님의 마음으로부터 생성되는 자존감에서 시작된다는 사실을 잊지 말아야 합니다. 그러므로 우리의 아이들에게 그 무엇보다도 가르치고 명심하게 할 덕목으로, 일깨워 주어야 할 것이 바로 자존감입니다. 이것이 건강하게 형성되기만 한다면 그 어떤 절망적인 상황이나 어려움도 능히 이겨나갈 힘과 용기와 신념과 열정이 솟아날 수 있습니다. 우리의 아이들에게 공부가 기대에 좀 못 미친다고 기를 죽이거나 부족한 아이로 규정지어서는 안 됩니다. 그럴수록 더욱 더 긍정해 주고 가능성을 믿어주고 격려해 주어야 합니다. 그러기 위해서는 자존감을 알고 이를 점검해보는 것이 중요합니다.

이런 생각으로 주어진 교육과정에 따라 수업진도를 맞춰야하지만 교과지식보다 더 중요하고 시급한 것이 자존감이라는 생각이 들어 교과 시간임에도 시간을 내어 이를 객관적으로 측정해보곤 합니다. 이 지수가 완벽한 것은 아니지만 아이들의 학습의욕이나 심리상태를 살펴볼 수 있는 자료이기에 활용을 해 봅니다. 다음의 자료는 제가 가르치는 종교교과서에 나오는 것으로 아이의 자존감을 파악해보는 점검표입니다.[4] 아래의 질문을 읽고 체크해 보는 것으로 어렵지 않고, 결과도 즉시 확인이 가능합니다. '매우 그렇다' 는 '5', '그렇다' 는 '4', '보통이다' 는 '3', '그렇지 않다 '는 '2' '매우 그렇지 않다' 는 '1' 에 표시하면 됩니다.

〈표 1〉 나의 삶 건강검진표

번호	질문	1	2	3	4	5
1	나는 나의 외모에 만족한다.					
2	나는 화가 날 때 조절을 잘하는 편이다.					
3	나는 나와 다른 성향을 가진 친구와도 잘 어울릴 수 있다.					
4	나는 가족뿐 아니라 다른 친구와도 잘 사귈 수 있다.					
5	나는 독립심이 강해 내가 할 수 있는 일은 스스로 한다.					

---

4 대한예수교장로회총회교육자원부 편,『생활과 종교』(한국장로교출판사, 2012), 12쪽.

6	나는 인격자로서 행동하려고 노력하며 품위를 지킨다.				
7	나는 마음을 기쁘게 하려고 노력한다.				
8	나는 정직하며 솔직하다.				
9	나는 모든 일을 긍정적으로 생각하려고 노력한다.				
10	나는 나의 성격이 마음에 든다.				
11	나는 다른 사람의 생각이나 마음을 이해하려고 하는 편이다.				
12	나는 말을 할 때 생각하면서 조심스럽게 말하려고 한다.				
13	나는 스트레스를 받거나 불안할 때 해소하는 방법이 있다.				
14	나는 다른 사람을 도우려는 마음을 갖고 있는 편이다.				
15	나는 평화를 사랑하고 정의를 소중하게 생각한다.				
16	나는 내가 소중하며 매우 가치 있는 존재라고 생각한다.				
17	나는 일이 마음대로 되지 않아도 조급해 하지 않는다.				
18	나는 다른 사람들이 나를 어떻게 생각하든 신경 쓰지 않는다.				
19	나는 내 일을 결정하고 처리하는 것에 자신이 있다.				
20	나는 믿을 만한 가치가 있는 사람이다.				

☞ 모든 점수를 더할 것(합계점수 :   점)
• 85점 이상 : 좋은 자아상으로 건강하고 성취적인 삶을 살아갈 수 있습니다.
• 70~84점 : 비교적 원만하고 성공적으로 살아갈 수 있는 능력이 있습니다.
• 60~69점 : 삶을 더욱 긍정적으로 개발하도록 노력하여야 합니다.
• 50~59점 : 자아상이 부정적인 편이어서 삶에 문제가 생길 수 있습니다.
• 49점 이하 : 자아상이 상당히 부정적이어서 자아상의 개선이 시급합니다.

위의 자료 이외에도 자존감 척도에 대한 자료는 쉽게 찾아볼 수 있습니다. 여러 자존감 척도 자료에서 제가 사용하는 한 가지를 소개해 봅니다.

다음은 쿠퍼스미스Coopersmith, 1967가 제작한 자존감 척도Self-Esteem Inventory를 강종구1986가 번역하여 사용하는 것으로 상담소나 사회복지기관 등에서 많이 사용합니다.

• 다음 문항은 자아 긍정도에 관한 질문입니다. 여러분이 평상시에 느낀 대로 해당란에 ∨표하시기 바랍니다.

<표 2> 자아 긍정도

문 항	전혀 그렇지 않다	약간 그렇지 않다	약간 그렇다	아주 그렇다
1. 나는 가끔 내가 다른 사람이었으면 하고 바란다.	①	②	③	④
2. 나는 여러 사람 앞에서 이야기하기가 어렵다.	①	②	③	④
3. 나에게는 고쳐야 할 점이 많다.	①	②	③	④
4. 나는 어렵지 않게 마음을 결정할 수 있다.	①	②	③	④
5. 나는 다른 사람들과 재미있게 지낸다.	①	②	③	④
6. 가족 중엔 나에게 관심을 보여주는 사람이 없다.	①	②	③	④
7. 나는 새로운 것에 익숙해지기까지 많은 시간이 걸린다.	①	②	③	④
8. 나는 친구들에게 인기가 있다.	①	②	③	④
9. 우리 가족은 나에게 너무 많은 기대를 한다.	①	②	③	④
10. 우리 가족은 대체로 내 기분을 이해해 주는 편이다.	①	②	③	④
11. 나는 매사를 쉽게 포기하는 편이다.	①	②	③	④
12. 나는 비교적 남보다 행복한 편이다.	①	②	③	④
13. 나의 생활은 뒤죽박죽이다.	①	②	③	④
14. 대체로 다른 사람들이 내 생각을 따라주는 편이다.	①	②	③	④
15. 나 자신에 대해 별로 내세울 것이 없다.	①	②	③	④
16. 나는 집을 나가 버리고 싶은 생각이 자주 든다.	①	②	③	④
17. 종종 내가 하는 일이 뜻대로 되지 않는다.	①	②	③	④
18. 나는 외모가 그리 멋진 편이 못된다.	①	②	③	④
19. 나는 할 말이 있을 때 대체로 그 말을 하는 편이다.	①	②	③	④
20. 우리 가족들이 나를 잘 이해하고 있다.	①	②	③	④
21. 다른 사람들에 비해서 나는 별로 사랑받지 못한다.	①	②	③	④
22. 어떤 때는 가족들이 나를 미워하는 것 같다.	①	②	③	④
23. 내가 하고 있는 일에 대해 실망을 느낄 때가 많다.	①	②	③	④
24. 나는 모든 것이 그다지 어렵게 생각되지는 않는다.	①	②	③	④
25. 나는 다른 사람이 나에게 의지해도 될 만큼 강하지 못하다.	①	②	③	④

<표 3> 자존감 검사의 4가지 하위영역의 문항 분석과 채점

하위영역	문항번호	그렇다	아니다
자기비하	1, 3, 11, 15, 16		1, 3, 11, 15, 16
타인과의 관계	6, 7, 9, 10, 20, 21, 22	10, 20	6, 7, 9, 21, 22
지도력과 인기	2, 5, 8, 14, 18, 25	5, 8, 14	2, 18, 25
자기주장과 불안	4, 12, 13, 17, 19, 23, 24	4, 12, 19, 24	13, 17, 23

☞ "그렇다"는 ①번을 1점 ②번을 2점 ③번을 3번 ④번을 4점으로 채점하고 "아니다" 는 역으로 점수를 준다. 점수가 높을수록 자아긍정도가 높다고 할 수 있다.

이렇게 측정한 자존감 지수를 근거로 이에 대한 내용을 좀 더 구체적으로 제시해보겠습니다. 먼저 자존감은 크게 세 가지로 나누어 볼 수 있습니다.

1. 자기 자신을 사랑하는 마음 '자기 가치감'
2. 어려운 문제에도 도전 의식을 갖고 달려드는 '유능감'
3. 큰 실패를 경험해도 해내지 못하는 자신을 실망스러워 하지 않는 '자신에 대한 호감'

위의 세 가지에 대해, 스스로의 평가가 높다면 자존감이 높다고 하고 그 반대라면 자존감이 낮다고 평가할 수 있습니다. 자존감이 낮은 아이는 '나 같은 게 어떻게 해/실패할 게 뻔해/나는 못하니까' 등 부정적 사고로 문제 해결을 포기하거나 실패 이후 다시 일어서는 데 오랜 시간이 걸립니다. 또한 부정적 사고로 인해 성인이 되면 자신의 일에 대한 만족을 느끼지 못하고 사회적 성취와 대인관계에 있어 흥미도 제대로 느끼지 못합니다. 이런 아이들이 보이는 일반적인 문제 행동 유형은 다음과 같습니다.

1. 합리화하기 - 실패, 실수에 대해 외부 환경이나 다른 사람 핑계를 댄다.
2. 남 괴롭히기 - 자신의 부적절감을 감추기 위해 남을 못살게 군다.
3. 속이기 - 정당한 방법으로 일을 수행하지 못하고 편법을 쓴다.
4. 회피하기 - 실패할 것 같으면 아예 도전하려는 시도조차 안 한다.
5. 중단하기 - 질 것 같거나 못할 것 같으면 그만두거나 포기한다.
6. 지배하기 - 자신이 해야 할 것을 남에게 지시하는 등 군림하려 든다.
7. 부정하기 - 현실을 인정하지 않거나 해야 할 일의 중요성을 낮춰 말한다.
8. 익살 부리기 - 좌절감을 감추기 위해 필요 이상으로 장난을 친다.

이런 아이들을 대하는 부모님이나 선생님들의 공감 능력에 따라 아이들의 자존감이 좌우될 수 있습니다. 자신이 사랑받을 만한 가치가 있는지 느끼는 것은 부모님의 말과 선생님의 행동 때문인데 부모님이나 선생님이 아이들에게 공감을 해 주면 자존감은 높게 형성됩니다. 하지만 공감을 제대로 받지 못하는 아이들은 정서적 불안감으로 자신의 가치를 낮게 여기게 됩니다. 이로 인해 다른 사람과 적절한 교류도 하지 못하고 사회성도 떨어져 자기비하나 우울증이 생기고, 이상심리적인 행동으로 사회에 물의를 일으키는 범죄로 이어질 수도 있습니다. 그러므로 아이들을 주의 깊게 지켜본 뒤 아이들이 하는 말을 잘 들어줘야 합니다. 여기서 유념할 사항들입니다.

1. 아이와 대화를 나눌 때 아이들이 집중하지 못하는 이유가 무엇인지 살펴보아야 합니다. 서로 생각을 정확히 아는 게 가장 중요합니다.

2. 말을 듣지 않는다고 무작정 잔소리를 하는 게 아니라 아이들이 원하는 것을 함께 해줄 수 있도록 해야 합니다. 아이들이 원하는 것이 무엇인지 끊임없이 물어보고 필요에 따라 목록을 작성해두는 것이 좋습니다.
3. 만들어진 목록을 보며 실천할 수 있는 것과 그렇지 않은 것을 하나씩 체크합니다.
4. 받아들일 수 있는 해결책을 정해 반드시 지켜야 할 약속들이 있다면 아이들에게 상기시켜줍니다.
5. 결정된 방법을 행동으로 옮깁니다.

우리의 아이들은 나날이 성장합니다. 이런 성장은 신체적인 측면만이 아니라 정신적인 측면도 그렇습니다. 눈에 보이는 신체적인 성장과 건강만 생각할 것이 아니라 눈에 보이지는 않지만 그 무엇보다 중요한 정신적인 성정과 건강도 중요합니다. 사람들이 자신을 사랑하지 않는다고 생각하면 불안감을 갖게 되고 이로 인해 정신적인 손상을 입을 수 있습니다. 키가 자라는 것처럼 말입니다.

아이들의 생각과 감정 또한 자라야 합니다. 아이들의 건강한 자존감 형성을 위해 부모님과 선생님들의 역할이 매우 중요합니다. 우리 아이들에게 스스로 생각하고 행동할 수 있도록 도와주어야 합니다. 그리고 아이들의 실수를 비난하지 말고, 수시로 사랑한다고 말해 주고 안아주어야 합니다.

심리학자 위니컷은 아이들에게 꼭 필요한 것은 아이들의 모든 요구를 들어주는 "100% 완벽한 것"이 아니라, "충분히 좋음"이라고 하였습니다. "충분히 좋음"은 아이들이 좌절을 느끼거나 힘이 들 때 일관된 사랑과 신뢰로 아이들과 대화하고 안아주는 것이라고 말할 수 있습니다. 완벽한 부모님이나 선생님만이 "좋음"이라는 부담감을 버리고, 아이들의 정서를 살펴 일관된 사랑과 신뢰를 보여주시면 됩니다. 그럼 아이들은 자신의 가치를 인정하는 아이로 성장할 것입니다. 보통 아이들은 부모와 친밀한 관계를 유지하기 위해서, 어떤 도움을 받고 싶어도, 또 자신의 감정을 나누기 위해서 이런저런 이야기를 합니다. 이 때 아이들의 말을 끝까지 잘 들어주는 것이 중요합니다.

만약 아이들의 말을 끝까지 듣지 않고 중간에 차단한다면, 아이들은 자신의 생각이나 감정을 나누는 것에 불안감을 느끼고 외면당했다고 생각하게 됩니다. 또 자신 역시 다른 사람의 말을 무시해도 된다고 생각할 수 있습니다. 그러므로 아이들의 건강한 자존감 형성을 위해서는 아이들의 이야기를 끝까지 들어주는 자세를 지녀야 합니다.

학교에서 시험을 본 후 생각보다 점수가 나오지 않은 아이에게 "내가 이럴 줄 알았어. 시험 준비 안하고 그렇게 놀더니만 넌 항상 왜 그 모양이냐?", "넌, 커서 뭐가 되려고 그러니?" 등의 말을 하는 경우가 있습니다. 또 어려운 과제를 해결한 아이가 스스로를 대견해하면서 자랑할 때 "이제야 알았니?", "남들 다하는 건데 뭐"라고 말하는 것은 아이의 가치를 인정하지 않고 무시하며 자존감을 낮추는 말입니다.

"시험을 잘 보지 못해 속상하겠구나."

"네가 생각한 만큼 시험성적이 나오지 않아 많이 속상하겠구나."

"아, 그렇겠구나."

"정말 대단하구나."

"어쩜 그런 멋진 생각을 하다니 넌, 참 대단하구나."

이처럼 말끝에 "-구나"하는 말로 아이를 인정해 주는 말은 아이 스스로 자신의 가치를 한번 인정하고, 성취감을 느끼도록 해 줍니다. 또한 이런 말들로 인해 힘든 일을 겪어도 더 노력을 하려고 합니다.

사람은 주변 사람들의 말로 인해 "나는 어떤 사람이다"라는 자신에 대한 자기평가를 갖게 됩니다. 사람이 출생 후 최초로 말을 주고받는 사람은 부모입니다. 그러므로 부모에게 긍정적인 언어를 자주 듣는 아이는 자신을 긍정적인 이미지로 인식하며, 실패를 두려워하지 않고 자신감 있게 행동합니다. 하지만 "넌 왜 맨날 이 모양이니?", "네가 제대로 하는 게 뭐가 있니?"와 같은 부정적인 말을 듣는다면 아이는 자신을 부정적인 이미지로 인식하게 됩니다. 이렇게 되면 다른 사람들이나 친구들한테 부당한 대우를 받아도 "나는 이런 사람밖에 되지 않으니까 이런 대우를 받아도 돼!"라는 생각을 가지게 됩니다. 어떤 일을 시도하기도 전에 "어차피 안 되는 것……."이라는 생각을 가지게 되니, 쉽게 포기를 하거나 자신 없는 모습을 보이기 싫어 폭력을 사용하고, 자신이 인정받을 수 있는 게임세계에 몰입할 수 있습니다.

학교에서 수업을 하다보면 참여도가 낮은 아이들을 쉽게 볼 수 있습니다. 수업참여도가 낮음은 학습에 대한 흥미와 동기가 낮다는 것을 의미합니다. 이럴 경우, 학습에 대한 흥미와 동기가 낮은 원인을 면밀히 파악하는 것이 중요합니다. 학습에 대한 흥미와 동기가 낮은 원인은 선행 학습이나 학습에 대한 기초적 준비 부족, 학습에 대한 과도한 압력과 스트레스로 인한 학습 의욕 및 동기 상실 등의 이유일 수 있습니다. 그러나 이를 깊이 바라보면 여기서 그치는 것이 아닌 자존감의 문제일 가능성으로 볼 수 있습니다. 다음의 두 가지 사례는 제가 접한 것으로 자존감을 이해하는 자료가 될 것 같습니다.

〈사례1〉
중학교 1학년인 현성(가명)은 매사에 의욕이 없었습니다. 담임이나 교과 선생님이 학습에 관련된 일이건, 학급 활동에 관한 일이건 제시를 하면, 현성이의 대답은 항상 똑같았습니다.

　"싫어요."

　"하기 싫은데요."

　"그걸 꼭 해야 돼요?"

　친구들이 열심히 공부해도 그에 대한 경쟁의식이나 열등의식조차 없었습니다. 수업 시간에 협동학습을 해도 다른 친구들의 모습을 귀찮다는 듯이 쳐다만 볼 뿐 매사에 의욕이 없었습니다. 항상 꾸부정한 자세로 걸음걸이도 느릿느릿……. 이름을 불러도 못 들은 척, 재차 부르면 그제야 마지못해 작은 소리로 "네"하고 대답하곤 하였습니다. 수행평가로 제시한 과제도 안 해오고, 준비물도 챙겨오지 않으며, 뭐든지 하기 싫어하는 태도에 반 친구들은 현성이와 같은 조가 되는 걸 꺼려하였습니다. 이러다보니 현성이는 마치 하나의 섬처럼 동떨어져 있었습니다. 그럼에도 현성이는 저의 지적도 친구들의 따돌림도 아랑곳하지 않고 그저 귀찮고 자기와는 관계없는 남의 일로 취급해버리곤 하였습니다. 이런 현성이를 바라보는 부모님의 마음은 답답하기만 하였습니다.

〈사례2〉

　중학교 1학년 재민이(가명)는 자그마한 체구에 눈에 띠지 않는 조용한 성격이 학생이었습니다. 하지만, 한 번 화가 나면 입에 담지 못할 욕설을 퍼붓고 친구들에게 거침없이 주먹을 휘둘렀습니다. 그러다 보니 반 친구들은 재민이를 가만히 내버려둘 뿐, 친분을 가지려하지 않았습니다. 재민이도 이런 분위기를 마다하지 않았습니다. 수업중 발표는 전혀 할 생각도 안하고, 교과서 읽기라도 시키면 목소리도 들리지 않을 정도의 작은 소리로, 바닥만 쳐다보며 마지못해 읽었습니다. 아무리 제가 야단을 치고 지적을 해도 소용이 없었습니다. 그저 그냥 못하겠다는 말로만 답할 뿐이었습니다. 한번은 교과서 내용의 질문에 답을 적어 놓고도 아무 대답 없이 서 있기만 했습니다. 내용과 태도와 상관없이 입조차 벌리지 않았습니다. 방과 후에 남으라고 하고는 그 이유를 물으니, 그 시간에 처음으로 발표하는 것이라 부담스러워서 발표를 할 수 없었다고 했습니다.

자존감이 높은 아이들과 그렇지 않은 아이들의 차이는 분명하게 구분 지을 수 있습니다.

〈표 4〉

자존감이 높은 학생의 특징	자존감이 낮은 학생의 특징
① 자기 확신감이 있습니다. ② 낙관적입니다. ③ 자기주장을 할 수 있습니다. ④ 무엇을 하고자 하는 태도를 가지고 있습니다. ⑤ 감정이 살아있습니다. ⑥ 나는 무엇을 잘 한다고 생각합니다. ⑦ 독립적입니다. ⑧ 세상에 대한 신뢰와 믿음이 있습니다. ⑨ 남들의 비판을 받을 수 있습니다. ⑩ 정서적으로나 감정적으로 성숙합니다.	① 자신의 능력에 대해서 의심합니다. ② 모든 일에 수동적으로 마지못해서 임합니다. ③ 명령적인 말에 오히려 익숙하고 복종적입니다. ④ 지나치게 상대방의 눈치를 보며 너무 상대방의 의견을 쫓아갑니다. ⑤ 고립되어서 생활합니다. ⑥ 비판에 예민합니다. ⑦ 우울합니다. ⑧ 지나치게 신경질적입니다. ⑨ 일 처리를 할 때 마무리를 못하고 질질 끕니다. ⑩ 다른 사람들을 믿지 못합니다.

이처럼 자존감지수가 낮고 무기력한 학생들의 행동적 특성은 다음과 같은 모습으로도 드러납니다.

- 수업시간에 멍하니 있습니다.
- 수업시간에 잠을 잡니다.
- 수업내용과 관련 없는 그림이나 낙서를 합니다.
- 수업시간에 계속 장난을 합니다.
- 수업시간에 책을 꺼내놓지 않습니다.

- 준비물을 챙겨오지 않습니다.
- 숙제를 해오지 않습니다.
- 과제를 바로 시작하지 않고 몇 번 지적을 해야 시작합니다.

위에서 말한 현성이와 재민이의 경우는 비슷한 점이 있습니다. 매사에 의욕이 없고 열정이 없습니다. 자신감도 없었습니다. 원인 없는 결과는 없듯이 두 아이의 가정을 살펴보니 가정도 안정적이지 못하고 부모님의 교육도 불안해보였습니다. 부모님들은 아이들에게 별다른 기대감도 없었고 아이들도 마찬가지였습니다. 이들 아이들에게 자존감 점검표를 작성해보게 하고 이를 근거로 이야기를 해나갔습니다. 아이들은 자신들의 상태를 누구보다 잘 아니 굳이 점검표를 작성할 필요가 없다고 하다가 저의 권면에 마지못해 하고보니 예상대로 낮았습니다. 자신도 알고 있지만 문항을 읽고 그에 답하면서, 그리고 그 결과를 보고는 현실을 분명히 알 게 된 것 같았습니다. 이미 굳어버린 무기력한 자존감으로 인해 '난 못하는 아이', '쓸모없는 사람'이라고 생각하고 있었습니다. 수차례 만나면서 자신감을 일깨워주었습니다. 나름대로 입수한 용기를 줄 수 있는 다양한 동영상 자료를 통해, 할 수 있다는 의지를 심어 주었습니다.

평소에 관찰한 것을 토대로 아이들의 강점을 부각시켜서 칭찬하기 시작하였습니다. 그렇게 자주 만나다보니 어느 날부터인가 조금씩 웃기도 하고 표정도 밝아졌습니다. 저와 만날 때는 반드시 자기 비하하는 말은 하지 말아야 하고, 자신을 칭찬하는 이야기를 하도록 하였습니다. 처음엔 이게 잘 안되더니 하고 또 할수록 자기 자신을 이해하고 위로하고 격려하는 말들도 하고, 자기 칭찬의 이야기도 많아졌습니다. 워낙 오래된 무기력과 자기비하를 하루아침에 개선하기는 어렵습니다. 꾸준히 자신감을 회복하는 이야기로 다짐하기와 실천하기를 통한 자신감 기르기를 통해, 자기 스스로 긍정적인 자아가 내면화되도록 도와주어야 합니다.

교회 목사로서는 아이들을 일주일에 하루, 그것도 제한된 시간밖에는 볼 수 없지만 학교목사이고 선생이다 보니 쉽게 수시로 아이들을 만날 수 있고, 제도적으로도 뒷받침이 되다 보니 꾸준한 관찰과 상담으로 함께할 수가 있었습니다. 좋은 상담기법이나 전문적인 교육방법도 중요하지만 진정성을 가지고 꾸준하게 교육하는 것이 더 중요합니다. 이런 점에서 사랑과 정성은 교육자에게 있어서 그 어떤 덕목보다 중요한 것 같습니다. 이런 마음으로 교육하는 우리 기독교 학교교육, 기독교 교육자들이 되기를 소망합니다.

살아서
운동력 있는
경제윤리교육

　지금은 '사회'라는 교과목으로 통합해서 교육이 진행되는 것으로 압니다만 제가 중학교 다닐 때는 '정치·경제'라는 교과목으로 배운 기억이 납니다. 이 교과목을 가르치시던 선생님은 자신이 서울대학교 사회교육과 출신이라는 자부심이 대단하셨습니다. 이 선생님은 절대불변의 진리인양 지극히 당연하다는 논리로 경제이론을 가르치셨던 기억이 납니다. 그때의 가르침을 명료하게 요약하면 이와 같습니다.

　　"기업의 존재이유는 이윤을 창출해야 한다. 그렇지 않으면 기업이
　　될 수 없다."

　그러시면서 인간의 욕망은 무한대이고 인간의 역사는 약육강식이니 기업은 이윤추구를 위해 서로 치열한 경쟁을 해야 할 수밖에 없다고 하셨습니다. 이 말씀에 친구들은 열심히 필기하였지만 저는 그 순간 필기할 생각조차 못하고 멍해지는 느낌이었습니다. 당시 중학생

인 저로서는 딱 부러지게 반박할 수는 없었지만 좀 의아한 생각이 들었습니다. 교과서의 내용이나 명문대학 출신의 선생님이 하시는 말씀이니 털끝만한 의심이나 비판 없이 받아들여야만 하는 것인지……. 분명 교과서에 그렇게 나오고, 선생님이 저보다야 비교조차 우스울 정도로 지식의 위상이 높으니 그냥 받아들여야하는 것인지……. 시험점수를 잘 받기 위해서는 무조건 그렇다고 생각하고 외워야하는 것인지……. 그러나 아무리 생각해 봐도 이건 아니지 않나 하는 생각이 들었습니다. 물론 기업이 생성, 존재, 활동하는 이유가 이윤을 창출하고 극대화해야하는 것은 맞습니다.

기업은 분명 복지기관이 아닙니다. 이윤을 극대화해서 구성원들에게 봉급과 성과급을 지급하고 그로 인해 구성원과 그 가족의 생계를 유지할 수 있도록 하고, 세금 등을 통해 국가 재정을 튼튼히 하고 많은 인재를 채용해나가야 국가경제의 시스템이 원활해지고 무역의 활성화로 국가 간 이익도 확대해나갈 수 있습니다. 그러니 기업이 이윤을 창출하는 것, 극대화하는 것은 나쁜 것이 아니라 그럴 수 있도록 제도적 장치나 장려책이 있어야 합니다. 그러나 문제는 이윤 그 자체가 목적이 되어, 이것을 위해서라면 그 어떤 가치도 허용할 수 없는 절대가치가 되니, 그에 따라 다른 가치가 인정되지 않거나 유보될 수 있다는 것으로 이해될 수 있다는 위험이 내재된 생각입니다. 중학생인 제가 의문으로 삼았던 것이 바로 이것이었습니다.

당시 텔레비전이나 신문 등에서 기업이 노동자를 지나치게 해고하여 이에 항거하는 기사, 대기업이 하청업체들을 억압하는 구조적인 문제, 대기업의 문어발식 확장에 따른 중소기업의 위기 등이 심심치 않게 보도되었기에 제가 어렴풋하게나마 기업의 이윤추구도 윤리적인 타당성을 지녀야하는 것은 아닌가 하는 생각을 한 것 같습니다.

아마 지금 같으면 설익은 경제 윤리적 시각으로 선생님께 이에 대해 질의를 했을 것 같은데 그날의 수업시간에는 선생님께 제 생각이 정리되지 못했고 선생님의 권위에 저 스스로 심리적으로 눌려 아무런 말도 못한 것 같습니다. 그리고는 쉬는 시간에 반에서 공부를 잘하는 몇몇 친구들에게 '좀 이상하지 않냐, 선생님 말씀이 무조건 맞는 건 아닐 수도 있지 않냐' 하고 물었던 기억이 나는데 친구들의 동의나 동조는 받아본 기억이 없습니다. 분명히 기억나는 것 한 가지는 저보다 아주 공부를 잘하는 친구의 대답이었습니다.

"서울대 출신 선생님이시잖아! 그냥 외워. 뭘, 복잡하게 생각하냐, 넌, 그렇게 생각이 많으니까 공부를 못하는 거야."

이 말에 몇몇 아이들이 웃었고 그 분위기에 눌려 말 한마디 못하고 말았습니다. 1997년 12월 3일, 우리나라는 국가부도 위기 상태에서 국제통화기금IMF에 구제 금융 자금을 요청하는 양해각서를 체결하는 치욕적인 사건이 일어났습니다. 이른바 IMF 경제 위기, IMF 외환위기, IMF 사태로 불리는 불행한 일이 발생한 것입니다. 당시, 우리 사회는 70, 80년대의 7~9%의 고도성장과 88 올림픽 등으로 한껏 외적 풍요에 도취되어 있었습니다. 해외여행이 자유화 되고, 부동산과 주식 투자가 절정에 달하였습니다. 너도나도 대출을 받아 묻지마식 과잉 투자를 하였고 금융기관은 외국에서 무차별적으로 자금을 빌려와 뿌렸습니다. 이러한 흥청망청은 자원이 빈약한 국가에서 과잉 투자와 과소비를 부추겼고 결국 치욕적인 IMF 사태로 나타났습니다.

IMF 사태로 재계 5위였던 대우그룹이 해체되어 망하였고, 삼미그룹, 청구그룹, 해태그룹, 한라그룹, 한보그룹, 진로그룹 등 수많은 유명한 재벌기업들도 모두 망하거나 해체되었습니다. 재계 1위 현대 그룹도 현대건설, 현대자동차, 현대산업개발 등 여러 기업으로 분해되었습니다. 구조조정이라는 미명(美名)하에 대량 해고 사태가 발생하여 130만 명 이상이 실직하였고 본격적인 고실업 시대에 접어들었습니다. 노숙자라는 단어가 처음으로 등장하였고 실직 가장의 자살과 가족 해체로 사회는 공황 상태가 되었습니다.

위기에 강한 우리나라는 특유의 국민성을 발휘하여 돼지 저금통 깨기, 돌 반지 모으기, 뼈를 깎는 내핍 등을 통하여 경제적인 물질적 차원의 멘붕을 극복하였습니다. 그러나 이 과정에서 신자유주의적 패러다임이 확산되어 경쟁이 우선적 가치를 가지게 되었고 "부자 되세요.", "대박 나세요."와 같은 경제 논리가 지배하는 사회로 재구성되었습니다.

요즘 우리나라 경제현실을 보면서, 그때의 기억이 마치 어제의 일처럼 아주 생생하게 상기되곤 합니다. 저를 짓눌렀던 그 당시 교과서를 쓰신 분들, 늘 자신만만하셨던 서울대 출신의 선생님 그리고 저를 핀잔주었던 친구와 저보다 공부를 잘하던 친구들의 생각이 오늘날의 경제를 주도하는 사람들의 생각인 것 같습니다. 수십 년 전의 경제논리가 지금도 변함없이 우리 경제를 이끄는 논리인 것 같습니다. 그러니 저와 같이 조금은 삐딱한 생각을 하는 사람은 그저 아무짝에도 쓸모없는 생각이요, 경제 발전에 딴죽이나 거는 무능하고 못난 사람의 생각으로 치부될지도 모릅니다. 그러나 저는 제 생각이 꼭 맞는 것은 아닐지 모르나 그렇다고 평가절하될, 불필요한 것은 아니라는 생각입니다. 이는 적어도 기독교사회윤리학, 윤리교육을 공부한 기독교 신앙인으로서는 그렇습니다.

칸트가 말했듯이, 사람은 그 자체가 목적입니다. 수단으로 대해서는 안 된다는 말입니다. 사람은 그 자체가 목적이어야 합니다. 목적 달성을 위한 수단이나 도구로 삼아서는 안 됩니다. 언젠가 어느 정치인과 정당이 강조한 표어처럼 그 어떤 가치나 이익보다 먼저인 것은 '사람'입니다. 그렇습니다. 사람이 먼저입니다. 그런데 기업의 이윤, 경제의 유익을 위해서 사람이 목적이 아니라 수단과 방법으로 취급되고 평가절하된다면 이것은 비윤리, 아니 반윤리적인 죄악입니다. 오늘날 노동의 현실은 다 그런 것은 아니라고 하지만 많은 부분 불안한 고용 구조와 부당한 처우 조건으로 고통 그 자체입니다. 더욱이 비정규직의 현실은 너무도 비인간적이고 참담합니다. 이와 같은 반윤리적인 우리의 현실은 기업가들이 노동자를 파트너로 대하는 것이 아니라 자신의 수족으로 여기는 자세이고 언제든 대체가 가능한 소모적인 존재로 여기기 때문인 것 같습니다.

　현재 우리나라의 고용구조는 극심한 경기침체로 청년실업은 심각한 지경이고 중산층이 무너지면서 빈곤층이 급증해 날품팔이 노동인력이 늘었고, 값싼 외국인노동인력도 있습니다. 그러니 기업은 손쉽게 저비용인력을 고용할 수 있고 이들은 얼마든지 대체할 인력도 풍부한 실정입니다. 그러다 보니 기업가와 노동자간의 쌍무계약이 대등하지 못하고 기업가 위주로 되어 있습니다. 이를 잘 알면서도 정부나 기득권층은 국가 경제를 위한 현실이라는 이유로 불평등고용구조나 노동자의 비인간적인 근무여건을 묵인해오는 것 같습니다. 그리고 기업가들은 어려운 기업 운영을 위해서는 부득이 그럴 수밖에 없다고들 합니다. 그래도 이전보다는 노동자의 처우가 나아졌고, 기업이 활성화되어야 노동자에게 나누어줄 것도 많아지니 선성장, 후분배라고 주장합니다. 이로 인해 기업가는 국가 발전에 이바지하는 애국자가 되고, 기업의 노동 현실을 비판하고 저항하는 노동자는 기업발전과 그로 인한 국가발전을 가로 막는 나쁜 사람으로 규정될 수 있습니다. 물론 일부 지나친 노동자와 노동조합의 자기 편의적이고 자기들 권위만을 주장하는 것은 분명 문제이나 이런 논리적인 귀결은 매우 위험합니다. 왜냐하면 이런 논리는 결국 노동자를 비인격화하고, 노동의 가치를 폄하하게 되기 때문입니다.

기업은 이윤추구를 위해서라면 무엇이든지 할 수 있음이 아닙니다. 최소한의 기업이 지킬 윤리적 규제와 자기 통제가 있어야 합니다. 이러한 최소한의 윤리적 근거를 생각해보는 틀은 오랜 인류의 정신 문화적 토대가 된 성경에서 찾아볼 수 있습니다. 기업은 이윤을 창출하되 그것 자체가 목적일 수는 없습니다. 하나님은 인간에게 자유롭게 마음껏 누리도록 허용하셨지만 선악을 알게 하는 나무와 생명나무는 건들지 말아야 하는 제한점을 분명하게 명시하셨습니다. 기업이 이윤을 추구하는 가치에도 윤리적인 근거와 명분과 정당성이 있어야 합니다. 그저 돈이 된다고 사회에 물의를 일으키거나 약자를 괴롭히거나 생태계를 파괴하는 비윤리적, 반윤리적인 행위는 용납될 수 없습니다. 그리고 기업의 이익은 기업만의 것이 아니라 기업이 존재하도록 토대를 마련해준 사회에도 일정비율은 환원해야 합니다. 이것이 성숙한 기업가의 자세요, 기업윤리입니다.

기독교신앙인들은 더더욱 이런 자세를 지녀야 합니다. 성경을 보면서 우리 신앙인들은 이러한 경제윤리를 생각해 볼 수 있습니다. 그리고 그것을 오늘 우리의 현실에서도 적용해 볼 수 있습니다. 그중 하나의 이야기입니다.

마태복음 20장 1~16절에 나오는 '포도원 일꾼의 비유'는 하나님 나라에 대한 이야기입니다. 포도원의 주인은 하나님이고 포도원은 하나님의 나라며, 품꾼은 곧 구원받은 우리들을 말합니다. 이 이야기의 핵심은 하나님 나라의 축복은 인간의 공로가 아니라 오직 하나님의 절대주관에 따른 은혜라는 것을 분명히 합니다. 이것이 대략의 주제

입니다. 그런데 이를 좀 더 깊이 보면 이 이야기 속에는 두 개의 주제
가 담겨 있습니다. 하나는 하나님 나라에 일자리가 있다는 것이고 다
른 하나는 하나님이 그곳에서 일하는 모두에게 동질의 양식을 보장
한다는 것입니다. 비록 포도원에 늦게 왔지만 그 역시 먼저 온 품꾼
과 비슷한 처지일 수 있습니다. 왜냐하면 삶을 이어가기 위해 필요한
비용이 먼저 온 사람과 결코 다르지는 않기 때문입니다. 품꾼을 채용
하는 정보를 늦게야 접해서 늦게 왔을 지도 모릅니다. 하나님은 그런
사람들에게 먼저 온 사람들과 같은 삯, 곧 자비를 베푸셨습니다. 이에
먼저 온 품꾼들은 주인의 처사에 산술적인 노동의 시간을 이유로 항
의하지만 주인은 이를 인정하지 않았습니다. 사실 이들은 이의를 제
기할 자격이 없습니다. 분명히 주인은 일찍 온 사람에게 일을 더 하
였으니 더 주고 늦게 온 사람에게는 덜하였으니 시간을 기준으로 덜
준다고 한 적이 없습니다. 주인은 노동의 시간이 아니라 그들의 필요
를 같은 것으로 보고 같은 삯을 주어 그들이 가족을 먹여 살리도록
하였습니다. 이렇게 보면 주인은 복지를 고려한 분배를 실행한 것입
니다.

　이와 같은 방식의 생각을 오늘의 기업가들이 생각해보면 어떨까
싶습니다. 그러면 사람의 노동을 그저 단순한 기계적이고 산술적인
시간만이 아니라 노동자의 삶의 정황을 다각도로 고려하는 배려와
복지와 나눔으로 분배할 수 있을 것입니다. 그러면 기업은 노동자를
그저 이윤 창출의 수단만이 아니라 사랑으로 따뜻함의 기운이 감도
는 분위기로 인간미 넘치는 곳으로 억지로가 아니라 자발적으로 일
하고 싶어지는 모두가 행복한 공동체가 될 것입니다.

　또한 포도원 주인이 늦게 온 품꾼에게도 일찍 온 품꾼과 같은 삯을
준 것은, 그들의 일을 대하는 태도 때문이었을 것입니다. 일찍 온 품

꾼은 오래 일하다 보니 어느새 매너리즘이나 타성에 젖어 들거나, 그저 맹목적으로 일을 하게 되었을 지도 모릅니다. 그러니 실제로는 노동의 효율은 시간이 갈수록 떨어졌을지 모릅니다. 실제로 저도 일하다보면 그렇습니다. 처음엔 그저 채용해준 것만으로도 감사하고 성실히 임해야겠다고 다짐하고 그렇게 하였지만 어느 시점부터는 그저 시간만 때워도 봉급을 그대로 받음을 알기에 대충 일을 해나가곤 합니다. 그러나 늦게 온 품꾼은 자신을 불러준 포도원 주인에 대한 감사와 자신에게도 일이 주어졌다는 감격으로 열심히, 그리고 즐겁게 일에 임했을 것입니다. 그러니 노동 가치는 노동에 임한 시간의 양이 절대기준일 수는 없습니다. 일터에 임하는 마음가짐이 노동 생산성과 효율의 질과 양과 가치를 좌우할 수 있습니다.

이 이야기는 그저 예수님이 꾸며낸 이야기이며 현실성이 없는 아주 오래전의 것으로, 시간과 공간과 사회제도가 다른 오늘날 적용할 수 없는 동화 속의 이야기가 아닙니다. 분명 시공간적인 여건으로 본다면 엄청나게 다르지만 오늘날에도 생각해 볼 수 있는 매우 중요한 윤리적 시사점과 적용점을 제시해줍니다. 오늘날의 기업에서도 그렇습니다. 비록 늦게 고용됐다 할지라도 그가 기쁜 마음으로 일하고 기업에 감사한 마음을 갖고 있다면 그의 생산성이 맹목적으로 오래 일한 사람의 그것보다 훨씬 더 클 것입니다. 그러니 노동자들을 수단과 방법으로, 대체가능한 인력으로 평가절하하지 말고 진심으로 잘 대우하고 그들이 즐겁게 일할 수 있는 환경을 만들어주면 생산성이 높아져 큰 이윤이 생길 수 있습니다. 그러니 임금과 노동력을 착취해가면서 이윤을 추구하는 악덕기업주가 되어서는 안 됩니다. 현명한 기업주는 노동자들로 하여금 빨리 일터로 나가 일을 하고 싶다는 마음을 품게 해야 합니다.

오늘날 많은 이들이 자본에 투자하고 자본을 증식시키려 애를 씁니다. 그러나 철학자 아리스토텔레스는 '생명을 가진 것만이 증식할 수 있다'고 말했습니다. 이 말은 돈이 많아진다는 것, 돈을 증식시킬 수 있다는 것은 착각이며 거짓이라는 의미입니다. 자본주의 사회, 많은 사람이 이런 착각에 빠져 사는 건 아닌지 돌아보아야 합니다. 우리가 뼈아프게 직면해 본 세계금융 위기는 이에 대한 경고가 아닐까 싶습니다. 만약 우리 기독교신앙인이 자본에 투자하는 기업인이 된다면 물질이나 돈을 근본으로 삼지 말고, 생명과 사랑을 근본으로 삼아 그것을 증식시키고 번져나가게 해야 할 것입니다. 이것이 바로 굳이 말을 붙이자면 '생명자본주의'입니다. 우리말에 기가 막힌 말이 하나 있습니다. '살림살이'라는 말입니다. 이 말은 살림을 해서 살게 한다는 의미입니다. 경제는 영어로 이코노미economy인데, 집이라는 뜻입니다. 이 경제가 세상을 죽이는 것이 아니라 살리는 것이 되어야 합니다.

최근 미국에서는 이른바 부유층들이 부유세를 제대로 내야한다는 주장들을 스스로 하고, 기업의 이익을 사회와 함께하는 모습들을 보여주고 있습니다. 그리고 곳곳에서 단순히 '생산'이 아닌 '생식'에 기반을 둔 자본주의가 생성되고 있습니다. 실험적이고 소수이기는 하지만 생활협동조합의 형태로, 사회적 기업이라는 형태로 드러나고 있습니다. 또한 일부이긴 하지만 기업들이 생태계를 고려하는 녹색성장, 약자를 짓누르지 않고 상생하는 문화, 기업가와 노동자가 상호 협력으로 이해하고 타협하는 공존하는 방식을 보이기도 하고, 기업 스스로 사회적 책임이라는 말을 하기도 하는 성숙한 자세를 보이기도 합니다. 이제 우리는 이전의 이른바 운동권 진영에서 보여준 것처럼 무조건 자본주의를 비판할 게 아니라 건강하고 성숙한 자본의 측면을 제시하여 이미 있는 자본주의를 새롭게 해나가도록 해야 할 것입니다. 이러한 경제교육은 반드시 윤리가 곁들여지는 틀에서 진행되어야 합니다.

이러한 경제윤리는 생태계를 고려하는 윤리와 사회적 약자를 생각하는 정의와 공동체윤리, 인권과 복지와 정의가 살아 숨 쉬는 생명살림의 문화윤리가 되도록 해야 합니다. 이 교육은 박제된 교과서나 교사의 상투적인 주입식이어서는 안 됩니다. 아이들 스스로 이야기하고 경험한 것이 교과서가 되고 교사가 되어 실제 몸으로 체득되어 내재화된 살아 숨 쉬는 생활경제가 되도록 해야 합니다.

저출산 시대를
대처하는
요셉의 지혜 교육

아시는 바와 같이 저출산 현상이 커다란 사회문제로 부각되고 있습니다. 십여 년 전만해도 대학 간판만 내걸면 전국에서 대학입학지원자들이 몰려들다보니 치열한 경쟁을 통해 우수한 입학생을 뽑을 수 있었습니다. 그러다 보니 대학들은 시설 확충과 교수와 직원 채용을 늘려나갈 수 있었습니다. 그리고 대학에 들어가지 못하거나 더 원하는 대학에 지망하려는 학생들로 인해 재수학원이 늘어났고, 대입을 위한 사교육시장의 규모가 커져갔습니다. 이러다보니 대학 수의 증가로 우수한 인재들이 대학교수가 되고자 대학원에서 석사와 박사학위를 이어갔고, 외국 유학도 많이 갔습니다. 그런데 최근 들어 대입지원생이 눈에 띄게 줄어들면서 대학은 위기를 맞게 되었습니다. 그러다 보니 생각지도 않은 문제들이 속출하고 있습니다. 얼마 전 이른바 우리나라 최고의 명문대학이라고 자타가 공인하는 서울대에서 박사학위를 취득한 시간강사가 서울대가 내려다보이는 관악산 중턱에서 목을 매고 자살한 사건도 있었습니다. 그의 유서에는 열심히 공부하여 박사학위까지 취득하고 연구 실적이나 강의경력이나 뒤질 게 없는데 교수채용이 잘 안 되면서, 오랜 세월 시간강사만 하다 보니 아기 우유 값조차 막막하다는 현실에 대한 절망감이 적나라하게 적혀 있었습니다.

제가 아는 선후배들 중에도 공부를 참 잘하고 학문에 대한 열정이 존경스러울 정도였던 이들이 없는 돈 들여가며 외국 유수의 대학에서 죽을 고생해가면서 박사학위를 취득하고 돌아왔으나 바라는 교수 자리는 너무도 어렵게 된 현실 앞에서 안타까워하는 모습을 보곤 했습니다. 이들 중 더러는 제게 자신의 삶을 후회하면서 이럴 줄 알았으면 대학에 가지 말고 전문계(실업계) 고등학교에 진학해서 기술을 익혀 취업할 걸 그랬다고 하는 이들도 있었습니다. 또 어떤 이들은 대학시절 교사자격증을 취득하는 교직 과정을 이수하여 교사가 될 것을 그랬다고 하면서 안정적이고 만 62세의 정년보장인 저를 부러워하는 말들을 하기도 합니다. 그러면 저는 괜히 미안하고 안타까워서 커피값이나 밥값을 제가 내곤 합니다. 생각해보면 참으로 안타까운 현실입니다. 저보다 훨씬 우수하고 치열하게 공부하고 연구하면서 누구보다 성실히 살아온 고급인력들이 적합한 길을 찾지 못하고 있습니다. 이들이 무슨 잘못을 한 것도 아니고 게으른 것도 아닌데 이들의 현실은 생각할수록 안타까움을 더합니다.

이러한 가슴 아픈 현실은 대학만이 아닙니다. 초·중등의 교육계도 어려움을 겪고 있습니다. 학령기 인구의 감소에 따라 학생 수가 줄어들다보니 학급수가 감소하게 되면서 그에 따른 학교당 재정지원도 줄어들고 필요한 교사의 숫자도 줄어들고 있습니다. 그러다 보니 신규 교사 채용은 쉽지 않은 것이 현실입니다. 교육대나 사범대학이나 교직 이수한 교사자격증 소지자의 적체가 심각한 지경입니다. 작년엔가 어느 지역의 주요교과의 경우, 임용경쟁률이 수십 대 일이었다고 하니 교사되기가 하늘에서 별을 따는 것처럼 힘들다는 말도 공공연하게 이야기되는 것이 현실입니다. 교사임용시험을 '임용고시'라고 부르고, 제가 나온 대학교의 경우는 임용고사 준비를 국가고시반에서 하기도 합니다. 중등보다는 임용고사가 상대적으로 수월한 초등의 경우, 초등 교사를 양성하는 특수목적대학인 교육대학교[5]의 인기가 하늘 높은 줄 모르면서 그 위상이 서울의 상위권 대학에 못지않게 되었습니다. 이에 따라 서울 노량진이나 종로 등엔 임용고사를 준비하는 사람들로 인해 임용고사 준비 학원이 수두룩하게 되었습니다. 이러한 현상에 따른 개인적인 어려움과 사회적 비용이 우리 사회 전체의 부담이 되고 있습니다.

신규 교사의 원활한 채용의 어려움과 초·중·고교 교사 정년이 만 62세이기에 교사의 고령화가 학교 현장의 어려움으로 교육의 문제로 부각되고 있습니다. 더욱이 농촌 소규모 학교의 경우는 이촌향도離村向都라는 말처럼 그나마 적은 학생들이 도시로 떠나다보니 그야말로 '엎친 데 덮친 격'으로 어려움이 과중되고 있습니다.

제가 몸담고 있는 학교도 계속되는 학생 수 감소로 학급 수가 줄면서 학교 지원 재정도 줄고 교사 채용을 못하다보니 재직 교사들의 평균연령이 높아만 지고 있습니다. 작년에는 전교생이 125명으로 각 학년당 2개 반으로 총 6학급이었습니다. 그런데 2개 반인 3학년이 졸업하고 나니 신입생이 한 학급밖에 편성이 안 되어 총 5개 학급이 되었습니다. 그러니 올해부터는 체육대회도 1학년은 반별경기가 불가능해졌습니다. 교사들은 이전에는 숫자가 적고 교사들의 수업 시수를

---

5 학교 교사로 임용되면 초등학교는 교육대학 출신과 중·고등학교는 사범대학 출신에게 일반대학 교직이수자나 교육대학원 출신보다 한 호봉을 더 인정해줍니다. 이는 설립부터 교육대학과 사범대학이 특수목적대학이기에 그렇습니다.

고려하여 자기 자격증 아닌 과목도 전공과 비슷한 과목을 가르칠 수 있다는 개념으로 가르쳤는데 이제는 자격증 소지 교사가 없고 평균 시수보다 적으면 타 학교로 가서 수업하는 순회교사가 되면서 이리저리 다녀야하는 상황에 이르게 되었습니다. 이로 인해 타 학교로 순회를 가는 교사에게는 담임이나 부장업무를 맡기기 어려워졌고 순회를 오는 교사에게도 이를 맡기기 어려운 상황에 직면하게 되었습니다.

전에는 상급학교 진학을 위해 중3, 고3 담임교사들이 찾아다니면서 진학, 진로지도를 했는데 최근엔 거꾸로 상급학교에서 선물꾸러미를 갖고 찾아와서 자기 학교를 홍보해야만 하는 신입생 유치 경쟁을 하는 양상으로 변했습니다. 이에 따라 학교도 여러 고등학교에서 중 3학생들을 보내달라고 홍보를 오고, 초등학교 6학년들을 보내달라고 홍보하러 다닙니다. 이처럼 불과 십여 년 전과 전혀 다른 양상이 이제는 교육계에서 쉽게 찾아 볼 수 있습니다. 이러한 변화는 교육계만이 아니라 우리 교회의 현실에서도 드러납니다.

한국 교회의 위기가 바로 성인 교인 수에 비해 현저히 적은 교회학교생의 숫자입니다. 오늘날 수많은 교회가 직면한 현실이 바로 내일에 대한 불안감입니다. 계속되는 저출산은 한국 교회의 미래를 어둡게 할 것입니다. 세계 선교역사상 그 유례를 찾아보기 힘들 정도로 놀라운 교회성장의 모델이 된 한국 교회가 이제 유럽의 교회들처럼 크고 화려한 교회당에 소수의 노인들만 출석하고 젊은 층을 찾아보기 힘든 지경에 이를지 모릅니다.

더욱이 어처구니없는 현실은 이를 대비하는 노력이나 대책이 모호할 뿐만 아니라 오히려 역행하는 모습들마저 보인다는 사실입니다. 21세기를 살아가는 오늘날에도 대형교회의 경우, 부자세습이 공공연하게 이루어지고 있고 불투명한 교회 재정 문제와 교회의 갈등으로 사회법정에 서는 일들이 벌어지고 있습니다. 또한 한국기독교총연합회(한기총)이라는 교회 연합기관의 대표 선거에서 돈이 오고가는 문제로 문제가 생기자 한국 교회 연합이라는 단체가 생겨나는 양상입니다. 교단간 화합으로 공동의 문제를 풀어가야 하는데 분열과 욕심들로 얼룩져가는 게 현실입니다. 출석교인의 숫자와 재정에 비해 무리하게 은행의 대출로 교회당을 짓다가 큰 어려움을 겪는 교회들도 많습니다. 이로 인해 항존 직분이 헌금 강요로 얼룩지기도 하고 교회의 분열로 이어지기도 합니다.

제가 사는 지역에서도 여러 교회가 인근지역이 개발되면서 대규모 아파트가 조성되니 교회재정에 비해 지나치게 많은 규모의 비용을 대출받아 교회당을 멋지게 짓곤 했습니다. 그런데 이들 지역에는 이들 교회만 있는 것이 아닙니다. 이런 생각은 다른 교회들도 하였습니다. 그러다 보니 우후죽순 교회들이 생겨나고 멋지게 신축된 교회당이 즐비합니다. 그런데 이 지역의 새로 생기는 아파트 주민은 이주하면서 교회를 옮기는 것이 아니라 저마다 자가용으로 혹은 대형 교회의 버스 운행으로 기존의 출석교회를 그대로 유지하였습니다. 그렇게 되자 신입교인의 유입은 생각처럼 많지 않고 교회의 빚은 산더미처럼 이자에 이자가 붙는 현실입니다. 더욱이 무리한 헌금강요에 염증을 느낀 기존 교인 중에서는 이른바 항존직[6]인 장로, 안수집사, 권

---

6 교인의 투표로 선출되면 만 70세까지 그 직분이 그대로 주어지는 교회 직제를 말합니다. 교단마다 명칭이 좀 다르나 대한예수교장로회의 경우 장로, 안수집사, 권사가 이에 해당됩니다. 이에 대한 비판적인 논의들도 있습니다. 투표 시에는 신앙이나 인격이나 교회 출석과 봉사가 타의 모범이 되어 선출되었는데 세월이 지나면서 그에 적합한 모습이 아닐 때도 한 번 주어진 항존직이 만 70세까지 그대로 주어지는 것은 문제이니 현재 우리나라 국회의원이나 지자체 의원이나 지자체 단체장처럼 4년이든 6년이든 투표로 재신임을 묻는 것도 대안으로 생각해 볼 수 있습니다. 몇몇 교회들은 교단 총회 헌법과 달리 교회 내의 합의를 통해 자체 정관을 만들어 목사와 항존직 모두 몇 년 지나면 재신임 투표를 하기도 합니다.

사들도 교회를 떠나는 지경에 이르렀습니다. 어느 교회는 급기야 그 빚을 감당 못해 경매로 내놓는 사례도 있습니다.

얼마 전에 참석한 교회의 부흥강사는 자신이 출석교인 30명으로 30억 교회당을 지은 이야기를 하면서 이런 이야기를 하였습니다. 교인 중 여신자의 아이가 희귀난치병인데 그 집에 가서는 그 아이에게 들어갈 병원비를 모두 헌금하라고 하였고 여신자가 이에 순종한 결과 그 여신자의 아이는 깨끗하게 치료됨은 물론 여신자가 지금 교회에서 가장 큰 부자가 되었다고 합니다. 그런데 그렇게 된 이유가 가관이었습니다. 여신자는 수년전 우리 사회에 물의를 일으킨 '바다이야기'로 알려진 도박 사업으로 큰 돈을 벌었다는 것이었습니다. 하나님의 축복이 불법으로, 다른 사람들에게 피해를 준 것으로 번 돈으로 그 부요함을 누림이 당연한 것이라는 말이 하나님의 말씀이라고 '아멘'해야 하는 것인지요?

해마다 2월이면 여러 신학대학이나 신학대학원의 졸업입니다. 최근 우리 교회들의 신자수가 증가하지 않는 것도 모자라 소폭으로 감소하고 있습니다. 그럼에도 여러 교단들은 자기 교단의 성장을 위해서, 신학 교육기관들은 재정적인 이유로 신학생 수를 계속 늘려가고 있습니다. 심지어 교육부에서 학교의 재정과 시설을 감안해서 설정한 적정수의 신학대학원생 수만 뽑는 것이 아니라 기독교 교단에서 인정한다는 명목으로 더 많은 인원을 뽑아 교육하여 졸업시키고 있습니다. 이는 대형 교단의 경우도 그러합니다. 그러다 보니 어느 대형 교단의 경우 천여 명에 가까운 인원이 졸업합니다.[7]

---

7 "7개 신학대학교 목사후보생 822명 배출"〈한국기독공보〉(2014년 2월 22일); 이외의 교단들은 대한예수교장로회(합동)의 경우도 올해 총신대 신학대학원과 신학원에서 478명의 졸업생이 배출되었고 칼빈대와 대구신학대와 광신대학에서도 배출되니 그 숫자는 천여 명에 가깝습니다. 다른 교단들 또한 교세에 비해 졸업생 수가 많습니다.

그러나 교회의 숫자와 교인 수는 이들을 수용하기에 불가능한데다 목사의 정년이 70세이니 더더욱 갈 곳이 막막한 현실입니다. 부름 받아 나선 이 몸 어디든지 가오리다 하는 대학원 졸업의 고학력자들이 막막한 지경에 이르렀습니다. 이렇게 목사후보생들이 넘쳐나다 보니 이제는 목사후보생간에 치열한 경쟁이 불가피하게 되었고, 교회들은 목사를 초빙하는 게 아니라 채용하듯 하는 양상으로 목사의 권위가 추락하였습니다. 어느 대형 교회의 경우 전임전도사 채용광고에 수백 명이 이력서를 냈다는 이야기도 들려옵니다. 이와 같은 목회자 양성문제에 대해 입학생 수를 줄여야한다는 논의를 비롯한 대책들이 나오기는 하지만 공허한 메아리처럼 교단의 공감을 얻어내지 못하는 실정입니다. 예로 일반신문에 난 인터뷰 기사는 주목을 끕니다. 현재 대한예수교장로회(통합) 내의 7개의 신학대학교의 동문회 연합기구인 '신총협' 회장이고 서울장신대학교 이사장인 고시영 목사(부활교회 담임목사)의 말입니다.

교단의 가장 큰 문제점은 목사의 생존권 문제입니다. 우리 교단은 약 60%가 미자립 교회입니다. 앞으로 더 많아질 것입니다. 요즘, 40년 동안 목회를 하고 은퇴해도 퇴직금으로 전셋집 하나 얻을 수 없습니다. 이혼당하는 목사들이 많아지고 있고, 이 문제가 해결되지 않으면 생계형 비리를 범하는 목사들이 더 많이 생겨날 것이며 이로 인해 국민들의 신뢰는 더 떨어질 것입니다. 목사의 생존권은 교단이 해결해야 할 가장 큰 문제입니다. 문제를 해결할 대안은 다음과 같습니다. 일차적으로 목사 수를 줄여야 합니다. 목사 직업훈련원을 만들어, 생활이 어려운 목사들에게 직업을 가질 수 있도록 해 주어야 합니다. 대형교회들이 10년 동안 1000억 정도의 지원금들을 마련하여 연금을 내지 못하는 목사들에게 연금을 대신 내주고, 학자금이나 생활보조금을 주어야 합니다. 우리 교단 실력으로 대형교회들이 결심만 하면 충분히 모금이 가능합니다. 목사들은 기타 소득이 아니라 근로 소득세를 내야 합니다. 그래야 국가의 보호를 받을 수가 있습니다. 기초생활 수급자 도 되고, 부당하게 쫓겨 가는 억울한 일도 막을 수가 있습니다. 물론 세금을 내는데 상당한 부작용도 있을 것입니다. 그 부작용을 최소화 하는 제도는 사전에 마련되어야 합니다.[8]

이른바 대형교단에서 이런 말이 나올 정도라면 다른 교단의 현실 은 더하면 더하지 여유롭지는 못할 것입니다. 그런데 또 기이한 현실 은 제가 사는 작은 농촌의 경우는 교육전도사 구하기도 어렵고 부교 역자나 담임목회자를 모시기가 어렵습니다. 왜냐하면 대부분의 신학 대학원이 서울과 대도시에 있다 보니 농촌이나 산간벽지에는 오고가 기가 버겁고 자녀교육비 등의 문제로 고학력 목회자들이 이런 지역 을 기피하는 실정입니다. 그러니 지역적 편중이 극심한 실정입니다. 하여 제가 속한 교단에서는 농촌목회자 양성을 위해 정규대학원이 아닌 무인가로 목회자를 양성하는 임의의 신학 교육기관을 운영하다 가 이에 대한 문제제기로 총회에서 이를 폐지한 적도 있었습니다. 분 명한 수치상 교회의 위기가 드러나고 있음에도 구태를 벗어나지 못 하는 우리의 현실이 참으로 안타깝습니다.

불난 집에 기름을 끼얹는 격으로 저출산의 문제는 한국 교회의 미 래를 더욱 어둡게 할 것입니다. 이처럼 저출산에 따른 여러 가지 사 회문제와 한국 교회의 문제는 사실 수년전부터 이에 대한 예측에 따 른 우려의 목소리가 많았던 것이 사실입니다. 우리가 천재지변天災地變

---

8 "교단개혁과 실험목회를 펼치는 이상주의자 '고시영 목사'", 〈스포츠조선〉(2013년 12월 30일)

에 따른 인명 피해나 물적 피해의 경우도 예측 가능한 것이었는데 예방과 초기 대응을 못한 것이면 천재지변이 아니라 인재人災로 보는 것처럼 지금의 문제는 분명 쉽게 예측 가능한 현상이었고 갑작스런 일도 아니었습니다. 그런데도 교육계의 문제나 한국 교회의 문제를 비롯한 저출산에 따른 심각한 사회 문제가 대두된 것은 제대로 대처하지 못한 결과이기도 합니다. 멀리 미래를 내다보고 준비하고 대처하기보다는 당장의 삶에 급급하다보니 지금의 현실은 당황스럽고 무엇을 어찌해야할지 모르는 총체적인 난국입니다.

어떤 시간관리 전문가가 경영학과 학생들에게 강의를 하면서 문제를 냈습니다. 커다란 항아리에 주먹만 한 돌을 하나씩 넣던 그는 항아리가 꽉 차자 물었습니다. "이 항아리가 가득 찼습니까?" 학생들이 이구동성으로 그렇다고 하자 그는 빙그레 웃더니 테이블 밑에서 조그만 자갈을 한 움큼 꺼내 항아리에 집어넣었습니다. 주먹만 한 돌 사이에 조그만 자갈이 가득 차자 그는 조금 전의 질문을 다시 던졌습니다. 그러더니 이번에는 모래주머니를 꺼냈습니다. 모래를 부어 주먹만 한 돌과 자갈 사이의 빈틈을 가득 채운 후 그는 또다시 물었습니다. 이번에는 학생들도 아니라는 것을 알았습니다. 그는 긍정하면서 물을 한 주전자 꺼내 항아리에 부었습니다. 그러고는 이 실험의 의미를 물었습니다.

"매우 바빠서 스케줄이 가득 찼더라도, 정말 노력하면 새로운 일을 그 사이에 추가할 수 있다는 것입니다."

한 학생의 대답에 그는 고개를 가로저었습니다.

"그것은 요점이 아닙니다. 이 실험이 주는 교훈은 '만약 큰 돌을 먼저 넣지 않는다면 영원히 그것을 넣지 못할 것'이라는 것입니다."

이 이야기는 『성공하는 사람들의 일곱 가지 습관』이라는 책으로 유명한 스티븐 코비의 또 다른 저서 『소중한 것을 먼저 하라』에 나오는 이야기입니다. 그는 성공적인 삶을 살기 위해서는 급한 일이 아니라 소중한 일을 먼저 해야 한다고 말합니다. 하지만 이것은 결코 쉽지 않습니다. 그 두 가지 중에 언제나 급한 일이 우선이 되는 것이 보통의 경우입니다. 이제 우리는 변화된 기대에 맞는 새로운 생각으로 새로운 실천을 다짐해야 합니다. 누가복음 5장 37~39절입니다.

> 또 새 포도주를 낡은 가죽부대에 넣는 사람도 없다. 그렇게 하면 새 포도주가 그 부대를 터뜨려서 포도주는 쏟아지고 부대도 못 쓰게 될 것이다. 새 포도주는 새 부대에 담아야 한다. 묵은 포도주를 마시고 나서 새 포도주를 원하는 사람은 없다. '묵은 것이 좋다'고 여기기 때문이다.

환골탈태換骨奪胎라는 말처럼 낡은 제도나 관습 따위를 고쳐 모습이나 상태가 새롭게 바꾸는 노력이 요구되는 시대입니다. 기존의 불의와 관행, 구태를 벗어나려는 강렬한 몸부림이 요구되는 시대입니다.

이를 생각해보면서 문득 성경에 나오는 '요셉의 이야기'가 생각났습니다. 요셉이 살던 이집트의 파라오는 신비한 꿈을 꾸었습니다. 그는 한 나라의 지도자로서 이를 가볍게 여기지 않고 백방으로 꿈 해석가를 불러 이에 대한 의미를 알아보았습니다. 아무리 알아봐도 속 시원한 해답을 얻지 못하자 한 신하의 이야기에 귀를 기울입니다. 그 신하는 자신이 수감 생활 중 해몽解夢 전문가를 만났고, 그의 놀라운 재능을 체험했다고 하였습니다. 그런데 그 신하가 추천한 사람은 자국민이 아닌 이집트보다 못한 외국 출신이었습니다. 그것도 인생 연륜이 묻어나는 나이도 아니고 학력과 경력이 탁월한 사람도 아니며 17세에 노예로 팔려 와서 여주인을 성폭행하려다가 붙잡혀 종신형을 받은 중죄인으로 13년째 수감 중인 사람이었습니다. 그럼에도 이집트의 파라오는 요셉을 불러 해몽을 들었습니다. 일국의 왕이 외국인 노예요, 수감 중인 중죄인을 불러 국가의 중대한 상황에 대한 대책을 내놓는다는 건 상상하기 어려운 일이었습니다.

성경에서는 이름도 나오지 않을 정도로 주목하지 않았지만 이집트의 왕인 파라오의 모습은 놀랍습니다. 이런 모습은 지금의 정치가나 조직의 장들에게도 찾아보기 어려운 겸손과 열린 자세일 것입니다. 이에 요셉은 탁월한 꿈 해석을 하였고 이를 들은 파라오는 요셉에게 미래를 준비하는 전권을 주었습니다. 요셉은 7년 풍년 동안 나라를 부강하게 하여 적절한 세금을 거둬들여 이를 비축하였습니다. 이렇게 비축한 것으로 그 다음 7년의 흉년을 슬기롭게 극복해나갈 수 있었습니다.

이 당시 인근의 다른 나라들은 연이어 풍년이 되자 소비와 향락에 빠져들었습니다. 그 결과 흉년이 지속되자 어찌할 바를 모르게 되었고 부르는 게 값인 식량자원 시대에 이집트로 사람들이 몰려들게 되었습니다. 결국 이집트는 이민자가 몰려드는 부강한 나라가 되고 인근 나라들은 쇠잔해져 갔습니다.

요셉의 이야기처럼 미래를 예측하는 일은 중요합니다. 다가오는 미래의 문제를 심각하게 받아들이고 이를 대처해 나가는 지도자의 자세가 참으로 중요합니다. 우리나라의 고질적인 병폐인 학연과 지연과 혈연에 얽매이는 사회구조로는 오늘의 위기를 극복해낼 수 없습니다. 인재를 등용하여 적합한 역할을 수행하도록 하는 데는 그 어떤 차별이나 부당함이 없어야 합니다. 황금과 소금보다 소중한 것이 '지금'이라고 합니다. 지금 이 순간부터 우리는 더 이상 과거의 상처와 마음 깊은 곳의 쓴 뿌리에 연연해서는 안 됩니다.

과거에 고착된 사람에게는 희망찬 미래가 없습니다. 우리 앞에 놓은 위기는 과거에 고착되어 안주할 여유가 없습니다. 우리가 당면한 어려움을 극복하는 방법은 그동안 해오던, 익숙함에 안주해서는 안 됩니다. 너와 내가 하나 되어 손에 손잡고 함께 움직일 때 새로운 결실을 맺을 수 있습니다.

현재는 쉽게 볼 수 있지만 미래는 보기가 어렵습니다. 그러나 어제를 분석하고, 오늘의 반성이면 얼마든지 미래는 예측이 가능합니다. 다가올 미래를 미리 볼 줄 아는 것이야말로 하나님이 주시는 지혜입니다. 예수님은 갈릴리 어부에게서 앞으로 사람을 낚는 어부인 베드로와 같은 제자들을 보셨고, 당시 무시되던 여자에게서 앞으로 하나님의 나라에 크게 쓰일 막달라 마리아를 보셨습니다. 부정부패한 관리로 신체적 정신적인 아픔으로 불행하던 사람에게서 나눔과 사랑으로 제자의 삶을 실천하는 삭개오를 보셨습니다.

우리말에 '본다'에 대한 재미있는 말들이 있습니다. '맛 본다', '만져 본다', '들어 본다' 등 말은 다른 감각도 직접 눈으로 봐야 실감이 난다는 의미입니다. 그렇습니다. 직접 눈으로 보면 분명해집니다. 제대로 보려면 눈이 좋아야 합니다. 그렇지 않으면 안경을 쓰거나 시력 교정 수술을 해서라도 제대로 보아야 합니다. 그런데 지혜로움은 물리적인 눈만이 아닌 그 너머의 것을 볼 수 있어야 합니다. 창세기에서 하와는 선악을 알게 하는 나무 열매를 보고 먹음직스럽고 지혜롭게 할 만하다고 보고는 금단의 규율을 깨뜨리고 말았습니다. 그녀는 하나님과의 사귐이 끊어지게 되는 결과와 사탄의 속임수를 보지 못하였습니다.

지금까지의 학교는 당연하게 배정된 지역 학생들이나 알아서 찾아오는 학생들을 맞이하여 가르쳐 왔습니다. 그러나 이런 방식으로는 우리의 미래를 담아 낼 수 없습니다. 이제는 기다리는 수동적인 자세에서 벗어나 적극적으로 찾아가야 합니다. 이제는 공급자인 교사와 직원 중심이 아니라 수요자인 학생과 학부모 중심의 교육으로 고객 만족의 정신을 되새겨 나가야 합니다. 변화된 시대에 맞게 학교도 변해야 합니다. 이것은 해도 그만 안 해도 그만이 아니라 반드시 그래야만 하는 과제입니다. 만일 그렇지 않으면 존립 자체가 위협받는 현실입니다.

이제는 권위적인 교장실이나 교무실이 아니라 누구나 드나들며 이야기 나누는 사랑방이 되도록 문턱을 낮춰야 합니다. 학교장은 교육과 행정에서 교직원들의 소신과 역량을 충분히 발휘하도록 믿어 주고, 민주적인 절차를 통해 단합된 힘을 끌어 모으도록 참아주고 격려해 나가야 합니다. 학교는 경영진과 교직원과 학생들과 학부모와 지역 사회와 동창회 등이 상호 협동하면서 하나 된 모습으로 공동선을 이루어가야 합니다.

학교당국은 공정한 행정으로, 교사는 수업 혁신으로 학생들이 만족하는 수업으로, 직원들은 투명한 예산집행으로 학교의 모습을 구축해 나가야 합니다. 이를 바탕으로 창의인성이 활성화되는 새롭고 다양한 교육 프로그램을 통해 학교의 멋진 미래를 창출해나가야 합니다. 우리 한국 교회의 교육 또한 이와 같은 노력이 절실히 요구됨은 두말할 나위 없습니다.

이처럼 변화된 시대에 이를 지혜롭게 바라보는 눈은 참으로 중요합니다. 그러므로 우리는 하나님께 지혜롭게 볼 수 있게 해 주실 것을 간절히 기도해야 합니다. 시편 119편 18절입니다.

내 눈을 열어 주의 법이 얼마나 놀라운지 보게 하소서.

내가 뜨는 것이 아니라 내 눈을 열어주셔야 뜹니다. 눈을 만드신 분이 누구십니까? 만드신 그 분이 눈을 열어주셔야 볼 수 있습니다. 눈은 하나님의 것이지 내 것이 아니므로 내가 열지 못합니다. 만드신 하나님께서 눈을 열어주셔야 내 눈이 열립니다. 하나님께서 눈을 묘하게 만드셨습니다. 사람이 시력을 상실하였다가 회복하려면 120만 개의 섬유조직을 눈에서 뇌까지 정확하게 순서를 맞게 붙여야 합니다. 눈은 매초마다 10억 개의 메시지를 뇌에 보냅니다. 눈을 통하여 보내는 정보가 신체 다른 부위의 전부가 보내는 양의 두 배에 달합니다. 우리가 가지는 정보의 80%는 눈을 통하여 받아들입니다.

열왕기하 6장에는 아람 왕이 예루살렘을 공격하는 장면이 기록되어 있습니다. 아람왕의 말과 병거와 많은 군사가 예루살렘 성읍을 에워쌌습니다. 엘리사의 사환은 말과 병거와 군사를 보고 엘리사에게 달려와 알리면서 "우리가 어찌 하리이까"라고 하면서 두려워합니다. 엘리사는 "두려워하지 말라. 우리와 함께 한 자가 그들과 함께 한 자보다 많다"고 했습니다. 그는 기도하며 "그의 눈을 열어 보게 해달라"고 하였습니다. 성경은 엘리사의 기도에 대하여 "여호와께서 그의 눈을 여시매 그가 보니"라고 기록되어 있습니다. 그의 사환은 불 말과 불 병거가 가득 그를 둘러서 있는 것을 보았습니다. 그가 또 기도하기를 "저 무리의 눈을 어둡게 하소서"라고 하였을 때 아람 왕의 군대의 눈을 멀게 하셔서 그들을 혼란케 하셨습니다. 하나님이 사람의 눈을 다스리십니다. 하나님은 하나님의 사람들의 눈을 여시기도 하고, 하나님의 사람의 원수들의 눈을 닫기도 하십니다.

부활하신 예수님은 엠마오로 가던 두 제자에게 나타나셨습니다. 그들과 함께 예루살렘에서 이루어진 일들을 이야기하셨지만 그들은 예수님을 알아보지 못했습니다. 그런데 예수께서 떡을 떼어 주실 때에 알아보았습니다. 누가복음 24장 31절입니다.

그제야 그들의 눈이 열려 예수를 알아보았습니다. 그러나 곧 예수
께서 그들의 눈앞에서 사라지셨습니다.

떡을 떼어주신 것은 떡이 아니라 눈을 열어주시는 예수님의 사랑
과 주님의 의지를 의미합니다. 눈은 예수님이 열어주셔야 비로소 열
립니다. 예수님이 여신 눈이 열려야 보입니다. 예수님은 시각장애인
바디매오의 치유사건을 통해 참된 것을 보는 것을 일깨워주셨습니
다. 마가복음 10장 46~52절입니다.

그들은 여리고로 갔습니다. 예수와 제자들이 많은 사람들과 함께
그 성을 떠나려는데 디매오의 아들 바디매오라는 눈먼 사람이 길가에
앉아 구걸하고 있다가 나사렛 예수라는 말을 듣고 소리치기 시작했습
니다. "다윗의 자손 예수여, 나를 불쌍히 여겨 주십시오!" 많은 사람들
이 그를 꾸짖으며 조용히 하라고 했습니다. 그러나 그는 더욱더 큰 소
리를 질렀습니다. "다윗의 자손이여, 나를 불쌍히 여겨 주십시오!" 예수
께서 걸음을 멈추시고 말씀하셨습니다. "저 사람을 불러오너라." 그러
자 그들이 그 사람에게 말했습니다. "안심하고 일어나라! 예수께서 너
를 부르신다." 그는 겉옷을 던져 버리고 벌떡 일어나 예수께로 갔습니
다. 예수께서 그에게 물으셨습니다. "내가 무엇을 네게 해 주기 원하느
냐?" 앞을 못 보는 사람이 대답했습니다. "선생님, 제가 보기를 원합니
다." 예수께서 말씀하셨습니다. "가거라. 네 믿음이 너를 구원했다." 그
러자 그 즉시 그는 보게 됐고 예수를 따라 길을 나섰습니다.

예수님이 하신 일은 시각장애인이 앞을 보게 하신 것입니다. 사람
의 눈을 여신 것입니다. 세례 요한이 교도소에 갇혀 있을 때에 자신

의 제자들에게 예수님이 오실 메시아인지 확인하게 하였습니다. "오실 그이가 당신이오리이까, 우리가 다른 이를 기다리오리이까?"라고 세례 요한의 제자들은 예수님에게 여쭈었습니다. 예수님은 "너희가 가서 듣고 보는 것을 요한에게 알리되"라고 하셨습니다. 마태복음 11장 5절입니다.

보지 못하는 사람이 보고 다리를 저는 사람이 걷고 나병 환자가 깨끗해지며 듣지 못하는 사람이 듣고 죽은 사람이 살아나고 가난한 사람들에게 복음이 전파된다고 하라.

시각장애인을 보게 하신 기적이 '메시야의 기적'입니다. 시각장애인은 "보기를 원합니다"라고 하였을까요? 내가 보면 되는 것이지, 왜 눈을 감고 있습니까? 내가 뜨면 되는 것이지 왜 뜨지 않고 있습니까? 그런데 보는 것도, 눈을 뜨는 것도 다 내 힘으로 되는 것이 아닙니다. 눈은 열어주셔야 열립니다. 흔히 어떤 일에 익숙하게 되면 "눈이 열리다"라는 표현을 씁니다. 예술, 운동, 기술, 학문 등 모든 분야에서 눈이 열리면 길이 보이고, 미래가 보입니다. 이때부터 '달인'의 경지에 이르게 됩니다. 그러나 오랫동안 어떤 일을 한다고 모두가 달인이 되는 것은 아닙니다. 특별한 영감이 있어야 달인이 될 수 있습니다. 남이 보지 못하는 특별한 것, 당연한 것을 넘어서는 영역을 바라 볼 수 있는 눈이 있어야 합니다.

키에르키에고르는 "우리에게 중요하지 않은 것은 보이지 않게 해 주소서"라고 기도하였습니다. 악한데, 미련한 데는 눈이 열리지 말아야 합니다. 우리의 눈이 열릴 데에 열려야하고, 닫힐 때 닫혀야 합니다. 독일의 신학자 본회퍼는 "눈을 불순한 도구로 삼는 사람은 그 눈으로 하나님을 볼 수 없다"고 하였습니다. 눈을 불순하게 만드는 사람이 하나님을 볼 수 없는 까닭은 하나님은 마음이 청결한 자에게 자신을 보여주시기 때문입니다. 하나님은 마음이 청결한 사람의 눈을 여겨서 하나님을 볼 수 있게 하시고 그렇지 않은 사람에게 자신을 감추십니다.

그리스정교회에서는 전통적으로 '세안식洗眼式'을 합니다. 세안식은 문자 그대로 눈을 씻는 예식입니다. 눈을 뜨는 의식입니다. 우리의 눈이 열려서 참다운 세계를 발견할 수 있어야 합니다. 하나님께서 우리의 눈을 열어 보게 하시기를 바랍니다. 우리의 눈이 열려 좋은 것, 지혜롭게 보게 하시기를 바랍니다. 예수님은 우리가 눈에 보이는 현상과 기상은 분별하면서 시대에 적합한 정신과 하나님의 뜻과 지혜를 파악하지 못함을 지적하셨습니다. 누가복음 12장 55~57절입니다.

바람이 남쪽에서 불면 '날씨가 덥겠구나'라고 한다. 그리고 그렇게 된다. 위선자들아! 너희가 땅과 하늘의 기상은 분간할 줄 알면서 어떻게 지금 이 시대는 분간할 줄 모르느냐? 어찌해서 너희는 무엇이 옳은지 스스로 판단하지 못하느냐?

야베스의
기도 교육

언젠가 우리나라에 번역되어 많은 사람의 사랑을 받은 책이 있습니다. 물론 이 책은 지금도 꾸준하게 독자의 사랑을 받는 귀한 책입니다. 아마 저와 같이 책을 내는 사람들에게는 이처럼 독자의 심금을 울리고 지속적으로 사랑을 받는 책은 부러움과 도전이 되기도 합니다. 이 책은 브루스 윌킨스Bruce Wilkinson 목사가 쓴 『야베스의 기도The Prayer of Jabez』입니다.

이 책은 미국에서 발행되자마자 500만부 이상 팔렸습니다. 기독교 서적임에도 일반서적을 제치고 판매부수 1위를 기록한 정도로 놀라운 독자의 반향을 불러일으킨 책입니다. 이 책을 읽고 수많은 사람들이 야베스의 기도에 관심을 갖게 되었고 이 기도를 자신의 삶으로 이어가고자 다짐하였습니다. 그 결과 이 책에서 말한 대로 귀한 기도의 결실을 맺었습니다. 이 책을 쓰신 윌킨스 목사는 30년이 넘도록 야베스의 기도를 드리고 있다고 합니다. 이것이 바로 이 책이 주는 강점일 것입니다. 그저 지식을 더해 주는 것이 아니라 저자의 실제 삶이 녹아든 책이기에 공감과 감동과 도전과 적용을 갖게 한 것 같습니다.

독서는 마음의 양식이라는 말처럼 좋은 책을 통해 좋은 마음으로 좋은 삶을 다짐해보기를 바랍니다.

야베스는 성경에서 그다지 주목을 끄는 인물이 아닙니다. 특별한 업적을 남기거나 기록의 양이 많지도 않습니다. 역대상 3장에 보면, 유다지파 중 괜찮은 집안 후손들이 나옵니다. 그리고 역대상 4장에는 별 볼일 없는 후손들이 소개됩니다. 그의 이름은 역대상 4장 9절에 나옵니다.

> 야베스는 다른 형제들보다 더 존경을 받았습니다. 그의 어머니가 야베스라는 이름을 붙여 주면서 '내가 아이를 고통 가운데 낳았다'라고 말했습니다.

그는 성경에서 증언된 내용처럼 태어날 때 상당한 고통이 있었던 것 같습니다. 그래서 그의 어머니가 이런 말을 한 것 같습니다. "내가 아이를 고통 가운데 낳았다"

성경에 나오는 인물들의 이름은 그의 삶을 드러내주는 의미이기도 합니다. 이렇게 볼 때 그의 이름의 뜻에 주목해 볼 필요가 있습니다. 그의 이름은 "슬픔의 사람, 고통의 사람, 괴로운 사람"이란 뜻입니다. 구체적으로 어떤 슬픔과 고통이 있었는지 성경에 기록되어 있지는 않습니다만 그의 어머니가 그를 낳고는 이름을 "야베스"라고 지은 것을 통해 몇 가지 추측은 가능할 것입니다. 아마도 그의 어머니가 해산의 고통이 너무 컸던 것 같습니다. 그리고 일반적으로는 유대인들의 문화상 자녀의 이름은 아버지가 짓는데 그의 어머니가 지은 것을 보면 아마 태어나기 전에 아버지가 죽었기에 어머니로서는 아버지 없는 아들을 낳는 고통이 있었던 것 같습니다. 그러니 그 마음의 고통이 심하여 그것이 해산의 고통으로도 이어진 것이 아닌가 싶습니다. 마지막으로는 아이를 난산하다가 팔이나 다리 등 신체에 이상이 생겨 장애가 되었으므로 어머니가 슬퍼하여 아들의 이름을 "야베스"라고 불렀는지도 모르겠습니다.

아무튼 정확한 것은 알 수 없지만 야베스의 아버지는 그가 태어나기 전에 죽었던지 아니면 그의 이름을 지어줄 처지가 못 되는 피치 못할 사정이 있었던 것 같습니다. 사람의 이름이 중요한데 어머니가 자기의 아들의 이름을 슬픔의 사람, 고통의 사람, 괴로운 사람이라는 뜻이라고 지은 것을 보면 그가 태어날 때 그 가정은 엄청난 어려움 속에 있었던 것 같습니다. 그의 어머니는 그에게 별다른 기대를 갖지 않았는지도 모릅니다. 너무도 고통스러우니 아들의 이름마저 고통을 연상시키는 이름으로 지었습니다. 이처럼 그는 태어나면서부터 특별한 기대나 유리한 삶의 조건이 없었습니다. 그는 분명 출생부터 고통이 주어진 삶의 조건이었지만 그것으로 인해 포기하거나 절망하지 않았습니다. 그런데 성경은 그가 주어진 현실에 굴복하거나 좌절하지 않았음을 분명히 하였습니다. 그러면 그는 무엇이 있었기에, 어떠한 계기로 자신의 삶을 아름답게 만들어낸 것일까요?

그는 기도하는 사람이었습니다. 성경에는 그의 기도가 짧은 한 문장으로 기록되어 있지만 그의 기도가 얼마나 놀라운 능력을 발휘하였는지 잘 드러나 있습니다. 역대상 4장 10절입니다.

> 야베스는 이스라엘의 하나님께 부르짖었습니다. '여호와께서 제게 복에 복을 주시어 제 영역을 넓혀 주십시오! 하나님의 손이 저와 함께하셔서 저를 해로운 것으로부터 지켜주시고 고통을 당하지 않도록 해주십시오.' 그러자 하나님께서 야베스가 구하는 것을 허락하셨습니다.

그는 분명히 하나님으로부터 기도 응답을 받은 축복의 사람이었습니다. 그러기에 그는 기도생활을 하는 우리 모두의 부러움의 대상으로 존귀한 이름으로 기억되고 있습니다.

제가 섬기는 학교에서 보면 일부이긴 하지만 자신의 이름 때문에 자신의 삶이 잘 풀리지 않는다고 불평하면서 이름을 지어준 부모님을 원망하곤 하는 학생들이 있습니다. 물론 이름이 불리거나 발음하기에 불편하거나 다른 사람들에게 놀림으로 비치는 것이 싫어서 굳이 바꾸는 경우는 있습니다. 실제로 아이들 중에는 여자 이름 같다고, 약해보인다고 바꾼 경우가 더러 있고, 제 주변에도 이름이 촌스럽거나 가벼워보인다고 바꾼 분들도 여럿 되십니다.

제 바로 밑의 여동생도 어느 목사님이 지어주셨다는데 이름이 싫다고 바꿨습니다. 저희 3남매가 다 같이 한辨 씨 성 다음의 글자는 '승承'으로 합니다. 그런데 이 여동생은 마지막 글자가 '여자(계집) 녀女'자입니다. 그러니 자기 이름인 '승녀承女'가 그저 여자라는 뜻밖에 없는 것 같고, 불교의 수도자들인 승려로 발음되기도 하여 마음에 안 들어했습니다. 그래서 몇 년 전 부모님은 반대를 하셨으나 결국 자신이 원하는 대로 이길 '승勝' 기쁠 '희喜'로 바꿨습니다. 그런데 자신의 이름이 마음에 안 드는지 또 다시 이름을 바꿀까 하는 생각을 하곤 합니다. 이에 이름이 중요한 건 아닌 것 같다고 만류하였더니 이름을 다시 바꾸지는 않았습니다.

사실 저도 제 이름이 꼭 마음에 들지는 않습니다. 제가 재직하는 학교 아이들은 제 이름을 가지고 "한 번도 승진을 못할 선생님"이라는 둥 "한번이라도 승진하고 싶어 하시는 것이 아니냐"라는 둥하며 놀리기도 합니다. 그리고 발음상 '승진'이 아니라 '성진'으로 듣기도 하고 한자의 의미도 '이어받을, 받들 승承'에 '진압할, 진칠 진鎭'으로 무슨 군사용어도 아니고 권위적인 의미인 듯하여 좋다는 생각은 안 들긴 합니다만 그렇다고 이름을 바꿀 생각은 안합니다. 그 이유는 이제 와서 번거롭기도 하고, 내가 어떤 마음가짐으로 사느냐가 중요하지 이름이 그리 중요한가 하는 생각도 들어서입니다.

야베스는 이름을 바꾸지 않았습니다. 물론 그 당시 그곳의 문화로 볼 때, 이름을 자기 뜻대로 바꿀 수 없을지는 모릅니다. 그러나 성경의 인물들을 보면 하나님의 특별한 뜻으로 삶의 전환이 이루어지는 경우 이름이 바뀌곤 하였습니다. 아브람이 아브라함, 야곱이 이스라엘, 시몬이 베드로, 사울이 바울 등으로 바뀐 경우가 그렇습니다. 그런데 그의 이름은 바뀌지 않았습니다.

그는 자신의 이름을 상기할 때마다 자신의 고통과 불행한 환경을 상기하게 되니 이름이 싫었을 것입니다. 그의 이름을 부르거나 연상하는 이들도 그의 이름의 뜻으로 인해 그를 긍정적이거나 희망적으로 생각하지 않았을 것입니다. 더욱이 그는 이름의 뜻만이 아니라 실제로 불행한 가정과 환경 속에서 출생하고 자랐을 것입니다. 그럼에도 그의 이름이 바뀌지 않은 것은 이름의 뜻이 중요한 게 아님을 일깨워 주는 귀한 의미인 것 같습니다. 어쩌면 그는 그의 이름을 상기하면서 오직 하나님만 의지할 수밖에 없음을 되새기게 되었는지도 모릅니다. 그렇다면 그의 이름은 그가 축복받은 이후에도 늘 처음처럼 하나님을 바라볼 수밖에 없는 자신의 지난날을 되새기게 하는 귀한 하나님의 선물일지도 모릅니다.

만약 그가 운명론적인 세계관대로, 그의 어머니의 깊은 한숨이 담긴 이름대로 고통과 괴로움으로 살아야 합니다. 그러나 그는 단 한 가지를 잘함으로 자신의 운명을 바꾼 사람입니다. 그는 자신의 삶에서 의지할 분은 아버지도 어머니도 아니고 그의 형제자매들이나 그 어떤 사람이 아님을 분명히 알았습니다. 그러기에 그는 오직 하나님만 바라보고 기도하였습니다. 그러므로 그의 기도는 온 맘과 뜻과 정성을 다한 오직 하나의 마음으로 드리는 간절함과 진정성이 담긴 기도였습니다. 이런 기도야말로 응답받는 축복의 통로입니다.

『야베스의 기도』에 나오는 한 이야기입니다. 어떤 사람이 천국에 갔습니다. 베드로가 나와서 극진하게 천국을 안내해 주었습니다. 이 방 저 방 열어 보여주다가 어떤 한 창고에 이르렀습니다. 그때 갑자기 베드로가 깜짝 놀라면서 문을 닫고 보여주지 않았습니다. 그래서 그 사람이 물었습니다.

"베드로여, 그 안에 뭐가 들어 있기에 그러시는지요?"

이에 베드로가 대답하였습니다.

"거기에는 들어가 볼 필요가 없소."

그는 궁금하여 간청하였습니다. 이에 결국 그는 그 방을 보게 되었습니다. 그가 문을 열고 보니 형형색색 아름다운 모양의 포장지로 예쁘게 장식된 선물꾸러미가 가득했습니다. 더 놀라운 것은 그 선물에 전부 자기 이름이 쓰여 있었습니다. 그는 선물 꾸러미를 풀다보니 깜짝 놀랐습니다. 자신이 간절히 바라던 것들이 다 들어 있었습니다. 그래서 그는 베드로에게 왜 이것을 보여주지 않으려한 것인지를 물었습니다. 그리고 그 이유를 깨닫게 되었습니다. 하나님은 우리에게 아낌없이 다 주려고 정성들여 꼼꼼하게 준비해 놓으셨는데 정작 우리가 달라고 하지 않기에 그대로 선물은 쌓여만 있었다는 것입니다.

문득 제가 섬기는 학교에서 보면 신체조건이나 가정환경, 학교 성적이나 교우관계 등으로 매우 힘들어하는 학생들을 보곤 합니다. 제게 그 아픔을 이야기하면서 울기도 합니다. 이런 이야기를 접하다보면 저도 그저 먹먹해지는 아픔을 느낍니다. 그럴 때 좀 더 적절한 말

로 위로하고 격려하고 힘이 되어줄 상담을 해 주고 싶은데 마땅한 말
이 떠오르지 않아 안타까울 때가 많습니다. 그리고 딱히 제가 말이나
토닥여주는 것 이외에는 도와줄 힘이 없음이 안타까울 때가 많습니
다. 만약 제가 그 입장이고 환경이라면 저는 아마도 이른바 문제아로
살던가, 가출을 밥 먹듯 했을 것만 같기도 할 정도의 학생들도 여럿
입니다.

  이른바 학교에서 문제아, 학교 폭력 가해자, 비행 청소년으로 지목
되는 요주의 학생들도 겉으로 드러나는 문제 이전에 그 마음 깊은 곳
의 상처와 쓴 뿌리들이 있습니다. 이들의 문제행동과 결과만 보고 정
죄하고 처벌하기 이전에 그 내면의 아픔과 직면한 상황을 바라보면
차가운 지적과 처벌이 쉽지 않습니다.

  이처럼 학생들을 바라보면, 학교목사로서 상담교사로서 무력함과
안타까움으로 답답함을 느끼곤 합니다. 그리고 풀리지 않는 인간관
계의 갈등과 반목과 불화도 제 마음을 무겁게 합니다. 사람 사는 곳
이라면 어디나 문제가 있습니다. 문제가 문제는 아닐 것입니다. 두 사
람이 모이면 두 마음이고 세 사람이 모이면 세 마음이 당연합니다.
저마다의 가치관과 세계관과 입장이 다르니 생각과 느낌과 의견이
다름은 당연합니다. 그런데 이런 것들이 상호 배려와 양보와 예의와
협력이라는 성숙함이면 좋으련만 그렇지 않으니 문제일 것입니다.
그러니 만나고 사귈수록 서로 합력하여 선을 이루는 것이 아니라 상
처가 되고 앙금이 남습니다. 저는 이제 나이 마흔 여섯의 중년입니다.
오늘까지 살아오면서 여기저기에서 배운 것들, 느끼는 것들이 녹아
져서 하나의 결론으로 내린 것은 그저 기도밖에는 해결책이 없다고
생각합니다. 그 어떤 논리나 공감으로도 우리 사람의 문제를 해결할
방법은 없습니다.

근본적인 해결은 돈의 있고 없음도, 지식의 많고 적음도, 지위의 높고 낮음도, 남자와 여자, 나이가 많고 적음……. 그 어떤 사람의 조건과 여건도 문제가 되지 않고 누구나 가능하고 아주 간단한 것이 바로 기도입니다. 저는 요즘 자라나는 세대들에게 제가 배운 어쭙잖은 많은 지식이나 삶의 지혜를 많이 말하기보다는 그저 간절히 권면하곤 합니다. "기도해보렴, 성경에 나오는 야베스처럼." "학교 도서실에 가면 『야베스의 기도』라는 책이 있으니 꼭 읽어봐."

우리가 잘 아는 이야기입니다. 어느 날, 한 개구리가 하늘에 나는 황새를 부러워하였습니다. 자기도 멋있게 하늘을 너무나도 날고 싶은 것입니다. 그래서 황새에게 부탁을 합니다.

"나 좀 하늘을 날 수 있도록 도와주라."

그러자 황새가 나뭇가지 하나를 가져와서 두 발로 잡습니다. 그리고 개구리에게 그 나뭇가지를 입으로 물면 날아오르겠다고 했습니다. 개구리가 나뭇가지를 입에 무니까 황새가 훨훨 위로 날아오릅니다. 하늘을 개구리가 날게 되었습니다. 꿈을 이루고 너무나도 좋았습니다. 한참 하늘을 날면서 개구리는 외쳤습니다.

"와~ 내가 난다! 나도 날 수 있다."

황새의 도움으로 하늘을 날고 있다는 사실을 까맣고 잊은 개구리는 '내가 난다.' 이 생각에 순간 땅에 떨어져 죽고 말았습니다. 이 장면은 신약성경 마태복음 14장 22~32절을 연상하게 합니다.

그 후 예수께서는 곧 제자들을 배에 태워 먼저 건너가게 하시고 무리를 집으로 돌려보내셨습니다. 무리를 보낸 뒤 예수께서 혼자 기도하러 산에 올라가셨다가 날이 저물기까지 거기 혼자 계셨습니다. 제자들이 탄 배는 이미 육지에서 꽤 멀리 떨어져 있었는데 거친 바람으로 파도에 시달리고 있었습니다. 이른 새벽에 예수께서 물 위를 걸어 그들에게 다가가셨습니다. 제자들은 예수께서 물 위로 걸어오시는 것을 보고 깜짝 놀랐습니다. 그들이 두려워하며 "유령이다!" 하고 외쳤습니다. 그러자 예수께서 곧 그들에게 말씀하셨습니다. "안심하라. 나다. 두려워하지 말라." 베드로가 대답했습니다. "주여, 정말로 주시면 제게 물 위로 걸어오라고 하십시오." 그러자 예수께서 "오너라" 하고 말씀하셨습니다. 그러자 베드로는 배에서 내려 물 위로 걸어 예수께로 향했습니다. 그러나 베드로는 바람을 보자 겁이 났습니다. 그리고는 바로 물속으로 가라앉기 시작하자 베드로가 소리쳤습니다. "주여, 살려 주십시오!" 예수께서 곧 손을 내밀어 그를 붙잡으시며 말씀하셨습니다. "믿음이 적은 사람아, 왜 의심했느냐?" 그리고 그들이 함께 배에 오르자 바람이 잔잔해졌습니다.

갈릴리 호수를 당당하게 건너던 베드로가 왜 물에 빠졌을까요? 그는 예수님이 물위를 건너시는 것을 보고, 건너오라는 말씀에 의지하여 걸었습니다. 그런데 어느 순간 '어, 이게 과학적으로 경험적으로, 논리적으로 가능한가?' 하는 생각을 하였습니다. 그 순간 의심이 생기고 불신이 마음을 가득 채웠습니다. 동시에 그의 눈은 예수님이 아닌 거센 파도와 바람을 보고 느끼면서 곧바로 물에 빠졌습니다. 이것이 바로 우리의 문제입니다. 힘들고 지치고 어려울 때는 하나님 앞에 나와 눈물 흘리면서 간절히 기도합니다. 하나님 앞에 나와서 도와달라고 기도합니다. 도와주시고, 내 지경을 넓혀 달라고 부르짖습니다. 이를 불쌍히 여기시는 하나님이 이 기도에 응답하셔서 해결해 주십니다. 그런데 우리는 "하나님, 이제는 됐습니다. 이제는 괜찮습니다."하고 기도하지 않습니다. 하나님을 의지하지 않습니다. 내 힘으로 다 한 것 같고, 할 것 같습니다. 어느새 내 마음속에 교만이 싹틉니다. 하나님

을 의지하는 마음이 없어집니다. 무릎을 꿇지 않습니다. 눈물을 흘리
지도 않습니다. 그 결과는 너무나도 뻔합니다. 어느 날 해결된 일들,
확장된 사업, 높아진 지위가 우리 자신을 불행하게 만듭니다. 우리의
기도는 언제나 처음 그 마음 그대로 간절함으로 변치 않는 마음이어
야 합니다. 우리가 아무리 믿음으로 산다고 다짐해도 때로는 믿음의
부족함으로 넘어지고 쓰러질 때가 있습니다. 베드로와 같이 물위를
걷다가 물속으로 빠지는 경우가 많습니다. 이럴 때 우리의 생각과 삶
을 멈추고 '주여 나를 구원하소서' 하는 기도를 드려야 합니다.

"주여, 저를 도와주소서! 도와주소서! 제가 주님의 도움 없이는 살
수 없음을 아오니 도와주소서! 저는 오직 주님만을 의지합니다. 저를
버리지 마옵시고 떠나지 마옵소서. 아멘."

초기 기독교시대 로마의 기독교 박해 때, 노라 팰릭스라는 교회 지
도자가 있었습니다. 로마 군병들이 그를 체포하려 하자 그는 산 속으
로 들어가 굴속에 숨었습니다. 군병들은 그를 뒤쫓아 갔습니다. 위기
일발의 순간, 그는 굴속에서 마지막으로 하나님께 기도하였습니다.
"하나님. 내 생명을 받아주옵소서. 주님의 손에 의탁합니다."

그는 체포되어 순교할 각오로 눈을 감고 기도하였습니다. 그런데
이상하게도 굴 앞에 당도한 군병들이 왔다 갔다만 하고는 굴속으로
들어오지 않았습니다. 그러고는 다 철수하고 말았습니다. 어찌된 일
인지 싶어 확인해보았습니다. 자세히 살펴보니 굴 입구에 거미줄이
쳐져 있었습니다. 그가 기도할 때에 거미 몇 마리가 쏜살같이 굴 입
구에 거미줄을 쳐놓았던 것입니다. 군병들은 거미줄이 쳐져 있는 것
을 보고는 굴속엔 아무 것도 없다고 생각하고 돌아간 것이었습니다.
이를 본 팰릭스는 이렇게 감사의 기도를 올렸습니다.

"하나님이 함께 하지 않으시면 돌 벽과 쇠문도 거미줄처럼 약하나,

하나님이 함께 하시면 거미줄도 철문보다 강함을 깨달았습니다. 감사합니다. 아멘."

우리는 살아가면서 어려움을 만나게 됩니다. 그 어려움에 힘들어하고, 때로는 어찌할 바를 몰라 울기도 합니다. 이럴 때 우리가 해야할 일은 하나님께 부르짖어 기도하는 것입니다. 하나님의 의로운 손길이 우리의 마음과 삶에 개입하시기를 기대하며 기도해야 합니다. 그러면 우리는 환란과 근심에서 벗어나 참된 자유와 평안을 누릴 수 있습니다. 시편 50편 15절입니다.

고통 받을 때 나를 불러라. 내가 너를 건지겠고 네가 나를 영화롭게 할 것이다.

우리가 기도하면 하나님의 손이 우리를 도우십니다. 하나님의 손이 우리를 돕는다면 그 어떤 문제도 해결될 것입니다. 시편 37편 4절입니다.

또한 여호와를 기뻐하십시오. 그러면 그분이 당신 마음의 소원을 이루어 주실 것입니다.

하나님은 우리의 소원을 다 아십니다. 그러므로 좋은 소원을 많이 갖고 기도하면 들어주십니다. 그러나 소원에 집착해서는 안 됩니다. 하나님을 존귀히 높여드리는 믿음으로 기도해야 합니다. 그러면 하나님은 반드시 야베스처럼 우리에게 복에 복을 더하시고, 지경을 넓혀주시며, 꿈꾸는 것이 이루어지도록 도우시며, 환란에서 구해 주실 것입니다. 시편 23편 1~2절입니다.

여호와는 내 목자시니 내게 부족한 것이 없습니다. 그분이 나를 푸른 목장에 눕히시고 잔잔한 물가로 인도하십니다.

때를 얻든지 못 얻든지 기도해야 합니다. 기도하지만 이렇다 할 환경의 변화가 없는 것처럼 느껴지더라도 실망하지 말고 기도해야 합니다. 간절한 기도만이 우리가 살 길입니다. 사랑이 많으신 하나님은 그 옛날 야베스의 지경을 넓히신 것처럼 오늘 우리의 기도에 귀 기울이시고 가장 적절한 때에 우리의 지경을 넓혀주실 것입니다. 우리는 이를 믿고 온 맘 다해 하나님만 바라보아야 합니다.

우리는 하나님을 '아버지'라고 부릅니다. 우리가 이렇게 부르는 이유는 하나님이 우리를 사랑하심이 마치 우리를 사랑하는 아버지와 같은 이미지이기 때문입니다. 우리는 아버지하면 떠올리는 이미지가 무섭고, 근엄하고, 말이 없는 분으로 보호자가 되지만 엄한 모습인 경우가 많습니다. 그러나 요즘 아버지의 이미지는 자녀들과 함께하는 친구 같은 이미지로 매우 친근합니다. 바로 이러한 아버지가 우리 하나님 아버지입니다. 우리를 한 없이 사랑하시면서 우리를 보호하시면서 능력이 뛰어나셔서 우리의 버팀목으로 든든한 후원자로 함께하시는 분이십니다. 제게 사랑하는 가족은 큰 힘과 위로와 용기가 됩니다. 아무리 힘들고 어려워도 변함없이 저를 사랑해 주고 함께해줄 사람들이 있음을 확신합니다. 혹, 제가 감당 못할 어려움과 실수와 실패를 한다 해도 용서하고 위로하고 다시금 살아갈 힘이 되어주고 함께해줄 것을 확신합니다. 이것이 제가 살아가는 힘입니다.

사실 제 가족은 존재론적으로 한계가 있습니다. 아무리 저를 사랑하지만 제 마음을 다 이해해 주지는 못합니다. 제가 힘들고 어려울 때 위로와 격려를 해줄 수는 있지만 실제로 큰 힘은 되어주지 못할 수 있습니다. 그러나 우리 하나님 아버지의 사랑과 능력은 넓고도 깊어 그 넓이와 깊이를 측량할 수가 없습니다. 바로 이 하나님이 우리의 아버지가 되시는데 그 무엇이 우리를 두렵고 힘들게 할 수가 있을까요? 존재의 근원이 되시고 우주의 만물을 주재하시고 역사를 이루어 가시는 분이 아버지가 되어 주십니다. 이 아버지와의 사귐은 우리를 행복으로 이끄는 비결입니다.

저는 네 아이를 둔 아버지로서, 교회와 학교에서 자라나는 세대에게 기독교정신을 일깨워주는 교육자로 살아가는 이로서 늘 교육에 대한 고민을 합니다. 이런 고민은 저만은 아닐 것입니다. 정답이 쉽게 찾아지지 않는 교육 문제 앞에 저는 오늘도 기도하고 기도를 가르칩니다. 기도는 아무리 강조해도 지나치지 않은 기독교교육의 진수眞髓입니다. 여러 교회에서 많이 부르는 이은수, 『워십』(2004)에 실린 CCM입니다.

야베스의 기도

내평생에 여호와를 섬기며 그 말씀만
따라 살아가리 주의 집에 나 항상 거하리니

원컨대 주께서 나에게 복에 복을 더하사
나의 지경을 넓히시고 주의 손으로 나를 도우사
나로 환난을 벗어나 근심이 없게 하옵소서.
내 평생에 여호와를 섬기며 그말씀만
따라 살아가리 주의 집에 나 항상 거하리니

원컨대 주께서 나에게 복에 복을 더하사

나의 지경을 넓히시고 주의 손으로 나를 도우사
나로 환난을 벗어나 근심이 없게 하옵소서.

내가 전심으로 여호와께 구하였더니
내 하나님께서 들으시고
내 간구하는 모든 것 허락하셨도다.

원컨대 주께서 나에게 복에 복을 더하사
나의 지경을 넓히시고 주의 손으로 나를 도우사
나로 환난을 벗어나 근심이 없게 하옵소서.
나의 구원 주님이여

인내를 통하여 연단을 이루시고,
기다리고 참는 자에게 은혜를 베푸시는 주님.
인내하지 못하고 조급해 하였던 저희들의 가벼운 마음을
차분하게 다스려 주옵소서.
멀리 보지 못하고 즉시 나타나는 효과만을 기대하며
급하게 서두르던 저희들의 좁은 마음을 넓혀 주옵소서.
더디고 늦어져도 편법으로 먼저 가거나,
앞서지 않게 하시고,
인내하며 내 차례를 기다리게 하옵소서.
예수님의 이름으로 기도드립니다. 아멘.

오늘날
우리에게
인권 교육이란

　최근 학교 현장에서 명문화되어 제시되는 것이 '학생인권조례'입니다. 이른바 진보적 성향의 교육감들이 제시하는 학생 인권은 서울에서부터 서쪽으로 그 영향력이 뻗어 가고 있어 서울, 경기, 전북, 전남, 광주로 서진西進 벨트가 형성되는 모양새입니다. 우리나라의 중심지인 서울에서 교육감이 교체되는 사태가 발생하면서 주춤하기는 하였지만 2014년 6월 4일 지방선거에 따라 17개 시도교육청에서 무려 13명의 진보교육감이 당선되었습니다. 이제 학생인권조례는 교육계에 당면과제로 더욱 대두될 것입니다. 이러한 학생인권 제정에 대해 찬반양론이 상존하고 첨예한 입장차이로 갈등 양상이 벌어지는 것도 사실입니다.

　학생의 인권을 규정으로 명문화하려는 움직임은 오랫동안 끊임없이 제기되어 왔습니다. 초·중등교육법 제18조 4항(학생의 인권보장)의 조항은 다음과 같습니다.

　"학교의 설립자·경영자와 학교의 장은 헌법과 국제인권조약에 명시된 학생의 인권을 보장하여야 한다."

이 조항은 지난 2007년 12월에 신설되어 2008년 3월부터 시행되고 있습니다. 그러나 이 규정의 존재나 의의조차 잘 알려지지 않다가, 2008년 4월 30일에 국가인권위원회는 '학생인권 내용과 증진방안 모색 토론회'를 개최하였습니다.[9] 여기서 제시된 "인권 친화적 학교문화 조성을 위한 학생인권보장 15가지 인권가이드"를 요약, 소개하면 다음과 같습니다.

1. 학생의 존엄과 의사 존중
   - 언어폭력 금지, 강제 학습 금지, 학생 자신의 동의 여부 원칙 적용 등
2. 차별 금지
   - 성적/성별/나이/가족형태 등을 이유로 한 차별 금지, 소수자 배려와 다양성 존중 등
3. 교육에 대한 권리
   - 교육 선택권의 실질적 보장, 안정적인 학습 환경, 학습권의 일시적 박탈 최소화 등
4. 학생 자치와 참여권
   - 학생 대표 선출의 민주성, 자치와 참여를 위한 여건 조성, 자유로운 동아리 활동 보장 등
5. 신체의 자유
   - 체벌/강제 이발 금지, 성폭력 금지, 사적 심부름 금지, 행사 동원 금지 등
6. 사상/양심/종교의 자유
   - 동의에 기초한 서약, 양심에 따른 상징의식 거부권 보장, 생각

---

9 국가인권위원회 보도자료,"학생인권보장 의무규정 신설에 따른 학생인권 증진방안 모색을 위한 토론회"(2008년 4월 30일)

에 따른 차별 금지 등

7. 표현의 자유
  − 매체 활동의 자유, 학내 집회/시위의 자유, 교외 활동의 자유
   등

8. 사생활과 개인 정보의 보호
  − 편지 공개 금지, 휴대폰 내용 열람과 공개 제한, 소지품 금지의
   제한, 개인정보 유출 금지 등

9. 정보접근권
  − 자기 정보에 대한 열람과 자기 정보에 대한 통제권, 학교 당국
   의 정보 투명성 보장

10. 건강권
  − 정신건강을 위한 상담과 치유, 학급 급식의 질 확보, 적절한
   건강 검진 등

11. 안전권
  − 안전을 위한 설비, 통학로의 안전 확보, 안전교육 실시 등

12. 휴식과 문화에 대한 권리
  − 문화 동아리 지원, 실내 휴식공간의 확보 등

13. 적법 절차를 누릴 권리
  − 징계 규정의 정당성, 징계의 남용 금지, 예비 범죄자 대우 금
   지, 사건과 징계의 공개 제한 등

14. 특별한 보살핌을 받을 권리
  − 피학대 학생에 대한 구제 조치, 노동권 보장, 모든 형태의 폭
   력 예방 등

15. 권리를 지킬 권리
  − 이의 제기자에 대한 처벌 또는 불이익 조처 주의, 구제절차에
   대한 자유로운 접근 등

이처럼 학생을 존엄한 사람으로 여긴다면 위의 인권조항들은 당연히 보장해 주어야만 합니다. 아울러 이를 바탕으로 인권 친화적 학교 문화 조성을 해나가야 합니다. 위의 인권조항들은 학생인권조례로 이어졌습니다. 학생인권은 교사, 교장, 학부모, 교육부, 교육청의 교육공무원, 그 어느 누구와 마찬가지로 똑같이 존엄한 인간으로서 보장되는 권리입니다. 학생은 훈육의 대상도, 수단도 아닌 그 자체로서 존엄한 교육의 목적입니다.

그러나 문용린 이전 서울시교육감으로 대표되는 보수적 시각에서는 학생의 인권을 주장하는 것은 좌파성향의 급진파 내지 섣부른 것으로 폄하하고 있습니다. 이들 보수적인 시각은 최근 그 심각성을 더해가는 교권침해 사건들로 인해 학생인권조례가 시기상조, 비현실적인 급진좌파 논리라는 비판이 제기되기도 합니다. 아직 미성숙한 학습자들인 어린 학생들에게 일반 성인 수준의 인권 의식을 심어주면 면학 분위기를 해치고 학생의 본분을 망각하게 된다고 봅니다. 그러므로 학생들의 학습권을 확보해줄 수 없고, 교사들의 수업권과 교권을 보장하지 못하는 결과를 초래할 수밖에 없다고 봅니다.

결국 학생들의 인권의식이 높아지면 안 된다는 논리입니다. 이는 심하게 말하면 마치 민주화 이후 국민들의 권리의식이 높아져 통치하기가 어렵다고 주장하던 권력자들의 수준 낮은 인식을 연상시킵니다. 겉으로 드러나는 말은 그럴싸할지 모르나 실제로는 국민의 목소리에 몽둥이로 맞서고 있는 권력의 모습으로 오버랩overlap됩니다.

이처럼 학생은 어리기에 인권의 주체로 인정할 수 없다는 입장은 결국 학생인권 보장을 위한 기존의 제도적 장치들의 약화로까지 이어졌고, 학생의 책무성이 강화되었습니다. 다른 학생 및 교직원의 인권 존중, 타인에 대한 모든 신체적·정신적·언어적 폭력 금지, 교사의 수업권과 다른 학생의 학습권 존중, 교사의 정당한 교육 활동과 지도에 대한 존중 등 구체적인 책무를 학생에게만 지나치게 열거하면서 학교 규범 준수 의무를 강조하고 있으며, 학생인권옹호관을 학생인권위원회의 동의 절차없이 교육감이 임명하게 한 것도 학생인권 주장 및 옹호를 견제하게 하는 장치를 두었습니다. 아직 미숙한 학습자들이기에 인권을 인정해 주기엔 어리다는 말은 학생들에 대한 배려라기보다는 인권문맹의 몰이해입니다.

우리 아이들은 어른들이 생각하는 것처럼 그렇게 미숙하지 않습니다. 조금 더디더라도 성숙한 인권 교육으로 미래사회의 주인공들을 믿어주고 길러나가야 합니다. 인권은 우리 교육의 희망입니다. 〈세계인권선언〉 제26조 "교육은 인격을 충분히 발전시키고, 또 인권과 기본적 자유에 대한 존경을 강화하는 데 목적을 두어야 한다."라는 구절처럼 세상 속에 구현하고자하는 도덕적 이상은 그것과 대비되는 정치현실, 교육현실과 불가피하게 갈등과 투쟁을 겪지만, 결국은 예외 없이 성숙으로 이어질 것입니다. 인류의 발전사가 곧 인권의 역사였습니다. 우리의 교육에서 인권은 기득권의 문제나 좌우파로 대칭되는 이념의 문제가 아닙니다. 이는 정의의 문제입니다. 학생이 당연히 자신의 몫인 학생인권을 누려야 정의입니다. 학생의 인권은 결코 기득권이나 이념을 둘러싼 어른들의 정치싸움의 대상이나 포로가 되어서는 안 됩니다.

제가 살고 있는 전라북도의 경우는 김승환 전라북도교육감의 주도로 학생인권조례가 제정되었고 일선학교에서 이를 따르게 되었습니다.[10] 그러니 전라북도교육 현장에서는 학생인권은 선택이 아니라 필

---

10 제302회 전라북도의회 임시회 제4차 본회의(2013.6.25.)에서 의결된 전라북도학생인권조례가 공포 되었습니다 이 내용은 전라북도 각 급 학교 홈페이지에 탑재되어 누구나

수로 이를 하느냐 마느냐의 문제가 아니라 이를 어떻게 학교 현장에 맞게 적절하게 실현해 나가느냐가 논의되고 있습니다. 학교 현장에서 학생인권 교육은 범교과의 차원에서 체계적으로 이루어져야 합니다. 인권 교육을 통해, 학생들이 제대로 인권의 의미를 이해한다면 보다 성숙한 민주시민의 자세로 거듭날 것입니다. 가해자는 피해자에게 사과하게 되고 피해자는 그런 사과를 받아내는 진지함과 힘이 생깁니다.

인권 교육을 통해서 개인의 의사에 반대되는 강제적인 행동들이 폭력이라는 사실과 타인의 의사를 존중하는 법을 배우게 될 것이며, 폭력으로부터 스스로를 방어하는 능력을 키울 수 있습니다. 이를 통해 오늘날 심각한 학교 문제인 학교 폭력도 예방할 수 있을 것입니다. 인권의식은 약자와 폭력에 대한 감수성을 갖도록 일깨워줍니다.

아직은 학생인권이 전국의 모든 학교에서 일반적인 모습은 아니지만 우리의 교육이 성숙한 민주시민을 양성하는 교육이 되려면 학생인권은 중요하게 제시될 수밖에 없는 대세입니다. 이를 잘 이루려면 학생들이 마땅히 누려야할 권리만 주장해서는 안 됩니다. 이와 함께 스스로 책무성을 짊어지려는 자세가 필요하고 학생인권의 적용을 교육 공동체가 함께 고민해 나가면서 지역 실정에 맞게, 학교 여건에 맞게 만들어나가는 과정이 중요합니다.

학생인권의 논의 못지않게 제기되는 문제는 최근 제기되는 교권입니다. 교권educational authority의 의미는 크게 두 가지로 나누어 말할 수 있습니다. 하나는 정치나 외부의 간섭으로부터 독립되어 자주적으로 교육할 권리입니다. 이렇게 교원이 교원-학생의 교육적 관계에 간섭

볼 수 있습니다.

하는 온갖 외부 압력에 굴하지 않고 오직 교육전문가로서 판단에 의해 교육할 수 있는 권리가 교권입니다. 나머지 하나는 교육주체인 학생과 학부모에 의한 학생과 학부모에 의한 폭언, 협박, 폭행 등 부당 행위, 허위사실 유포로 인한 명예훼손 등이 있습니다. 오늘날에는 두 번째가 더 빈번하게 이루어지는 현상을 보면서 교육의 붕괴로 이어지는 건 아닌가하는 우려의 목소리가 커지고 있습니다.

교육부 통계에 따르면, 전국 초·중·고교에서 하루 평균 40건의 교권 침해가 발생하고 있습니다. 2009년 1,570건에 이르던 교권 침해 건수는 2012년에 7,900건으로 늘었고, 교사에 대한 폭행이나 성희롱도 4년 동안 200건이나 발생했으며, 일선 교사들은 '떨어진 교권'에 대해 탄식하고 있습니다. "학생들을 수업에 집중시키기 위해선 내내 잔소리를 하다가 시간을 보내야할 형국", "지금 교실은 '넌 왜 머리가 단정치 않아'라고 지적하기도 어려운 여건", 최근 정년을 채우기도 전에 명예퇴직하려는 교원이 늘어나는 것도 "아이들 다루기가 어려워서 그렇다"라는 이야기입니다. "학생인권이 지나치게 확대된 조례 공포로 인해 교사 사이에서 교사의 손과 발을 묶어 놓았다는 우려가 있다", "학생이 무섭다"는 등의 이야기가 나오고 있습니다.

학교 현장의 교권침해가 위험수위에 달하고 있다는 보도가 끊이지 않고 있고 이로 인해 마음의 병까지 앓는 교사들이 적지 않다고 합니다. 이전에는 선생님의 그림자도 밟지 않을 정도로 존경하였는데 어찌된 일일까요? 얼마 전 보도를 보니 교사의 머리채를 잡는 학부모도 있었습니다.

"어디서 감히 나서……. 어디다 대고……."

선생님께 반말하는 학생도 있었습니다.

"싫은데 어쩌라고?"

보람과 기쁨으로 즐거움이 더해져야할 교사들이 병든 학교 현장은 가슴 아픈 우리 교육의 현실입니다. 이전 시대에 비해 외형적으로는 괄목할만한 성장과 규모를 자랑하는 학교인데 실상은 교실 붕괴, 교권추락이니 안타깝습니다. 36년 동안 교직 생활해 온 초등학교 교사는 4개월 넘게 우울증 치료를 받았다고 합니다. 자녀를 나무랐다는 이유로 학부모로부터 2년 동안 폭언과 괴롭힘에 시달린 게 원인이었습니다.

"학교에서 머리채 쥐어뜯기는 거 맛 좀 봐 이런 폭언……. 인간적인 대우를 못 받는 거 같은……. 자괴감이 느껴지더라고요."

이처럼 지난 2013년 한 해 동안 접수된 교사들의 교권침해 상담건수는 1년 새 17.6%나 늘어난 상황, 유형별로는 학생과 학부모의 폭언과 협박, 폭행이 가장 많았습니다. 이렇다 보니 우울증 등으로 스스로 목숨까지 끊은 교사들이 지난 2008년부터 4년 동안 73명에 이를 정도라고 합니다. 학생과 학부모, 교사 모든 교육의 주체 어느 한 명이라도 병들게 된다면 '건강한 교육'은 불가능할 수밖에 없습니다. 일선 학교에서는 교권추락으로 인해 자괴감을 느끼는 교사들이 많습니다. 교사를 놀리고 욕하고, 심지어는 때리기까지 하는 학생들 때문에 교단에 서기가 두렵고, 학생들이 자신을 학교에 돈 벌러 오는 사람 정도로 취급할 때는 억장이 무너집니다. 처음엔 아이들이 좋아 교단에 섰지만 지금은 아이들 때문에 그만둘 생각을 하는 지경에 이르렀습니다. 점차 교권침해 사례가 빈번하게 발생하자 급기야 교사들의 마음을 치유하는 프로그램까지 생겼을 정도입니다.

교사 역시 인간으로서의 존엄을 유지하고 행복을 추구하기 위하여 반드시 보장되어야 하는 최소한의 권리인 인권을 누려야 합니다. 교권침해는 자칫 교사에 대한 인권 침해로 변질 내지 증폭됩니다. 이 경우, 교사는 교권침해 혹은 교권붕괴보다 오히려 스스로의 인권을 지키기 위해 싸워야 합니다. 이렇게 볼 때, 인권 교육은 학생과 교사 모두에게 요구됩니다. 인권 교육은 학생과 교사 모두 학교 생활에서 주체적인 존재로 살아가도록 하는 것입니다. 이러한 인권 교육이 이해되고 그 의미가 제대로 실현되려면 인권이 무엇인지, 그것이 갖는 의미와 가치를 알아야할 것입니다.

인간이 존중받아야 한다고 보는 생각은 여러 형태로 표현되고 있습니다. 현대 사회에서 화두가 되고 있는 대표적인 개념은 생명과 인권이 아닐까 생각합니다. 인간다움을 보장받아야 한다는 생각은 인권으로 표현되고 또 주장되고 있습니다.

인간과 모든 이성적 존재자는 존엄의 근거라고 하였으며 인간은 목적 그 자체인, 소중하고 절대적 가치를 지니는 존재입니다. 도덕적으로 행동할 수 없는 존재는 목적 그 자체가 될 수 없으며 인간은 존엄한 존재인 동시에 윤리적인 책임을 지게 됩니다. 인간이 다른 동물들과 다른 것은 행동을 한다는 측면에서 자연 중에서도 동물과의 비교로 한정한다면 인간의 행동에는 항상 책임이 따릅니다. 동물들 간의 살상 행위는 그들에게 있어서 어떠한 책임을 요구하지 않습니다. 그저 어느 개체 한 마리가 죽었을 뿐이고 그것을 통하여 동물들은 어떠한 죄책감에 사로잡히거나 하지 않습니다.

그러나 인간은 굳이 살상행위까지 가지 않더라도 작은 잘못에도 죄책감을 느끼고 집단에서 스스로 정한 질서와 규율에 따라 마땅한 제재가 가해지게 되고 스스로도 죄책감을 느끼며 윤리적인 책임을 지게 됩니다. 또한 이러한 과정을 통하여 좀 더 그들의 자율적인 질서에 부합하는 삶의 방향으로 발전해나갈 수도 있습니다. 스스로 질서를 정하고 자신의 행동에 윤리적인 책임을 질줄 알고 더욱더 발전해 나갈 수 있다는 것, 이것은 다른 어떤 동물들에게서도 찾아볼 수 없는 특징이며 인간을 다른 동물들과 차별화시켜주는 이유일 것입니다.

이러한 인간존엄의 생각은 동양적 전통사상에도 있습니다. 불교에서 맹구부목盲龜浮木이란 말이 있습니다. 100년마다 태평양 바다에서 한 번씩 올라오는, 애꾸눈을 가진 거북이가 둥둥 떠다니는 구멍 뚫린 나무 사이로 나오는 것처럼 인간으로 태어나기는 하늘의 별 따기보다 힘들다고 합니다. 우리 인간은 하루살이, 사자, 호랑이, 하찮은 개미 등으로 태어날 수도 있었습니다. 인간으로 태어난다는 것은 천지의 큰 조화요, 위대한 신비입니다. 생물학적으로도 인간의 존엄성은 증명됩니다. 3억 마리의 정자 중 용감한 정자 몇 마리만 살아남아 난자의 주위를 빙빙 돌다 그 가운데 운 좋은 정자 한 마리가 난자의 집 속으로 들어가면 이것이 인간으로 잉태되는 엄숙한 순간입니다.

역사적으로 서양문화는 인간의 존엄성을 이해하는 데 성경의 영향을 많이 받았습니다. 성경에 의하면, 인간의 존엄성은 사람에게 기초를 두지 않고, 창조주이신 하나님께 기초를 두고 있습니다. 그는 그의 형상으로 남자와 여자를 창조하신 후에 인간의 존엄성을 그들에게 주셨습니다. 이것은 존엄성의 기원이 하나님이라는 것을 분명히 한 것입니다. 그 분은 그의 창조사역事役의 왕관과 같은 일인 인류의 창조를 하나님의 사랑의 권한을 가지고 하나님 대신에 이 세상을 보살피고 다스릴 임무를 받았습니다.

인간의 존엄성은 창조 때부터 고유하게 갖추게 된 것은 인간이 하나님의 형상으로 만들어졌다는 것에서 분명하게 드러납니다. 이것은 우리의 본성에 더해진 것이 아닙니다. 이것은 중심에 있어서 인간이 될 수 있는 자격입니다. 비록 우리가 하나님의 형상을 띠고 만들어졌지만 하나님과 우리 사이에는 창조주와 피조물이라는 분명한 구분이 있습니다. 하나님의 형상이 된다는 것은 하나님을 위해서 이 지구를 다스리는 임무를 주셨다는 의미입니다. 이는 우리 인간이 하나님께 마땅히 보여드려야할 책무성이 있다는 말입니다.

인간 존엄성의 공정성을 기초로 두고 하나님의 형상이 된다면 우리는 신성한 목표를 깨닫게 됩니다. 하나님께서는 우리를 자신의 형상으로만 지으신 것이 아니라, 자신의 피조물들이 자신을 위해 일하고 영광을 돌릴 수 있도록 만드신 것입니다. 그러므로 신앙인들은 인간의 존엄성이 에덴동산에서 하나님의 창조사역과 새롭고, 두 번째 아담인 예수 그리스도에게서 뿌리를 두고 있음을 이해하고 이것이 인간의 존엄성을 말할 수 있는 길임을 이해해야 합니다. 정리하면 기독교에서 말하는 인간의 존엄성은 두 가지 의미를 지닙니다. 하나는 하나님께서 천부적으로 인간을 선하게 만드신 것으로 존엄성의 가치는 합목적인 것으로 대체 불가능한 것입니다. 다른 하나는 하나님과 그 이웃에 대한 큰 책임을 수반하게 하셨다는 것입니다.

국제적인 차원에서 인권 개념에 대한 생각은 비교적 뒤늦게, 그것도 제2차 세계대전이 끝난 후에 나타났습니다. 1948년 유엔인권선언이 그것입니다. 물론 이미 오래전부터 자연권이라는 개념하에 인간의 존중성은 고려되고 있었습니다. 인권이 보편적인 사회적 요구와 현실로 받아들여진 것은 르네상스에서부터 17세기에 이르는 기간이었습니다.

토마스 아퀴나스, 그로티우스의 저술과 마그나 카르타1215, 데카르트, 라이프니츠, 스피노자, 베이컨 등 17~18세기 사상가들에 의해 자연법사상으로 발전하였습니다. 이러한 자연법사상은 영국의 철학자 로크의 저작과 디드로, 볼테르, 몽테스키외, 루소의 저서에서 뚜렷하게 드러납니다. 인권의 개념은 18~19세기 절대주의에 대한 투쟁에 의해서 더욱 발전하였습니다.

권리청원(1628), 영국의 권리장전(1689), 미국독립선언문(1776), 인간과 시민의 권리선언(1789) 그리고 1941년 루스벨트 대통령이 선언한 네 가지 필수적인 자유 등은 "모든 사람은 태어나면서부터 타인에게 양도할 수 없는 고유한 권리를 가지고 있다"라는 천부인권天賦人權 사상을 반영하고 있었습니다. 그러나 보편적인 인권이 국제적인 의제로 등장한 것은 아마도 1948년 유엔 인권선언문이라고 생각합니다.

이들 문서들은 서로가 서로에 대한 반목과 갈등 그리고 전쟁을 겪으면서 채택한 문서들입니다. 비인간적인 현실을 직접 경험한 사람들이 문제의식을 갖고 만든 것들입니다. 그러고 보면 인권은 인간다움이 침해되는 것을 경험한 사람들의 의식에서 비롯한 것이 아닐까 생각합니다. 반드시 그렇다고 말할 수 없지만 공적인 담론으로 등장한 배경을 보면 그렇습니다. 이것을 상황에만 연결시키지 않고 더욱 근본적인 근거를 알기 원하는 사람들은 철학적으로 자연권 사상에서, 기독교 신학적으로는 창조 신앙에서 찾아보려고 했습니다. 자연권 사상에서 근거를 본 사람들은 인간은 상황이나 기능적인 가치 때문이 아니라 그 자체로 존중받아야 하는 존재라고 생각했습니다. 기독교 신학적으로는 하나님이 당신의 형상으로 인간을 만드셨기 때문이라고 생각했습니다. 하나님의 형상이기 때문에 소중하다는 것입니다.

바벨론 신화에서 인간은 신을 섬기기 위해, 그러니까 신들의 노예가 필요했기 때문에 만들어진 존재입니다. 이런 신화적인 내용을 알고 있었던 이스라엘 백성들은 달리 생각했습니다. 노예로서 살아본 역사를 갖고 있고, 하나님은 그곳으로부터 자신들을 해방시켰다는 믿음을 갖고 있었던 그들은 노예라는 말 자체가 주는 느낌을 받아들이기가 쉽지 않았을 것입니다. 물론 인간의 창조 역시 하나님을 찬양하기 위한 것이라는 구절도 있습니다. 그러나 노예로서가 아니라 하나님이 선택한 백성으로서 생각한 것입니다. 자유를 가진 백성으로서 하나님을 섬기며 찬양하기 위한 존재로 생각한 것입니다. 그동안 자신들을 인도하시고 보호하신 하나님과의 관계에서 볼 때 바벨론 신화와 구분되는 다른 정체성을 의도적으로 생각한 것입니다.

바로 이런 맥락을 생각해 볼 때, 그들이 인간을 소중하게 생각하게 된 까닭은 무엇일까요? 다시 말해서, 그들은 왜 인간이 하나님의 형상으로 만들어졌다는 고백을 하게 되었을까요? 이스라엘 백성들의 일차적인 관심은 노예가 아닌 하나님의 보호를 받는 백성이며 또한 자유인이라는 정체성에 있었습니다. 그리고 하나님께 부여받은 사명에 있었습니다. 자연을 다스리고 관리하라는 청지기직 사명입니다. 그리고 생명의 소중함에 있었습니다. 동물들도 인간과 마찬가지로 숨을 쉬고 살고 있습니다. 그러나 하나님은 특별히 하나님의 숨을 불어 넣어주셨습니다. 생명은 동물과 공유되는 부분이 있지만, 인간에게만 고유한 것이 있습니다. 하나님의 특별한 관심의 표현입니다. 그래서 이 생명은 인간에 의해 만들어지지도 않지만 인간에 의해 **빼앗** 겨서도 안 되는 것입니다. 사명과 하나님의 영을 담고 있는 생명, 이 세 가지는 인간이 다른 피조물과 구분되어 존중받아야 할 분명한 이유입니다.

그들은 자신들이 하나님의 백성으로 특별하게 선택을 받은 것과 하나님을 세상 가운데 나타내야 할 사명을 갖고 있고 그리고 하나님의 영이 머무시는 생명으로 살아가는 존재로서 정체성을 갖고 있었고, 이것을 소중하게 생각한 것입니다. 이것이 바로 스스로를 하나님과의 관계에서 자신을 돌아볼 때, 인간이 하나님의 형상으로 만들어졌다는 고백을 하게 만든 이유라는 생각에 이르게 되었습니다.

이스라엘 백성만이 아니라 모든 인간이 존중받아야 한다는 의식은 예수 그리스도를 통해 세상 가운데 드러났습니다. 하나님이 세상을 사랑하신다는 것을 보여주셨기 때문입니다. 그러므로 예수 그리스도를 세상에 전해야 할 이유가 있는 것입니다. 인권의 보편적인 의미는 바로 예수 그리스도를 통해서 분명하게 드러납니다. 이슬람 종교와 유대교가 보편적인 인권에 동의하기 힘든 이유는 바로 예수 그리스도 안에 계신 하나님과 예수 그리스도가 하나님임을 거부하고 있기 때문입니다. 예수 그리스도 안에서 모든 인간이 영적으로 이스라엘 백성이 된다는 것, 바로 이것을 받아들일 때, 인권은 보편적인 가치로 인정받게 될 것입니다.

인간은 그 무엇으로도 대신할 수 없는 존엄한 존재로서 그 어떤 수단과 방법으로 이해 되서는 안 되고 사람이 목적 그 자체임은 수많은 사상가들의 주장이었습니다. 이러한 주장이 서구 사회를 성숙한 민주화로 이끌었고 그것이 우리에게도 영향을 주었습니다. 오늘 우리의 학교 현장에서 벌어지는 인권의 몰이해와 갈등 그리고 중요하게 제시되지 않은 타인에 대한 배려와 책무성에 대한 논의의 단초를 우리 기독교 신앙인의 가정과 교회와 기독교학교들에서 보여주면 좋을 것 같습니다.

인권의 시대, 인권 교육의 시대정신은 우리 기독교정신과도 맥을 같이합니다. 인권의 기본개념으로 모든 사람은 태어나면서부터 타인에게 양도할 수 없는 고유한 권리를 가지고 있다는 천부인권天賦人權이 우리 기독교정신에 기인합니다. 인간은 누구나 행복을 추구할 권리가 있습니다. 인간답게 산다는 것은, 이 산다는 것의 행복을 만끽하기 위함입니다. 어느 누구나 타인의 행복을 막을 수 없습니다. 인간으로서 진정한 행복을 맛보며 살려면 자신의 행복추구권을 정당하게 주장하면서 타인의 행복 또한 소중하게 여기는 평화와 공존과 화합의 감수성이 있어야 합니다. 그러기에 인권은 자신의 존엄성과 타인 존중 그리고 책무성이 어우러지는 개념이어야 합니다.

한승진

┃사랑공동체: 아내 이희순과 4남매(사랑, 겨레, 가람, 벼리)

┃나고 자람
1969년 서울 출생
서울 동구로초등학교·구로중학교·구로고등학교 졸업

┃학위 가방끈
성공회대학교 신학과(신학사)　　　상명대학교 국어교육과(문학사)
한국방송대학교 국문과(문학사)　　한국방송대학교 교육과(교육학사)
한국방송대학교 가정학과(가정학사)　한국방송대학교 청소년교육과(교육학사)
학점은행제 사회복지학(행정학사)　　학점은행제 아동학(문학사)
학점은행제 청소년학(문학사)

한신대학교 신학대학원 기독교윤리(신학석사)
고려대학교 교육대학원 도덕윤리교육(교육학석사)
중부대학교 원격대학원 교육상담심리(교육학석사)
중부대학교 인문산업대학원 교육학과(교육학석사)

공주대학교 대학원 윤리교육학과(교육학박사)

┃그 외 가방끈
장로회신학대학교 교육전도사 교육과정 마침
서울대학교 종교교사 자격과정 마침
원광대학교 전문상담교사 자격과정 마침
기장총회교육원 선교대학원(교단인정 목회학석사)
강남총회신학연구원 대학원(교단인정 목회학석사)

345

❚ 현재 진행 가방끈

공주대학교 특수교육대학원 중등특수교육학과(교육학석사)

❚ 지난 일

구세군 안양교회 교육전도사

구로 섬돌야학 대검반 교사

공주대학교 종교 · 철학 1급 정교사자격연수 강사

❚ 하는 일

익산 황등중학교 교목, 교사

익산 황등교회 아동부 목사

기독교수필가 활동(월간 ‹창조문예› 신인작가상으로 등단)

한국종교학회와 서강대 생명문화연구소 학술 논문 심사위원

주간 ‹크리스챤신문›과 월간 ‹기독교교육›에 글 연재

❚ 함께 글샘 아우른 공동집필본

고등학교 교과서 『종교학』(교육부 주관 사업, 경북교육청 간행)

『공공성의 윤리와 평화』(손규태 교수 정년퇴임기념논문집, 공동집필)

『오직 한 분뿐인 스승 예수』(기장교목협의회 설교집, 공동집필)

❚ 혼자 번역하여 고친 단행본

『예수님이라면 어떻게 하실까』(찰스 M. 셸던 지음)

❚ 혼자 글샘 아우른 단행본

『사랑한다 내 딸 사랑아』

『아빠와 함께 읽는 성경이야기』

『사람은 잇대어 살아야 해요』

『사랑하며 살래요』

『참교육 참사랑의 학교』

『쉽게 읽는 기독교윤리』

『고령화사회의 현실과 효윤리』

『함께 읽는 기독교윤리』

『노동의 현실과 사회윤리』
『현실사회윤리학의 토대 놓기』(공감도서-2014 문화체육관광부 우수학술도서 선정)
『하늘 향해 웃음 짓고』
『우리가 잊지 말아야 할 것들』

▌소통 길잡이
esea-@hanmail.net
http://cafe.daum.net/hanlove0602

어울누리를 꿈꾸며

어느 작은 농촌 중학교 목사가 길어 올린 글샘

초판인쇄 2014년 10월 10일
초판발행 2014년 10월 21일

지은이 한승진
발행처 박문사
발행인 윤석현
등 록 제2009-11호

주소 서울시 도봉구 쌍문동 358-4 3층
전화 (02) 992-3253 (대)
전송 (02) 991-1285
전자우편 bakmunsa@daum.net
홈페이지 http://www.jncbms.co.kr
편 집 최현아
책임편집 김선은

ISBN 978-89-98468-40-8 03230   값 19,000원